TRANSLATED SERIES ON
INTERNATIONAL
CULTURAL HERITAGE LAW

INTANGIBLE CULTURAL HERITAGE
IN INTERNATIONAL LAW

Lucas Lixinski

文 化 遗 产 国 际 法 律 译 丛

丛书总主编：程乐　　[英] David Machin　　李俭　　[法] Anne Wagner

国际法中的
非物质文化遗产

[巴西] 卢卡斯·李新基/著

程乐　李俭　吴忠华　胡锡涛　沈心怡/译

中国民主法制出版社
全国百佳图书出版单位

图书在版编目（CIP）数据

国际法中的非物质文化遗产/（巴）卢卡斯·李新基
(Lucas Lixinski) 著；程乐等译. —北京：中国民主
法制出版社，2021.9
（文化遗产国际法律译丛）
书名原文：INTANGIBLE CULTURAL HERITAGE IN
INTERNATIONAL LAW
ISBN 978-7-5162-2591-2

Ⅰ.①国⋯ Ⅱ.①卢⋯②程⋯ Ⅲ.①非物质文化遗
产—保护—国际法—研究 Ⅳ.①D912.164

中国版本图书馆 CIP 数据核字（2021）第 086781 号

Intangible Cultural Heritage in International Law was originally published in English in
2013. This translation is published by arrangement with Oxford University Press. China
Democracy and Legal System Publishing House is solely responsible for this translation from
the original work and Oxford University Press shall have no liability for any errors, omissions
or inaccuracies or ambiguities in such translation or for any losses caused by reliance thereon.

图书出品人：刘海涛
出 版 统 筹：乔先彪
责 任 编 辑：逯卫光

书名/国际法中的非物质文化遗产
作者/[巴] 卢卡斯·李新基（Lucas Lixinski）/著
　　　程 乐　李 俭　吴忠华　胡锡涛　沈心怡/译

出版·发行/中国民主法制出版社
地址/北京市丰台区右安门外玉林里 7 号 （100069）
电话/（010）63055259（总编室）　63058068　63057714（营销中心）
传真/（010）63055259
http：// www.npcpub.com
E-mail：mzfz@ npcpub.com
经销/新华书店
开本/16 开　710 毫米×1000 毫米
印张/16.75　字数/253 千字
版本/2021 年 12 月第 1 版　2021 年 12 月第 1 次印刷
印刷/三河市宏图印务有限公司

书号/ISBN 978-7-5162-2591-2
定价/56.00 元

"文化遗产国际法律译丛"编委会

Lucie Morisset(加拿大蒙特利尔大学)

裴佳敏(浙江工商大学)

Michael Rowlands(英国伦敦大学学院)

沙丽金(中国政法大学)

Laurajane Smith(澳大利亚国立大学)

孙钰岫(浙江大学)

Anne Wagner(法国里尔大学)

王春晖(浙江大学)

王　敏(中国人民大学)

王　欣(浙江大学)

吴晶晶(浙江大学)

吴忠华(浙江大学)

冼景炬(香港城市大学)

杨晓琳(西北工业大学)

叶　宁(浙江大学)

余　薇(澳大利亚墨尔本大学)

致 谢

在很大程度上,所有作品都是集体智慧的结晶。毕竟,没有谁是一座孤岛。因此,我必须对所有为本书作出贡献的人士表示感谢。首先,我要感谢弗朗西斯科·弗朗西奥尼(Francesco Francioni)。他负责监督构成本书基础的博士论文,在每一个环节提供指导和支持并提出深入见解。他不仅是导师,而且还是一位真正的大师。他为我创造机会,支持我的想法和倡议,信任我。对此,我深表感激。

我还要感谢我的第一位伟大导师克劳迪娅·利马·马克斯(Claudia Lima Marques)。她带领我进入法律学术研究之路,即便在我毕业后,仍然不断地为我提供教导。感谢您支持我,给我机会,将智慧传授于我。

另外,我还要感谢仔细阅读此书并为我提出建议的人:Ana Filipa Vrdoljak、Kathy Bowrey、Ben Boer、Martin Scheinin、Tullio Scovazzi、Karen Engle、Federico Lenzerini、Rob Howse、Barton Beebe、Jane Anderson、Adriana Dreyzin de Klor、Marjan Ajevski、Angelos Dimopoulos、Marija Bartl、Pierre-Marie Dupuy、Rosemary Coombe、Fernando Lusa Bordin、MaitêSchmitz、Jules Lombay、Mats Ingulstad、Jannis Panagiotidis、Antoine Vandemoortele、Henio Hoyo、RainerBauböck、Daniel Rodriguez、Jaime Lluch、Ruth Rubio Marin、Louise Buckingham 等。我还要感谢 EUI 文化遗产工作组成员(Adriana Bessa、Alessandro Chechi、Amy Strecker、Andrzej Jakubowski、Jeanne-Marie Panayotopoulos、Robert Peters 和 Valentina Vadi)以及纽约大学法学院 JSD 论坛的成员(我参加了该论坛 2009 年秋季的活动)。我还要感谢许多会议的听众,他们已经接触了本书的部分内容,并给了我许多有价值的匿名反馈。

特别感谢牛津大学出版社团队:Merel Alstein、Anthony Hinton、Olof Eyjolfsdottir 和 Prabhavathy Parthiban。我还要感谢 Mariana Lixinski Zieba,她以敏锐的洞察力和空间智力制作了附录中的流程图,便于读者理解。

最后，也是最重要的，我要感谢我的家人 Carolina、Edima、Mariana、Matheus 和 Neri 多年来对我的支持。我还要感谢 Darragh O'Keeff 在本书最后阶段给予我的支持，以及这一路走来鼓励我的朋友们。

卢卡斯·李新基（Lucas Lixinski）

2013 年 1 月

目录

CONTENTS

第一部分

制度回应

第二部分

保护非物质文化遗产的实质性措施

　　保护文化遗产,尤其是非物质文化遗产,越来越受到国际社会的关注。保护文化遗产的国际法律文书和政策倡议正在全球范围内成倍增加。我们正在经历"遗产热"。① 本书是关于保护非物质文化遗产(ICH)的机制探讨,着重强调国际法。本书主要讲述法律如何运作,以及法律该如何保护社区,因为社区既是非物质文化遗产的源头,也是开发非物质文化遗产所得利益的回归之所。后面我们将深入探讨"非物质文化遗产"的概念。这里且说"非物质文化遗产"是指世代相传的传统文化表现形式,是特定社区或群体身份的重要组成部分。

　　本书的中心论点是:针对非物质文化遗产的具体用途,有不同的保护机制。我探索了大量可能的机制和目标,强调它们的潜力和陷阱,试图为这个探索和理论化尚且不足的法律领域绘制出一个框架。我也考虑了相关的理论,但主要侧重于实践的可能性。

　　因此,与其说本书是一本"关于法律的书",不如说是一本"法律书籍"。虽然我知晓对于书中提到的法律片段的大多数批判言论,也参与了大多数的批判,但我最关心的是从众多法律碎片中创建出一个批判的法律体系,而不是对法律体系的批评导向分析。这种对法律体系的批评导向分析,我认为基本上是不存在的。

　　保护非物质文化遗产的法律解决方案很大程度上取决于对其保护的各相关方利益。法律制度所推崇的目标(至少是官方言论中的目标)对法律文书中使用的工具有决定性的影响。例如,人权机制将保护和促进文化认同视为主要利益。但知识产权(IP)或贸易法机制就会把经济或发展利益放在

---

　　① 例如,大卫·洛温塔尔(David Lowenthal)在第一章开篇就写道:"这个世界正欣喜于一种新流行的信仰,即对遗产的崇拜。"David Lowenthal,The Heritage Crusade and the Spoils of History(Cambridge University Press,1998),1.

首位。这是本书的核心关注点之一。虽然在保护非物质文化遗产方面,我的确有一些个人偏好,会优先考虑某些利益,但我承认利益的多元化和这种多元化的重要性。我认为,多层次保护是保护非物质文化遗产的最佳方式。尽管这其中也蕴藏着种种风险,特别是保护瓦解和分散的风险。这种多层次保护不仅是在实质层面,也在机构层面。

引言旨在从理论方面讨论非物质文化遗产的法律保护。这些"理论冲突"(我对它们的叫法)通常(但不局限于)以二元对立的形式出现:"财产与遗产""物质与非物质"……这样的例子还有很多。然而,这些对立中有许多都经不起仔细推敲,接下来我会尝试证明这一点。这场有关非物质文化遗产"理论冲突"的辩论将在全书中反复出现。因此,本章仅作为序幕,是对这些问题性质的预估,后面的章节将在更具体的法律倡议背景下,不断重新定义它们。

我建议采用一种区分物质和非物质的方法,为文化遗产提供更全面的保护。这种方法反映了不同条约制度的规范性重叠,可归纳如下:在某种程度上,物质文化遗产的保护制度并不包括仅基于外部方面就认定没有保护价值的诸多表现形式。因此,我们需要更精细、文化敏感度更高的国际制度的介入,承担起保护非物质文化遗产的任务。这至少在一定程度上确认了遗产的表现形式可以是非物质的,并将其纳入该制度的保护范围。由于遗产的所有表现形式都有非物质的成分,剩下的就是判断它们是否在现行非物质文化遗产保护制度的保护范围之内。尽管在制定文化遗产保护体系时,必须考虑到所有遗产的非物质价值和其他非物质方面,但我认为,在国际制度中,并非所有遗产都应被视为非物质的。也有一些组织采用的制度在看待遗产时并不将"非物质"和"物质"对立起来,而是将其作为一个整体,其中物质和非物质因素之间有重要的相互作用(后面的章节将详细介绍)。

然而,在处理非物质文化遗产特有的冲突之前,有必要将非物质文化遗产法的发展置于更广泛的国际文化遗产法的范畴内。这种演变很大一部分可以从"财产"到"遗产"概念转变的讨论中看出来(后面会加以解释),但也有其他因素值得单独讨论。

国际法对文化遗产的保护传统上有利于国家,通常被视为(现在和未来的)人口利益的守护者。非物质文化遗产的保护对这一观念提出了挑战。因为它涉及的是活文化(因为人群不可能与其遗产分离)和社群本身,而不是物件和遗址,且受到《保护非物质文化遗产公约》(ICH 公约)的保护。这种"后国家"态度在 ICH 公约的协商期间引起了很多关注。① 各国试图通过围绕非物质文化遗产竖立主权新墙来遏制利益。然而,至少在其概念中,非物质文化遗产含蓄地挑战了"国家对文化遗产享有主权和应得权利"这个传统观念,更加贴近人群和文化遗产人文的一面。②

保护非物质文化遗产有几个理由,最终归结为人们赋予遗产的重要性以及人们对遗产的用途。有位评论者认为,遗产必须得到保护,基本原因有两个:第一,因为遗产是人类共同过去的重要组成部分,创造了文化认同;第二,种种遗产实例往往代表了丰富人们生活的重要艺术形式,因为它们具有审美价值。③ 这些重要价值从本质上证明了保护文化遗产的合理性。④

然而,遗产没有内在价值,⑤尤其是非物质文化遗产。从这个角度来讲,其本身不该受到重视,而应该受到重视的是人们与之建立联系的方式(以一种比其他类似财产的主张更加明显的方式,而这些类似财产一般都有自身独特的价值)。遗产的价值源于当前人们赋予文物和其他形式遗产的意义,以及从它们中创造出的表现形式。⑥ 因此,遗产的价值是关联的,而不是内在的。一个值得注意的例外是审美价值,但它在遗产中的重要性相对较低(至少从某种程度上来说,这里谈论的不是使某种东西成为"遗产",而是什么使它成为"艺术")。在非物质文化遗产的范畴下尤其如此。非物质文化遗产正在努力比某种文化更具"代表性",而并非努力成为具有美学吸引力的遗产表现形式。非物质文化遗产所具有的任何美学吸引力都是附带的。

---

① 《保护非物质文化遗产公约》,巴黎,2003 年 10 月 17 日。生效日期:2006 年 4 月 20 日。截至 2012 年 11 月的缔约国:146 个。

② Francesco Francioni,'La Protección del patrimonio cultural a la luz de los principios de Derecho Internacional Público',in Carlos R. Fernández Liesa and Jesús Prieto de Pedro(eds),La Protección Jurídico Internacional del Patrimonio Cultural:Especial Referencia a España(COLEX,2009),pp. 13-34 at pp. 31-32;and Francesco Francioni,'The Human Dimension of International Cultural Heritage Law:An Introduction',EJIL 22(1)(2011),pp. 9-16.

③ John Henry Merryman,'Thinking about the Elgin Marbles',Mich L Rev,83(1984-85),1881-1923 at 1895. 默里曼(Merryman)实际上讲到了人们应该关注帕特农神庙大理石浮雕的三个原因。前两个原因见上文,第三个原因是担心万一所有文化财产都被送回原籍国,西方主要博物馆的藏品会面临枯竭。

④ Sarah Harding,'Value,Obligation and Cultural Heritage',Ariz St LJ 31(1999),pp. 291-354 at p. 340.

⑤ Harding,'Value,Obligation and Cultural Heritage';and a corroborating response by James W Nickel,'Intrinsic Value and Cultural Preservation',Ariz St LJ 31(1999),pp. 355-361.

⑥ GJ Ashworth,Brian Graham,and JE Tunbridge,Pluralising Pasts:Heritage,Identity and Place in Multicultural Societies(Pluto Press,2007),p. 3.

由于遗产没有内在价值,所以我们必须寻求其他保护它的原因,使遗产有用处并赋予其价值。遗产保护最常提及的一个原则就是保护文化身份。这种意义上的遗产旨在提供短暂身份概念的物理表征,因此遗产被理解为促进身份的一种媒介。[①] 但同时我们必须记住,社区、群体和个人通常不会只将自己与一个身份匹配,而个人身份则建立在多个层面上,从而导致社区由几个子社区组成。[②] 因此,在将身份视作遗产保护的目标时,必须考虑身份的多样性,从而避免文化和社区对它认识的"精炼"。

其他令人信服的理由包括:建立或保护国家身份(政治意义上的国家身份);保护特定政体(少数派或多数派);[③] 发展旅游业;[④] 探索个人价值观、社会实践甚至法律规则(特别是人类学方面);[⑤] 加强最初并不属于该遗产的人群世界观和政治意图(即"将过去带入现在");[⑥] 社会包容;[⑦] 教育;[⑧] 甚至仅

---

① Laurajane Smith, The Uses of Heritage(Routledge,2006), p. 48.

② Smith, The Uses of Heritage, p. 53.

③ 关于遗产对少数民族保护的重要性,参阅 Lowenthal, The Heritage Crusade.

④ Derek Gillman, The Idea of Cultural Heritage(Institute for Art and Law,2006),1. 关于旅游如何使遗产同质化,且从长远看对遗产有害的批评,参阅 Brian Graham, Gregory John Ashworth, and John E Tunbridge, 'The Uses and Abuses of Heritage', in Gerard Corsane(ed), Heritage Museums and Galleries: An Introductory Reader(Routledge,2005), pp. 26-37(认为:"旅游业寄生于文化之上,对文化本身可能毫无贡献")。另一方面,劳拉詹·史密斯(Laurajane Smith)提出了一个更为微妙的观点。Cf Smith, The Uses of Heritage, p. 71(补充了一个更为平衡的角度,认为"虽然旅游业中常产生的体验感被批评为有商品化或景点化历史、或'通过恶意流行的故事情节'变换身份的倾向……这不过表明了在一个'地方''行为'和'存在'的重要性。")

⑤ 如文化习俗和民俗如何被用作确定法律惯例的手段,参见 the collection of essays Alison Dundes Rentel and Alan Dundes(eds), Folk Law:Essays on the Theory and Practice of Lex Non Scripta(University of Wisconsin Press,1995). See particularly Hermann Baltl, 'Folklore Research and Legal History in the German Language Area', in Dundes Rentel and Dundes(eds), Folk Law:Essays on the Theory and Practice of Lex Non Scripta, pp. 397-407;Paul G Brewster, 'Traces of Ancient Germanic Law in a German Game-Song', in Dundes Rentel and Dundes(eds), Folk Law:Essays on the Theory and Practice of Lex Non Scripta, pp. 407-416;John C Messenger, Jr, 'The Role of Proverbs in a Nigerian Judicial System', Southwestern Journal of Anthropology 15(1)(1959), pp. 64-73; and Durica Krstič, 'Symbols in Customary Law', in Dundes Rentel and Dundes(eds), Folk Law:Essays on the Theory and Practice of Lex Non Scripta.

⑥ 从这个意义上说,大卫·洛温塔尔(David Lowenthal)讲述了西雅图酋长著名的"老鹰和天空是我们的兄弟姐妹"的信件,通过宣布土著人与自然之间的深厚联系(一种被视为社会榜样的合作与尊重的模式)在美国激起了环保主义运动,其实根本不是由西雅图酋长,而是由一位好莱坞编剧写的。Lowenthal, The Heritage Crusade, pp. 150-151. See also Sally Yerkovich, 'Linking the Present with the Past through Intangible Heritage in History Museums', Intl J of Intangible Heritage 1(2006), pp. 44-52.

⑦ See eg Viv Golding, 'Inspiration Africa! Using Tangible and Intangible Heritage to Promote Social Inclusion Amongst Young People with Disabilities', Intl J of Intangible Heritage 1(2006), pp. 84-93.

⑧ See eg Maria Vlachaki, 'Crossing Cultures through the Intangible Heritage: an Education Programme about Migration in Greece', Intl J of Intangible Heritage 2(2007), pp. 94-102.

仅是为了遗产的审美价值而保护它(即使这最后一个原因是次要的)。① 当这些理由转化为法律制度时,身份将成为保护非物质文化遗产的根本原因,而其他原因将成为附属,即使它们在某些规范环境中是触发某些机制的正式理由(例如旅游业的发展,这其中,经济便是触发经济一体化进程及其保护非物质文化遗产机制的原因)。

第一节　"文化财产"与"文化遗产"　②

为了更好地理解本研究的目的,很重要的一点是强调"文化遗产"一词的起源和范围。有关文化保护的早期国际法律文书始于国际人道法(特别是1954年在海牙签署的《关于发生武装冲突时保护文化财产的公约》)。国际人道法旨在保护冲突时期的文化产品,并称其为"文化财产"。③ 然而,该领域的发展达到了一定阶段,为了确保其他社会目标,就需要修改财产的附加价值。虽然"财产"作为法律范畴具有许多有意义的优势,因为它通常被视为一种近乎绝对的权利束,但它的使用意味着建立社会政策保护文化对象的持有者。然而,这种方法与遗产保护的基本目标相冲突,因为在保护文化产品时,已经从保护个人利益转向保护社会利益。④

法律在不断进步并认为受到规范保护的价值涉及当代和后代,或是整个社会,而不是某一对象的特定持有者。⑤ 这种保护后代利益的想法逐渐使术语产生变化,"文化遗产"一词开始出现在英文文献中。

对使用"财产"一词的批评超出了对保护最终价值的批评。毕竟,无论如何,物品保护是物权法的目标之一,不同之处在于物权法并不关注谁将从

---

①　Gillman,The Idea of Cultural Heritage,p. 12.

②　本节部分摘自 Lucas Lixinski, 'World Heritage and the Heritage of the World—Review of The 1972 World Heritage Convention:A Commentary' ,ed Francesco Francioni and Federico Lenzerini,Eur J of Legal Studies 2(2008) ,pp.371-386.

③　This development is outlined by Janet Blake, 'On Defining the Cultural Heritage', ICLQ 49(2000) ,pp.61-85 at pp. 61-62. 关于"二战"前国际法中文化财产观念的演变,参阅 Ana Vrdoljak,International Law,Museums and the Return of Cultural Objects(Cambridge University Press,2006) .

④　Lyndel V Prott and Patrick J O'Keefe, ' "Cultural Heritage" or "Cultural Property"?', Intl J of Cultural Property 1(1992) ,pp.307-320 at p. 309.

⑤　Prott and O'Keefe, 'Cultural Heritage', p. 309.

这种保护中受益。它保护了物品持有者的利益。鉴于上述批评的目的,可以说遗产的所有者是整个社会,因此"文化财产"仍然可以作为一个概念。

许多学者,特别是法律人类学领域的学者,提出"财产"是一个"西方"概念,并不一定能满足所有人的需求。有些社会不承认"财产"是一种社会可能性。这些社会里的人并不认为自己拥有某些东西,而是觉得自己被周围的环境所拥有。在某些情况下,环境无异于他们敬奉的神灵化身。宗教似乎并不允许人有崇拜的对象,以免崇拜它的原因(即你崇拜某个比你更强大的实体)不复存在。如果我周围的一切都是神,我不能拥有一个神,那么我便不拥有任何东西。① 此论点与以下批判紧密相关,用"财产"这个术语就意味着将文化生活商品化,而我们不应该把文化生活当成市场上的商品来对待。② 此外,"财产"一词的使用也强化了"文化价值可以被捕获和冻结"这个观念。③

因此,在保护文化遗产的背景下,"财产"一词的使用具有误导性,以至于最后与价值超越实际存在的物品联系在一起。这方面一个令人信服的例子是:在处理文化产品时,无法对财产行使基本的处分权(ius abutendi)。处分权是物品所有人享有的毁掉物品的权利;在提及文化遗产时,这相当难以接受。④

同样地,将"文化遗产"作为法律概念来使用也存在困难。这一概念的使用带来的问题之一归根结底是因为人们将它从其他学科引入的同时没有整合这些学科必要的理论背景,例如人类学或文化学。这导致"文化遗产"成为当今问题最多的法律概念之一。⑤ 此外,作为法律概念的"遗产"试图包括国家财产、区域和种族遗产等特征。由于这些特征常常转化为不相容的目标,所以共享的全球遗产也成为部分挑战。⑥

充分考虑所有因素,"遗产"的概念对实现我们的目标至关重要,因为它

---

① Prott and O'Keefe,'Cultural Heritage',其中给出了一个真实的例子,提到一个著名的澳大利亚案例,米利尔普姆(Milirrpum)诉纳巴科私人有限公司(Nabalco Pty Ltd),我在第六章还会提到这个案例。

② Blake,'On Defining the Cultural Heritage',pp. 65-66.

③ Smith,The Uses of Heritage,p. 101.

④ Prott and O'Keefe,'Cultural Heritage',See also Joseph L Sax,Playing Darts with a Rembrandt: Public and Private Interests in Cultural Treasures(University of Michigan Press,1999).

⑤ Blake,'On Defining the Cultural Heritage',p. 63.

⑥ Blake,'On Defining the Cultural Heritage',p. 64 (citing Lowenthal,The Heritage Crusade,p. 227).

能够包含经济和所有权之外的所有典型财产概念。但就当前而言更为重要的是,我们必须强调国际法律话语从"财产"转变为"遗产"的意义。[①] 这种转变意味着国际上接受了"遗产保护的对象不仅仅是现实中存留的遗址、物体和手工艺品,更要保护的是这些遗址、物体、手工艺品与人类之间的关系"这一说法。[②] 从该意义上看,真正需要受到保护的正是所有遗产背后的无形要素。关注这些关系意味着"文化遗产属于全人类,必须受到保护,因而应当支持那些与之更为相关的社区,而非拥有物品的个人"。

第二节　非物质文化遗产的定义

定义"文化遗产"意味着定义"文化"。文化的定义很广泛,因此很难赋予它们法律效力。"相关文化类型"的存在是为了保护文化遗产,它有助于文化遗产身份的形成。这里,"遗产"是"文化"的修饰词,意味着遗产的文化类型与特定社会群体的永久性相关。文化遗产与作为社会的文化之间的象征关系对于理解文化遗产的概念非常重要。[③] 我们很难用明确的术语来定义遗产,而且有人说过定义遗产与定义美或艺术同样困难。遗产唤醒人们的感官和情感,因而高深莫测。[④]

尽管定义文化遗产错综复杂,但我们仍需要一个有效定义。因此,我们可以将文化遗产定义为"随着时间的推移,维持对某一社会群体生存至关重要的特定文化身份的必要因素"。

文化遗产可能是物质的,也可能是非物质的。非物质文化遗产是我最感兴趣的类型。物质文化遗产指的是雕像、纪念碑、建筑作品以及其他物化

---

① Regina Bendix, 'Héritage et patrimoine: de leurs proximités sémantiques et de leurs implications', in Chiara Bortolotto(ed), Le patrimoine culturel immatériel: Enjeux d'une nouvelle catégorie(Éditions de la Maison des sciences de l'homme, 2011), pp. 99-121.

② 这种转变也反映在关于物权法的一般性辩论中。财产已经从对一个客体的法律保护(或相比非所有人,所有人对财产的排他性权利)转变为非所有人与财产之间的关系,在某种程度上,非所有人也被赋予了部分权利。有关物权法的讨论和概念重建,参阅 David Kennedy, 'Some Caution about Property Rights as a Recipe for Economic Development', Accounting, Economics and Law 1(2011), pp. 1-62.

③ Blake, 'On Defining the Cultural Heritage', p. 68.

④ Robert Lumley, 'The Debate on Heritage Reviewed', in Gerard Corsane(ed), Heritage Museums and Galleries: An Introductory Reader(Routledge, 2005), pp. 15-25 at p. 16.

形式的文化表达。相比之下,非物质文化遗产有两种定义方式。一方面,非物质文化遗产作为依赖于物质文化遗产的一个概念,是任何特定表达的基础文化,包括创作有形作品的过程、技能和信念。在某种程度上,这个术语表达了人与其物质文化遗产之间的关系。另一方面,作为独立类型的遗产,该术语包括讲故事、歌曲、舞蹈和其他通常无法以物质形式确定下来的表达形式。

联合国教科文组织2003年《保护非物质文化遗产公约》(以下简称2003年《公约》)起草期间,时任2001年都灵起草会议主席的弗朗西斯科·弗朗西奥尼就"起草非物质文化遗产的定义时应考虑的问题"提交了一份综合报告。这份报告概述了使用知识产权的例子合法保护"非物质"商品的可能性(与第六章中非物质文化遗产进行比较分析),但也划清了非物质文化遗产和知识产权的界线——知识产权关注创意过程得到的最终产品,而非物质文化遗产关注的则是过程本身。这份报告还概述了现有国际文书中对文化遗产的定义,得出的结论是可以从文化遗产的所有定义中提取相关要素,来帮助制定非物质文化遗产的法律定义,例如本身的重要性、非排他类型广泛定义的重要性、最终负责落实公约的机构可实施的标准以及非物质文化遗产应注重"内部"文化表现形式而非其产品的事实。最终法律文书中非物质文化遗产的定义是根据此报告中提出的定义稍加修改后确定下来的。[1]

2003年《公约》对非物质文化遗产的定义如下:

第2条:定义在本公约中,"非物质文化遗产",指被各社区、群体,有时是个人,视为其文化遗产组成部分的各种社会实践、观念表述、表现形式、知识、技能以及相关的工具、实物、手工艺品和文化场所。这种非物质文化遗产世代相传,在各社区和群体适应周围环境以及与自然和历史的互动中,被不断地再创造,为这些社区和群体提供认同感和持续感,从而增强对文化多样性和人类创造力的尊重。

非物质文化遗产,如土著遗产,必须被视为一个整体。[2] 这种整体的理解既依赖于物质文化遗产,又独立于物质文化遗产。更准确地说,2003年《公约》使一些物质因素依赖于它们源自的非物质表达,而不是使非物质表

---

[1] 联合国教科文组织,国际圆桌会议:"非物质文化遗产工作定义",会议于2001年3月14日至17日在意大利都灵皮埃蒙特举行。

[2] Amanda Kearney, 'Intangible Cultural Heritage: Global Awareness and Local Interest', in Laurajane Smith and Natsuko Akagawa (eds), Intangible Heritage (Routledge, 2009), pp. 209-226 at p. 217.

达依赖于物质因素。换句话说,它之所以保护物品,是因为它们来自更大意义上的文化实践,而不是因为要保护物品才保护文化实践。后者就像我们对博物馆的传统看法:主要是为了保护物品本身,希望也能间接保护它们背后的文化。

联合国教科文组织对非物质文化遗产的定义还有一些其他的重要内容,包括非物质文化遗产背景下群体权利优先(因为这些权利主要属于社区,只有"在某些情况下"才属于个人)。通过确定与国际公认人权不相容的文化实践不在 2003 年《公约》的适用范围内,强调普遍主义的人权概念。虽然这个定义非常宽泛,但在这样一个试图将经常发生矛盾的多方利益整合起来的综合性法律领域,显然十分必要。

另外一个有趣的地方是,非物质文化遗产的定义是"前瞻性的",因为它保护了特定社区能够持续存在所必需的遗产表现形式。传统上,遗产研究将遗产视为逃避现实者和"后顾型",[1]主要是因为它们与物质文化遗产和考古学之间的联系。考古学中,物品的存在必然早于其发现时间,因此成为探索"已逝"历史的场所。然而非常重要的一点是,在谈论到保护旨在捍卫活文化的非物质文化遗产时,要注意话语的转变。

2003 年《公约》对非物质文化遗产的定义强调了"非物质文化遗产(……)为(社区)提供了认同感(……)"。正是因为非物质文化遗产提供了这种认同感,它才值得受到保护。遗产将每个人与他们来自的社区联系在一起,创造出一种共同经历的感觉,从而营造出认同感。保护这种共同的身份,最终保护共同的人性,也许就是遗产保护背后最重要的目标。因此,通过保护身份,人们也在间接地保护非物质文化遗产。国际人权机制可以保护身份和文化,是可能用于纠正滥用非物质文化遗产的工具之一。这一点我将在第五章中进行论证。

此外,这里的遗产指的是某些对象背后的文化进程,而不是指对象本身(对象本身是这些过程的商品化版本,如下所述)。从这个意义上来说,任何企图通过保护这些文化和社会进程的最终结果,间接保护非物质文化遗产的做法一定要谨记,它们在保护木乃伊化的遗产表现形式而非遗产本身,必然无法充分保护遗产。[2]

在分析有关 2003 年《公约》的问题及其起草期间的争议时,我将回到第

① Lumley,'The Debate on Heritage Reviewed',p. 17.

② Smith,The Uses of Heritage,p. 54.

二章中关于非物质文化遗产定义的问题。目前足以说明,非物质文化遗产的定义既是多方面的,又是复杂的。它认为遗产(而不是产品)是活文化的主要成分之一,也是在时间的长河中维持这种文化的一个重要因素。

在继续分析其他理论冲突之前,我对于将"非物质文化遗产"作为首选术语的使用还有几句话要说。过去有许多用于描述非物质文化遗产的表述,包括"民间文学艺术""传统文化表现形式""土著文化""传统或大众文化"等。① 虽然评论界对"非物质文化遗产"这个术语有一定的争议(比如说,它明显与物质文化遗产对立),但在 2003 年《公约》起草期间,这是唯一有可能达成共识的术语。在本书中,我也将使用"非物质文化遗产"这个术语。

第三节 非物质文化遗产保护方式:国家主义方式与世界主义方式

文化遗产关系会涉及几个不同层面的角色,这取决于人们看待这种关系的方式。彼得·霍华德(Peter Howard)谈到"遗产立方体",它由不同类型的遗产、相关人和"(遗产)活动发生的身份层次"组成。②

谈到立方体的第二面,即相关人,可以将"遗产关系"描述为涉及监护社区(即遗产表现形式起源的社区)、公众和一些连接监护社区和公众的"桥梁角色"。这些"桥梁角色"包括媒体、博物馆、③旅游推广机构等。

学术团体在一定程度上也可以视作"桥梁角色",这取决于其对学术发挥的作用。但一般来说,它们自己能构成一个类别,并不一定要与其他"桥梁角色"发挥同样作用。然而,学者们在描述遗产时设定了自己的议程,试图提供认识论框架,使得政策制定者和立法者随后可以通过这些框架来讨论遗产。这种尝试努力使学术界的重要性永久化,并保持其在有关知识、过去的意义以及遗产相关性方面的优越地位。④

关于学术团体所扮演角色的辩论突出了利益相关者的问题。遗产为了

---

① 联合国教科文组织,国际圆桌会议。

② Peter Howard, Heritage: Management, Interpretation, Identity (Continuum, 2003).

③ Patrick J Boylan, 'The Intangible Heritage: a Challenge and an Opportunity for Museums and Museum Professional Training', Intl J of Intangible Heritage 1(2006), pp. 54-65; and Matilda Burden, 'Museums and the Intangible Heritage: the Case Study of the Afrikaans Language Museum', Intl J of Intangible Heritage 2(2007), pp. 82-91.

④ Smith, The Uses of Heritage, p. 51.

谁而存在？我们可以认为遗产是为了监护社区本身而存在的。但即使是这个看似直观的答案,也会引发两组难题:给国际社会的文化多样性带来多少好处,国际社会又是如何享受世界文化财富的？究竟由谁代表监护社区的利益呢？

第一个问题与立方体这一面之外的情况相关,稍后会进行探讨。但在谈到遗产保护时,第二个问题又衍生出几个非常相关的议题,尤其是机构问题。机构问题与"可靠性"有着内在联系。[1] 谁有权"控制"遗产？第三方在寻找遗产某种表现的典型样式时,应该向谁寻求帮助？在一些情况下,答案很简单。例如,特定组织近期创建了某种遗产表现形式(如非裔美国人的宽扎节)[2],或是监护社区经历了某种文化隔离而得以指定社区领袖。上述情况可能伴有土著遗产,[3]以及日本小城市[4]中某种形式的非物质文化遗产,即使在后一个例子里,社区领袖会被提拔为专门保护某种遗产表现形式的组织负责人。

有关遗产控制的批评中,有一条是劳拉简·史密斯(Laurajane Smith)提出来的。她对所谓的"权威化遗产话语"持强烈的批评态度。她认为,遗产项目在试图将社区和整个社会纳入其中时,倾向于使用同化主义的方式,而且项目中的人们被"邀请"来"学习"和"发现"遗产的权威化意义。[5] 在谈到"作为身份的遗产"时,史密斯还论述了国家在维护社区偏见和其持有者对遗产的看法方面所发挥的作用(遗产有时会被社区随后占用)。专家研究得出的某些考古知识是保护遗产尤其是土著遗产的基础,并成为保护此遗产

---

[1]　See for instance Puente Calderón and Cecilia María, 'Protección Durable', ICOMOS 15th General Assembly and Scientific Symposium(2005), available at < http://www. international. icomos. org/xian2005/papers. htm > (accessed 29 November 2012).

[2]　宽扎节是美国为期一周的关于非裔美国人文化和身份的庆祝活动,从每年的 12 月 26 日持续到 1 月 1 日。参阅 Regina Austin, 'Kwanzaa and the Commodification of Black Culture', in Martha M Ertman and Joan C Williams(eds), Rethinking Commodification:Cases and Readings in Law and Culture (New York University Press,2005), pp. 178-190 and Susan Scafidi, Who Owns Culture? Appropriation and Authenticity in American Law(Rutgers University Press,2005), pp. 56-60.

[3]　Scafidi,Who Owns Culture?, pp. 56-60.

[4]　Voltaire Garces Cang, 'Defining Intangible Cultural Heritage and its Stakeholders:the Case of Japan', Intl J of Intangible Heritage 2(2007), pp. 46-55.

[5]　Smith,The Uses of Heritage, p. 44. 一个人能否谈论到"真正的"非物质文化遗产,就像他能否谈论到"真正的"文化一样,有很多值得探讨的地方。为了便于论证,我在整本书中给"真实性"赋予了一个较轻的含义,以表明与监护社区以及文化和社会实践之间的强大的文化联系,而遗产的表现形式正是来源于这些文化和社会实践。

的主要法律和政治话语。这些遗产资源最终成为更广泛的政治谈判中自治权斗争的一部分。① 我在第七章中将继续讨论这些问题。

遗产的"外部"维度涉及一个人希望将其身份与之联系起来的制度化水平。这个制度化水平可以是国际、区域/大陆、国家、区域/次国家、地方甚至私人/家庭。② 在关于文化民族主义和文化世界主义的辩论中最突出的声音是约翰·梅里曼(John Merryman)。他主张文化世界主义。③ 尽管他关注的是物质遗产(更具体地说是帕特农神庙的大理石雕),但从某种程度上说这也是一场关于遗产、民族认同和国际关注三者之间关系更广泛的讨论,所以也适用于保护非物质文化遗产。

梅里曼认为,将遗产从本质上视为国家的或地方的这一做法在起源国和市场国之间造成了不必要的分歧。④ 在他关于帕特农神庙大理石雕的那篇具有开创性意义的文章中,⑤梅里曼指出了在试图决定某种遗产表现形式(这里他指的是某个物质文化遗产)是否应该受到当地或"国际"(这里他指的是"英国")保护时应当考虑如下三个因素:保存性、完整性和分布性。⑥

保存性是指某种遗产表现形式永久化的可能性,以便未来可以享有。梅里曼认为,即使在该背景之外也该优先考虑保存性。因为如果缺乏保存性,遗产因毁坏而不存在,那么它在原始语境中的存在价值就失去了意义。⑦还有一个看似合理的论据:遗产的语境在经历中持续重构,相比保护的绝对重要性而言居于次要地位。

第二个因素是完整性,仅适用于分散的财产。⑧ 这是帕特农神庙大理石雕的情况。建议将大理石雕安置于同一个地点,并且由其他利益来决定这个地点的具体位置。但是,完整性也可以理解为遗产的语境化,因为遗产只有在某个语境下才有意义,否则不能被视为"整体"。因此,上述关于盛行的

① Smith, The Uses of Heritage, p. 50.

② Howard, Heritage Management, p. 148.

③ See for instance John Henry Merryman, 'Two Ways of Thinking About Cultural Property', AJIL 80 (1986), pp. 831-853.

④ As discussed in Gillman, The Idea of Cultural Heritage, pp. 28-29.

⑤ Merryman, 'Thinking About the Elgin Marbles'. 把这些大理石称为"埃尔金大理石"已经表明了支持英国对其占有的立场,而称它们为"帕特农大理石"似乎在历史上更为准确,在政治上更为中立,因此这是我更喜欢的名称。

⑥ Merryman, 'Thinking About the Elgin Marbles', pp. 1917-1921.

⑦ Merryman, 'Thinking About the Elgin Marbles', p. 1917.

⑧ Merryman, 'Thinking About the Elgin Marbles', p. 1918.

保存性的论述在这里同样也适用。

第三个因素是分布性。这显然有利于文化国际主义,因为它使世界上更多地区的人口能够了解和欣赏遗产,而不仅仅局限于该遗产起源的社区。① 从长远来看,这对于监护社区来说也是有益的。自己的遗产得到他人的赞赏,该监护社区会感到更加自豪。

另一方面,民族主义关注的是遗产对国家政体的重要性,并且坚称这种重要性恰恰证明了地方利益优先于国际社会的利益。文化定位的实践对身份的形成非常重要,而地方对遗产的控制有助于身份的形成。② 世界主义方式的支持者反对这一立场,坚称这是不可持续的,③并时常提及阿富汗巴米扬佛像的毁灭事件来支持他们的主张。④

有批评指出,西方博物馆将文化国际主义作为一种工具,使其能继续保留抢劫所得的文物。除了政治论辩之外,人们还关注人类共同遗产的保护问题,这也合理地成为国际论坛的聚焦点。⑤

当涉及非物质文化遗产特定背景下关于文化国家主义和国际主义的争议时,争议本身获取了新的维度,至少在某种程度上,非物质文化遗产比物质文化遗产更多地被视作与某个本地化社区之间存在关联。⑥ 国际方式未能成功达成观点一致,即"视非物质文化遗产为'人类的共同遗产'",某一特定要素与"国家、人民或群体的特殊利益"息息相关。⑦ 因此,我们可以这样解读文化国际主义:有权力推翻地方和本土关于自决权和自治权的主张。⑧

---

① Merryman,'Thinking About the Elgin Marbles',pp. 1919-1921.

② Ana Sljivic,'Why Do You Think It's Yours? An Exposition of the Jurisprudence Underlying the Debate Between Cultural Nationalism and Cultural Internationalism',GW J Intl L & Econ 31,pp. 393-438 at pp. 401-402 and Gillman,The Idea of Cultural Heritage,p. 36.

③ Gillman,The Idea of Cultural Heritage,p. 34.

④ See for instance Roger O'Keefe,'World Cultural Heritage Obligations to the International Community as a Whole?',ICLQ 53(2004),pp. 189-209;Francesco Francioni and Federico Lenzerini,'The Destruction of the Buddhas of Bamiyan and International Law',EJIL 14(4)(2003),pp. 619-651;and Francesco Francioni and Federico Lenzerini,'The Obligation to Prevent and Avoid Destruction of Cultural Heritage:From Bamiyan to Iraq',in Barbara T. Hoffman(ed),Art and Cultural Heritage:Law,Policy and Practice(Cambridge University Press,2006),pp. 28-40.

⑤ Sljivic,'Why do you Think it's Yours?',pp. 415-416;and Vrdoljak,International Law,Museums.

⑥ Harding,'Value,Obligation and Cultural Heritage',p. 300.

⑦ Harding,'Value,Obligation and Cultural Heritage',p. 353;and Kearney,'Intangible Cultural Heritage',p. 220.

⑧ Kearney,'Intangible Cultural Heritage',p. 222. See also Rodney Harrison,Heritage:Critical Approaches(Routledge,2013),p. 110.

然而,我们可以将文化国际主义视作能有力制衡由国家完全掌管遗产的主张。至少在国家控制地方遗产话语的情况下,国际化是一种工具。利用这个工具,当地社区可以提出反对本国决策的意见,与国际人权法的效用相似。个人可以利用国际人权法对居住国或对其有司法控制权的国家发表抗议主张。① 因此,虽然文化国际主义话语是帝国的工具,但它可以被颠覆,通过建造一扇后门来挑战国家管理遗产的中心地位。人们对待遗产的态度,从仅仅关注物品、遗址和文物所处的实际位置,发展到主要关注它们的意义和重要性(最明显的就是非物质文化遗产)。因此,文化国际主义似乎是合理的,即使这并不是出于梅里曼提出的原因。

第四节　商品化的挑战

商品化话语对于遗产争辩很重要,因为通过为遗产提供法律保护,必然会将其暴露给市场。非物质文化遗产(即活文化)的商品化存在着很高的风险,因为商品化可能意味着文化的僵化,最终可能导致文化死亡。商品化话语是通过芝加哥法经济学理论而进入法律领域。这一学派较为激进的拥护者认为,为了法律规范,应该将一切事物都视为市场中的对象,令它们具有货币价值,从而使得法律能对它们进行衡量和比较。然而,这个学派远未受到普遍认可,而且各地律师面临的问题却是这种商品化趋势应该受到多大程度的法律限制。②

商品化广义上意味着经济价值归于商品(这里的商品也从广义上理解,指物质或非物质的以及任何能够增强人类幸福感的事物)。③ 但是在现代,

---

① Supporting this claim, see Chidi Oguamanam, 'Protecting Indigenous Knowledge in International Law: Solidarity Beyond the Nation-state', L Text Culture 8(2004), pp. 191-230; and John Henry Merryman, 'Cultural Property, International Trade and Human Rights', Cardozo Arts & Ent LJ 19(2001), pp. 51-68.

② Margareth Jane Radin and Madhavi Sunder, 'Introduction: the Subject and Object of Commodification', in Martha M. Ertman and Joan C. Williams(eds), Rethinking Commodification: Cases and Readings in Law and Culture(New York University Press, 2005), pp. 8-33 at pp. 10-11.

③ 2008 年 4 月,玛丽·路易斯·索伦森(Marie Louise Sorensen)在剑桥大学举行的第九届剑桥遗产研讨会("包装过去:遗产商品化")上发表主题演讲时表达了这一观点。(与作者一同存档)

大多数情况下,商品被视为制成品或服务(资本主义对商品的典型看法)。①经济学一般试图不断扩大商品化(至少文化商品化意味着将文化包含在经济学领域中),而文化似乎总是试图限制商品化。② 这意味着遗产具有二元性——既可以被视为文化资本的来源,也可以被视为经济资本的来源。但正如评论家所强调的,"这不是一种辩证,而是一种持续的紧张局势"。③

一方面,商品化总体上是在赋予和解放权力;④另一方面,商品化意味着将一个人(主体)简化为一个物品(客体)或一个交换对象,并从它身上提取剩余价值。⑤ 后面一种做法违背了人权法的基本原则之一,即"康德绝对命令"(根据康德绝对命令,任何人在任何时候都不应该被当成工具来达成某个目的,而他们自己才是目的本身)。将这个原则运用到法律领域,则意味着人不应该是法律规范的客体,而应该是法律规范的主体。

这个观念延伸进入文化遗产法。这是由于文化遗产经常被商品化,并且触及了人们的敏感点,影响了宗教感知,还造成了许多其他相关问题。每当人们考虑保护文化遗产(尤其是非物质文化遗产)的法律工具时,便会开启关于遗产是否应该商业化的争辩。

人们对于商品化与文化之间的关系有两种互相矛盾的观点。一方面,商品化倾向于使文化同质化,这有助于创造共性和共同认同感(这一点将在第三章有关区域性倡议的讨论中提及)。但是同时,它也会消除当地意义和背景,使某个群体的文化丧失独特性,变得普通。然而,如果将商品化理解为向市场引入某些东西,那么阻止某种文化表现形式进入市场便可能阻碍文化的发展,因为商品化能防止将某种文化暴露给其他文化,这是一种最常见的文化变革手段。⑥ 商品化对文化和文化遗产真实性构成了挑战,是一把双刃剑。⑦ 因此,如果说商品化会使文化僵化,那么非商品化也会导致相同

① Arjun Appadurai, 'Introduction: Commodities and the Politics of Value', in Arjun Appadurai (ed), The Social Life of Things: Commodities in Cultural Perspective (Cambridge University Press, 1986), pp. 3-63 at p. 7.

② Appadurai, 'Introduction', p. 17.

③ Graham, Ashworth, and Tunbridge, 'The Uses and Abuses', p. 32.

④ 例如,雷吉娜·奥斯汀(Regina Austin)认为,通过设立宽扎节假日,黑人文化的商品化增强了黑人身份认同。

⑤ Radin and Sunder, 'Introduction', p. 9(讨论第一波商品化的学者是如何使人们认识到把人变成商品对他们是有害的,比如奴隶制度)。

⑥ Radin and Sunder, 'Introduction', p. 12.

⑦ Howard, Heritage, pp. 203-204.

的结果。从这个意义上说,拉丁(Radin)和桑得(Sunder)指出:"事物丰富多彩又不断变化的文化生命是人类生活的表现形式,并不会被人类生活所排斥。"①

当谈到文化对象的商品化时,商品化被视为"事物的社会生活"中不可避免的一步,②而且一旦发生了,便无法撤销。③ 但这些文化对象起源的社区却能从中获益匪浅。试图取消商品化意味着将社区置于被动的受害者的位置,看着人们将如何努力使文化对象回归到商品化之前的状态,此举并非总是可行的。另一方面,接受商品化会赋予社区权力,往往还能增强遗产在社区内部的价值。这是因为当自己社区的遗产受到其他人的珍视时,该社区的成员们会有一种自豪感。而且,社区还可以通过将其遗产充分投入市场来获取潜在的收益。④

法律保护要求至少在某种程度上对保护对象进行定义和划界。如果保护对象不是"可把握的",则很难对其提供具体类型的保护。在文化遗产法领域,很容易满足对定义的需求。例如,《世界遗产名录》列举了需要保护的文化遗址,而且每个遗址的描述都非常详尽,不仅精确地划定了区域,还列举了其中包含的要素。⑤ 其他保护文化遗产的核心文书也是一样,例如1954年的海牙公约、⑥1970年的文化财产返还公约、⑦2001年的水下文化遗产公约。⑧

然而,从上面对非物质文化遗产定义的概述中便能看出,当人们谈到非物质文化遗产时,遗产就变得不那么"可把握"了。非物质文化遗产是一个

① Radin and Sunder,'Introduction',p. 13.

② Appadurai,'Introduction'.

③ Sarah Harding,'Culture,Commodification and Native American Cultural Patrimony',in Martha M Ertman and Joan C Williams(eds),Rethinking Commodification:Cases and Readings in Law and Culture (New York University Press,2005),pp. 137-155 at pp. 146-148.

④ Harding,'Culture,Commodification',pp. 151-152.

⑤ 《保护世界文化和自然遗产公约》,1972 年 11 月 16 日在巴黎通过。截至 2012 年 11 月的缔约国数目:190 个。定义的有关规定为第 1 条。关于对《世界遗产公约》及其所列清单的广泛评论,参阅 Francesco Francioni(ed),The 1972 World Heritage Convention:A Commentary(Oxford University Press,2008).

⑥ 1954 年 5 月 14 日在海牙签署的《关于发生武装冲突时保护文化财产的公约》。截至 2012 年 11 月的缔约国数目:126 个。定义的有关规定为第 1 条。

⑦ 1970 年 11 月 14 日在巴黎签署的《关于禁止和防止非法进出口文化财产和非法转让其所有权的方法的公约》。截至 2012 年 11 月的缔约国数目:123 个。定义的有关规定为第 1 条。

⑧ 《保护水下文化遗产公约》,2001 年 11 月 2 日在巴黎签署。截至 2012 年 11 月的缔约国数目:41 个。定义的有关规定为第 1 条。

更加流动的概念,侧重于某种遗产表现形式的社会和文化实践。这些实践必须自由发展,不能被局限于单一、僵化的形式。

"遗产作为经历"的概念恰恰意味着遗产不会及时冻结。它的价值通过经历而不断得以再创造。这个概念大大地挑战了保护主义伦理观。保护主义伦理观试图及时固定遗产,以便更好地"控制"它并确定其意义。

因此,防止将非物质文化遗产木乃伊化和及时冻结是有益处的。这么做能任其发展并保持其对社区的意义,而不会使其成为令监护社区无法找到与过去相连的纪念品。另一方面,人们也想知道该如何保护未事先定义的事物。与此同时,通过"重新包装",一定程度上的商品化对遗产是有益的。因为如果这么做,监护社区以外的人们便能更容易地理解该遗产。从长远来看,这种做法会转而有利于监管社区,也许会使他们更加依恋自己的遗产。毕竟,外部认可能增强内部自豪感和保护力度。①

与此相关的一个紧张冲突是普遍接受的遗产"真实性"概念,尤其是在非物质文化遗产方面。虽然非物质文化遗产的概念对存在"真实"遗产的假设来说是个挑战,但真实性也是连接"遗产作为经历"概念与其市场价值的重要桥梁。但是,由于遗产经历更重视的是"诚意"而非"事实",所以不难理解,这种消费者情感会对真实性概念的运用造成压力。②

重新包装遗产需要付出的代价便是真实性受损。但重新包装是否必然意味着真实性的丧失呢?如果遗产遭遇文化变故,致使社区对其进行一定程度的改变,难道我们就不是在通过交流促进文化发展,而非任其僵化并失去真实性了吗?那么我们是不是可以认为,当"真实的"用于形容非物质文化遗产这种特殊的遗产表现形式时,由于社区希望吸引更多游客,所以可以轻易地重新定义"真实性"呢?只要此过程中的主要利益相关者对结果感到满意,也许便应该重新考虑是否要采取一种家长式作风来维护遗产的真实性和保存性。

我们将在关于补救措施的章节中详细讨论这种紧张局势(第五章—第七章)。而且这也是我在评论联合国教科文组织的《保护非物质文化遗产公约》中提出的方法时考虑的重要问题之一(第二章)。例如,目前主要趋势可

---

① 以南非为例,参阅 Leslie Witz, Ciraj Rassool, and Gary Minkley, 'Repackaging the Past for South African Tourism', in Gerard Corsane(ed), Heritage, Museums and Galleries: An Introductory Reader(Routledge, 2005), pp. 308-319.

② Harrison, Heritage, p. 88.

能就是使用知识产权机制来解决有关文化遗产的问题。这种方法必然预示着文化遗产一定程度上的商品化，但也有人认为特定条件下的商品化可能是对经济和文化发展有价值的战略，或者至少对两者中较弱一方有价值。换句话说，在某种程度上，商品化意味着施予控制，但如果社区就是控制自己遗产的主体，那么社区会变得更好，而不必与企图占有其文化的第三方作斗争。

我们必须考虑是否有一种商品化（法律保护的有效工具）能至少在一定程度上纠正另一种商品化带来的损害（即赋予宗教信仰和神圣概念的货币价值），以及商品化是否能因此成为理想的权衡。在商品化的研究中，早期的理论家认为商品化必然是邪恶的，而更现代的理论家则将商品化能力视为表达自由的能力。①

如果商品化被认为是可接受的，那么提到这些权利的行使时（或提到谁在控制商品的含义时），②就有了接受范围以及文化"木乃伊化"风险的问题。而法律首先应该保障的便是文化的生命及其发展。这里的利害关系中有一个两难的窘境：如果说过分的商品化会使文化僵化，并使人们无法充分享受它，那么同时，商品化程度过低也会遭到他人的侵占和控制。

人们不应该继续谈论将某些事物"包围"起来以使其免于商品化，而应该接受"如今商品化是不可避免的"这个事实，即便是通过转向（即原本无商品化倾向的事物商品化，这在文化遗产领域中经常发生）的方式。③ 即使转向是即将发生危机的迹象，④人们也必须接受后现代性文化危机是遗产商品化背后的触发因素，而公众和监护社区既对商品化感到喜忧参半，又不可避免地要与其会面。⑤

因此，这些关注点似乎解决了"是否要商品化"的问题。然而，最紧迫的问题是所谓的"符号民主"的问题，即文化群体创造自己的文化世界和赋予自己的文化表现形式意义的权利。⑥ 因此，商品化是不可避免的一步，尤其是在涉及法律保护时。手头的问题是该如何控制商品化过程，以确保受其影响的社区不会被排除在过程之外，而能实实在在地从中获益。

---

① Radin and Sunder, 'Introduction', pp. 14-15.

② Austin, 'Kwanzaa and the Commodification'.

③ 相反的观点参阅 Appadurai, 'Introduction', p. 26.

④ Appadurai, 'Introduction', p. 26.

⑤ Scafidi, Who Owns Culture?, pp. 10-11.

⑥ Radin and Sunder, 'Introduction', p. 20.

第五节　物质文化遗产与非物质文化遗产

一些学者已经分析了物质文化遗产和非物质文化遗产之间的联系。[1] 文化遗产的表现形式往往包含两种成分。这两种成分之间不相互冲突和分离,而是一种共生的辩证关系。非物质文化遗产只能通过物质文化遗产进行表达,而物质文化遗产也因为包含非物质文化因素才具有意义。人们在谈论文化对象和博物馆在保护物质和非物质文化遗产方面的作用时,便对这种关系进行了探索。[2] 但涉及无法真正撼动的遗产表现形式时,人们对这种关系的关注度并不高。

人们往往不公开讨论物质和非物质文化遗产之间的对立关系。许多遗产书籍的作者甚至不会有意识地表明自己的立场,[3] 而是根据笔下的遗产类型来决定采取何种立场。根据提出者关注点的不同,这种对立的紧张局势各异:重点研究物质文化遗产的人会将非物质因素视为附属品,而重点研究非物质遗产的人往往仅将物质文化遗产当作非物质文化遗产的载体。我会对这些主张进行简要的调查研究,并尝试提供协调这种对立关系的解决方案。

首先必须说明一点,围绕这种紧张冲突的讨论并不涵盖所有形式的文化遗产。我分析的话语主要关于文化对象,因为它们的物理存在是永久的。因此,在处理传统上不具有永久性物质存在的遗产形式时,进行这种讨论是非常困难的,例如演出型的遗产表现形式(戏剧、舞蹈、音乐等)。尽管如此,这场辩论间接地影响了这些"空灵"的遗产形式,至少影响到了与它们相关

---

① See eg Margaret Hart Robertson, 'The Difficulties of Interpreting Mediterranean Voices: Exhibiting Intangibles Using New Technologies', Intl J of Intangible Heritage 1(2006), pp. 26-34; Nobuo Ito, 'Intangible Cultural Heritage Involved in Tangible Cultural Heritage', ICOMOS 14th General Assembly and Scientific Symposium(2003), available at < http://www. international. icomos. org/victoriafalls2003/papers. htm > (accessed 29 November 2012); Charlotte Andrews, Dacia Viejo-Rose, Britt Baillie, and Benjamin Morris, 'Conference Report: Tangible-Intangible Cultural Heritage: A Sustainable Dichotomy? The 7th Annual Cambridge Heritage Seminar', Intl J of Intangible Heritage 2(2007), pp. 124-129; and Smith, The Uses of Heritage, pp. 53-57.

② See eg Burden, 'Museums and the Intangible Heritage'.

③ See generally Andrews, Viejo-Rose, Baillie, and Morris, 'Conference Report'.

的"物质"元素(例如服装、面具和乐器)。联合国教科文组织的《保护非物质文化遗产公约》对非物质文化遗产的定义中包含与文化实践相关的实物和手工艺品的内容也证实了这一点。

此外,论及应该主要将某种遗产的表现形式视为物质的还是非物质的,这与遗产的重要性及其保护缘由相关。例如,如果一个人认为遗产对保护文化身份很重要,那么似乎更加强调的是非物质方面;相反,如果一个人保护遗产是为了遗产所能带来的发展机会,尤其是通过文化旅游的方式,那么他考虑更多的是物质方面——多数文化旅游是在"匆忙"中完成的,仅仅从美学的角度看待遗产的表现形式,而不一定考虑到其潜在的文化方面。① 另外,必须重点强调,这种关系会影响遗产表现形式的完整性和真实性,因此不只是理论上的努力。②

一、物质方面

正如我所提到的,遗产学者和从事物质文化遗产工作的专业人士往往承认非物质文化遗产的重要性。③ 遗产工作的"物质"方面有一种极端的观点:即便不了解其非物质价值,文化对象也具有一种内在价值。换句话说,没有必要将供人们欣赏的某个文化对象与特定的文化群体联系起来。或者说,这种联系是完全已知的。那些主张"保护遗产主要(或仅仅)是为了遗产的美学价值"的人似乎认可这些观点,即使没有公开表示过。另外一个类似的观点认为,非物质文化"注定会被遗失或改变",因为保存它是毫无意义的,人们应该专注于物质元素。④

博物馆馆长往往拥护一种更加微妙的"物质话语",⑤而且这个主张似乎在学术话语中占主导地位,即只有当非物质元素有助于增强特定实物的欣赏性时,这些非物质元素才有价值。这个主张认为文化遗产表现形式中的非物质元素具有工具价值,但并不一定将这些要素作为遗产保存中主要

---

① 关于"快餐"和"红地毯"旅游以及它如何异化文化遗产的非物质元素的批评,参阅 Robertson,'The Difficulties of Interpreting'.

② Guo Zhan,'Setting Factors and Judging Standards of World Cultural Heritage', ICOMOS 14th General Assembly and Scientific Symposium (2003), available at < http://www. international. icomos. org/victoriafalls2003/papers. htm > (accessed 29 November 2012).

③ See generally Andrews, Viejo-Rose, Baillie, and Morris, 'Conference Report'.

④ Ito,'Intangible Cultural Heritage'.

⑤ 例如,在第六届剑桥遗产研讨会(2006年)上,大英博物馆馆长表达了这一立场。参阅 Andrews, Viejo-Rose, Baillie, and Morris, 'Conference Report', p. 125.

保护的价值。非物质元素是一种附属物。与起源社区的重要性相比,一件物品在美学和科学方面的价值往往更能引起人们的兴趣,至少对社区以外的第三方(一般是博物馆馆长及其赞助人)来说是这样。当然,科学价值也通常与非物质因素联系在一起,因为非物质因素确实可以为实物提供意义,并在人类学和考古学领域的科学研究中,将实物置于某个情境中而使其发挥作用。

非物质文化遗产表面貌似很强大,但与物质文化遗产相比似乎有一个缺点:非物质文化遗产仅与现存遗产相关。① 因为物质文化遗产常常涉及那些已不复存在的文化。就这一点而言,实物有时候最多只包含支离破碎的、推测的含义。

从物质角度审视对立关系,即便是较为微妙的主张,也没有承认文化遗产中非物质因素的重要性。事实上,人们认为物质遗产使遗产整体说服性更强、力量更大。② 这一点也引起遗产研究领域中重点研究非物质文化遗产的人们纷纷发表意见。

二、非物质方面

专注于研究非物质文化遗产的学者往往将非物质文化遗产视为唯一真正重要的研究目标,而仅仅将文化实物和遗产的其他物质当作表现形式而已。他们只是通过研究这些实物来达到了解和重建某种非物质文化遗产的目的。从这个意义上说,物质文化遗产才是研究非物质实践的工具,而且实物的任何美学价值都只是附加的。

基于非物质性的文化遗产的描述往往更加微妙,更适合遗产意义的重建。非物质文化遗产作为遗产的一个类别,在纪念性和物质性方面,以许多方式超越了遗产的很多"传统"类别,因此是一个更广泛、更包容的类别。③

支持非物质文化遗产的极端主张认为,所有遗产实际上都是非物质的,④因为遗产的表现形式只有在考虑其创造背景时才有意义。如果缺少这

---

① 这是联合国教科文组织一名官员在第六届剑桥遗产研讨会(2006 年)上讨论有形/无形二分法时采取的立场。参阅 Andrews, Viejo-Rose, Baillie, and Morris,'Conference Report', p. 125.

② Smith, The Uses of Heritage, p. 61.

③ Andrews, Viejo-Rose, Baillie, and Morris,'Conference Report', p. 126(discussing a presentation by Emma Waterton).

④ Smith, The Uses of Heritage, p. 56;and Andrews, Viejo-Rose, Baillie, and Morris,'Conference Report', p. 126(discussing a presentation by Laurajane Smith).

种背景,文化对象只能依赖其美学价值,于是它就变得更像是一件艺术品,而不像是一种文化遗产的表现形式。① 只要认为所有遗产都是非物质的,那么人们才可以忽略物质和非物质之间的区别,只关注身份和记忆的构建。身份和记忆的构建只有通过遗产的非物质价值才有实现的可能。②

虽然作为一种理论构想,这个观念的确具有一定的吸引力,但这种理解是有问题的,原因有两个。第一个原因是,事实上,文化对象和遗产表现形式存在于现实世界中,通常并不依赖于观赏者对其背后非物质元素了解的多少。有待回答的问题是,在这些情况下,某种表现形式是否依然能被称为"遗产",还是应该仅仅被称为"某个美丽的东西"或是"某个有趣的东西"?这是一个不包含知识的极端情况,但是在更多的情况下,只包含某种表现形式非物质要素的零碎知识。虽然这些知识本身可能不足以将表现形式转化为遗产,但将这种知识片段与美学价值和(或)科学兴趣相结合,仍然可以保障对某种表现形式的保护。在保护古代文化或"死亡"文化(与非物质文化遗产涵盖范围受限的"活的"文化相对)的案例中,零碎的知识尤为重要(有时是唯一可用的知识)。此外,遗产的物质性,或者说是实物和手工艺品的包装,有助于解决管辖权问题。因为遗产对象受到国家的领土管辖,而遗产非物质的表现形式很可能轻易逃脱任何此类管辖,更难加以规范和保护。

第二个原因是,这个观念更多地涉及将这一理论框架积极付诸法律实践,似乎并没有考虑到潜在的法律制度重叠问题。而且,这个观念还主张现行的保护非物质文化遗产的制度可以"接管"其他现有制度。因此,给物质文化遗产和非物质文化遗产划定界限还是很有必要的,即便只是为了选择监管制度。虽然我同意在应用这些概念时应该懂得变通,但我坚信为了提供法律保护,一定程度上的分离是必需的。

在推进这种"制度选择"的讨论时,必须考虑到只保护物质文化遗产的制度局限性。评论界认为,这些只保护物质文化遗产的制度过度关注表现形式的"纪念性"方面,因而未能考虑到纪念意义或美学震撼力不那么大的

---

① Andrews, Viejo-Rose, Baillie, and Morris, 'Conference Report', p. 126 (discussing a presentation by John Carman).

② Giancarlo Nuti, 'Cultural Values: Intangible Forms and Places', ICOMOS 14th General Assembly and Scientific Symposium (2003), available at < http://www. international. icomos. org/victoria-falls2003/papers. htm > (accessed 29 November 2012); and Andrews, Viejo-Rose, Baillie, and Morris, 'Conference Report', p. 126 (discussing a presentation by Laurajane Smith).

遗产表现形式。① 这可以说是一种对文化遗产"西化的"理解,可能有助于解释为什么早期认可联合国教科文组织的《保护非物质文化遗产公约》(2003)的国家全部都是南半球的发展中国家。②

第六节 本书结构

本书主要分为两个部分。第一部分涉及保护非物质文化遗产的制度机制,处理这种多层次保护中的一个方面。首先是国际组织在保护非物质文化遗产方面的举措。我将主要审视三个组织的工作——联合国教科文组织(UNESCO)、世界知识产权组织(WIPO)和世界贸易组织(WTO)。联合国教科文组织更侧重通过对保护措施进行盘点和拨款来保护非物质文化遗产;顾名思义,世界知识产权组织,着眼于知识产权保护的前景;世界贸易组织提供的保护并非是自主的,而是一种附带的保护类型,源于商品和服务自由流动的规则。因此我会把世界贸易组织放在"贸易与文化的辩论"这个更大的背景下来分析。

此后,我会分析区域措施的潜力,关注经济和政治区域的一体化。在经济一体化方面,我会讨论欧盟和安第斯国家共同体内部为非物质文化遗产提供保护的可能性,探究在重点保护市场利益和经济自由的环境中文化所能受管制的程度。就区域政治一体化组织而言,我将特别关注美洲国家组织(OAS)。美洲国家组织是一个值得关注的例子,因为该组织目前正在磋商其所起草的《土著人民权利宣言》。我还会提到欧洲委员会和非洲联盟。其中,从多种角度上看,非洲联盟都是一个经济和政治一体化组织。

第一部分的第三章将介绍不同的国家解决方案。对国家解决方案进行

---

① 在国际古迹遗址理事会(ICOMOS),安德热托马舍夫斯基(Andrzej Tomaszewski)对这种"不朽"的做法提出了批评,见'Intellectual Context of Monuments and Sites in their Setting', ICOMOS 15th General Assembly and Scientific Symposium(2005), available at < http://www. international. icomos. org/xian2005/papers. htm > (accessed 29 November 2012).

② Fu Chao-Ching, 'Cultural Sensitivity Towards Intangible Values in Monuments and Sites—A Comparison between Eastern Asian and Western Countries', ICOMOS 15th General Assembly and Scientific Symposium(2005), available at < http://www. international. icomos. org/xian2005/papers. htm > (accessed 29 November 2012); and Andrews, Viejo-Rose, Baillie, and Morris, 'Conference Report', p. 128(reporting on a round-table discussion).

分析,不仅对于呼吁建立国际框架有重要意义,而且对于该问题最终能否得以有效处理至关重要。此类研究需要分析外国法和比较法,以及区域解决方案(如果有的话)。在这个意义上,比较法的研究应该不只关注所研究国家的主流法律体系,而且也应当尽可能聚焦于反映习惯法实践特征的数据。在这里,借助人类学家研究成果的做法十分重要,尤其是在分析特别制度的时候。

第二部分"以补救为导向",即聚焦于案例的解决方案。案例中,非物质文化遗产遭到盗用,监护社区受到损害。首先,我将着眼于利用国际人权工具和机构来保护非物质文化遗产的可能性。我探索了针对"保护非物质文化遗产的具体目标之一——保护文化身份"这一点应该采取的措施。文化身份是非物质文化遗产保护措施所保护的价值之一。如果遗产保护从一开始就考虑到这一价值,那么用人权机制来保护文化身份似乎能完美地提供一个恰当的国际裁决和准裁决框架,来平复个人和社区通过遗产表达出来的对自己身份受到损害的不满情绪。从这个意义出发,我分析了若干受到国际文书保护的权利如何被重塑和扩大以保护文化身份,包括平等权、私生活权、宗教自由权和言论自由权等。

随后一章将讨论为非物质文化遗产提供知识产权保护的潜力和陷阱。一些组织已经提出了知识产权机制,尤其是世界知识产权组织,但运用知识产权机制的过程中也会遇到一些问题。在这一章里,笔者会试着将所研究的多级保护方案的特征整合在一起,并总结出一个关于建立统一的非物质文化遗产保护系统的明确提议。这个系统将过去的经验都考虑在内,并试图调和非物质文化遗产保护中的各种利益。

本书通过对非物质文化遗产前景和背景规范的全面分析,试图调和多个层面的紧张冲突。本书将这些非法律的批评纳入考虑范围,以便重塑法律,并在从事遗产相关学科的人们尝试了解保护非物质文化遗产的不同方法时,为他们提供有价值的工具。

第一部分

制度回应

第二章
国际框架

　　初步评估了有关非物质文化遗产(ICH)法律保护的一些理论紧张冲突之后,下一个合乎逻辑的步骤便是研究这个问题的国际框架。在国际舞台上,非物质文化遗产作为一个法律焦点,受到了前所未有的关注,并且有了强劲的发展势头。

　　本章着眼于处理该问题的多种国际途径。首先,联合国教科文组织(UNESCO)已经在该领域作出了一定努力。它于2003年通过的《保护非物质文化遗产公约》(简称2003年《公约》),尽管被视为补充性文书(如下所示),但已迅速成为保护非物质文化遗产的重要机制。我也将对其之前的文书和倡议进行分析,因为它们有助于阐明2003年《公约》的含义和目的。

　　接下来,本章还将介绍其他补充性措施,包括世界知识产权组织(WIPO)采取的措施以及世界贸易组织(WTO)主持的贸易和文化辩论,还会介绍联合国教科文组织某个重点文书的目标。最后,本章将《生物多样性公约》视为传统知识(TK)保护制度的核心工具。传统知识也是非物质文化遗产概念的一部分,因此与我们的目的比较相关。

第一节　联合国教科文组织(UNESCO)　[①]

　　本节将分析联合国教科文组织就保护非物质文化遗产所采取的举措。自提出与1972年《保护世界文化和自然遗产公约》同时期的早期倡议以来,联合国教科文组织一直将保护非物质文化遗产作为议程的主题之一。然

---

　　① 本节的缩略版已先在 Lucas Lixinski, 'Selecting Heritage:The Interplay of Art, Politics and Identity', EJIL 22(1)(2011),pp. 81-100 发布。

而,建立具有法律约束力的具体制度的势头直到世纪之交才显现出来。

首先,我将回顾为 2003 年《公约》铺平道路的一些历史发展事件,但不作详尽分析,因为我并不打算列出国际上关于这个问题的处理方案的完整进展。我的目标是研究对当前制度(即《保护非物质文化遗产公约》)的发展至关重要的元素。当前的这个制度是第一个全面的、具有法律约束力的制度。

接下来,我将分析这一文书及其所建立的制度,以及它的成就和缺陷。这些分析仅考虑传统文本和起草历史(由此得以对比目标和结果),而且重要的是 2003 年《公约》所建立机构的早期实践,以及这些机构制定的指导方针。

一、早期举措

国际上对非物质文化遗产保护的关注可以追溯至 50 多年前。早在 1952 年,由联合国教科文组织支持起草的《世界版权公约》就已经提出了联合国教科文组织工作中关于非物质文化遗产保护的核心对立关系之一,即版权与民间艺术的关系。[①]

1967 年在斯德哥尔摩召开的《伯尔尼公约》修订会议进一步发展了这种关系。该会议添加了关于保护民间文学艺术的条款(第 15.4.a 条)。然而有趣的是,为了避免概念上的争议,"民间文学艺术(folklore)"一词并未出现在这一条款中。但该条款涉及保护"作者身份不明的未出版作品",并明确必须指定符合条件的国家主管当局来保护此类作品。1971 年,联合国教科文组织撰写了一份名为《建立保护民间艺术国际规范之可能性》的文件。[②]

世界遗产公约通过不久后,玻利维亚于 1973 年提出了一个保护民间文学艺术和其他形式的土著遗产的国际文书,因为 1972 年文件并未涵盖这些内容,且保护重点在于纪念碑、建筑物和遗址[③]。1976 年,联合国教科文组织

[①] 这是国际非物质文化遗产保护第一阶段工作的第一步。参阅 Samantha Sherkin, 'A Historical Study on the Preparation of the 1989 Recommendation on the Safeguarding of Traditional Culture and Folklore', in Peter Seitel(ed), Safeguarding Traditional Culture:A Global Assessment(Smithsonian Institution,2001), pp. 42-56 at p. 43.

[②] Sherkin, 'A Historical Study', pp. 43-44.

[③] Richard Kurin, 'The UNESCO Questionnaire on the Application of the 1989 Recommendation on the Safeguarding of Traditional Culture and Folklore:Preliminary Results', in Peter Seitel(ed), Safeguarding Traditional Culture:A Global Assessment(Smithsonian Institution, 2001), pp. 20-35 at p. 20; and Federico Lenzerini, 'Intangible Cultural Heritage:The Living Culture of Peoples', EJIL 22(1)(2011), pp. 101-120 at pp. 103-104.

正式启动了"关于无形（非物质）文化遗产综合规划项目"，旨在促进对文化身份的欣赏和尊重。①

1978 年，联合国教科文组织和世界知识产权组织正式同意共同审视保护民间文学艺术的问题。然而，联合国教科文组织会从多学科和整体的角度上来看待这个问题，而世界知识产权组织受限于此类保护的知识产权（IP）方面。②

至今，这种知识产权保护与整体性保护之间的对立关系仍然存在。③ 国际关注的焦点也已随时间的流逝发生了变化。比如说，20 世纪 80 年代初期，国际关注的焦点是对民间文学艺术知识产权方面的保护。直到 1982 年，联合国教科文组织召集了名为"民间文学艺术表达保护知识产权问题政府专家委员会"的会议。④

1989 年，该委员会的活动以《关于保护传统文化和民间文学艺术的建议案》（以下简称《1989 建议案》）的通过达到巅峰。《1989 建议案》主要针对的是做研究的学者和政府官员，因此被批评不具备足够的包容性。⑤

1999 年，史密森学会与联合国教科文组织合作，对《1989 建议案》进行了评估。评估的结果发表在一卷探讨《1989 建议案》和未来行动可能性的书中。⑥ 评价认为《1989 建议案》是成功的，至少引发了各国对非物质文化遗产保护的兴趣。⑦ 但《1989 建议案》也有一个缺陷：没有具体说明成员国应该执行的方案，以及成员国针对这个主题应尽的义务。⑧

为了应对这个特有的缺点，联合国教科文组织于 1993 年举办了一次会

---

① Sherkin,'A Historical Study', p. 44.

② Sherkin,'A Historical Study', p. 45.

③ Noriko Aikawa-Faure,'From the Proclamation of Masterpieces to the Convention for the Safeguarding of Intangible Cultural Heritage', in Laurajane Smith and Natsuko Agakawa（eds）, Intangible Heritage（Routledge,2009）, pp. 1-44 at p. 21.

④ Sherkin,'A Historical Study', p. 47.

⑤ Anthony McCann et al,'The 1989 Recommendation Ten Years On:Towards a Critical Analysis', in Peter Seitel（ed）, Safeguarding Traditional Culture:A Global Assessment（Smithsonian Institution,2001）, pp. 57-64 at p. 58.

⑥ Peter Seitel（ed）, Safeguarding Traditional Culture:A Global Assessment（Smithsonian Institution, 2001）.

⑦ Noriko Aikawa,'The UNESCO Recommendation on the Safeguarding of Traditional Culture and Folklore（1989）:Actions Undertaken by UNESCO for Its Implementation', in Peter Seitel（ed）, Safeguarding Traditional Culture:A Global Assessment（Smithsonian Institution,2001）, pp. 13-19 at p. 13.

⑧ Aikawa,'The UNESCO Recommendation', p. 13.

议,并产生了该组织有关"非物质文化遗产计划"的指导方针。这个指导方针涉及与非物质文化遗产相关的几个关注点,包括商品化的危险、真实性、对不同保护方法的需求(与物质文化遗产的保护方法相比)。[1]

尽管《1989 建议案》有一些缺点,但联合国教科文组织的官员仍然认为它是成功的,因为它确实提高了保护非物质文化遗产的国际意识。例如,1997 年的联合国教科文组织大会上,成员国认同了非物质文化遗产已成为该组织在文化领域中最优先的事务之一。[2]

《1989 建议案》的评估对于制定该领域的进一步规范性行动至关重要。比如说,它指出各国将国家或地方的规范性行动(77% 作出回应的国家)作为优先事务,而非国际努力(66%)。[3] 它还强调了一些为了未来发展所采取的行动的重要路径,例如对遗产整体性保护方法的需求。[4] 还有几个与会国谈到了通过知识产权法保护传统文化和民间文学艺术的可能。[5]

这个评估也引发了一些其他想法,包括对非物质文化遗产商品化的关注、通过保护体系"冻结"非物质文化遗产、遵守人权标准、尊重以社区为基础的评估机构系统(即在主要以社会主义方式维护权利的社区,"西方化的"个人主义观念不应该用来衡量机构)。[6]

同时,还有人批评说《1989 建议案》偏向于研究界(而没有偏向于非物质文化遗产的真正所有者——监护社区)、全球公众是非物质文化遗产的

---

[1] Aikawa, 'The UNESCO Recommendation', pp. 14-15.

[2] Aikawa, 'The UNESCO Recommendation', p. 16.

[3] Kurin, 'The UNESCO Questionnaire', p. 24.

[4] Robyne Bancroft, 'Everything Relates, or a Holistic Approach to Aboriginal Indigenous Cultural Heritage', in Peter Seitel(ed), Safeguarding Traditional Culture: A Global Assessment(Smithsonian Institution, 2001), pp. 70-74 at p. 74.

[5] Preston Thomas, 'The 1989 UNESCO Recommendation and Aboriginal and Torres Strait Islander Peoples' Intellectual Property Rights', in Peter Seitel(ed), Safeguarding Traditional Culture: A Global Assessment(Smithsonian Institution, 2001), pp. 89-96; Kamal Puri, 'Protection of Traditional Culture and Folklore', in Peter Seitel(ed), Safeguarding Traditional Culture: A Global Assessment(Smithsonian Institution, 2001), pp. 97-103; Manuela Carneiro da Cunha, 'The Role of UNESCO in the Defense of Traditional Knowledge', in Peter Seitel(ed), Safeguarding Traditional Culture: A Global Assessment(Smithsonian Institution, 2001), pp. 143-148; and Bradford S Simon, 'Global Steps to Local Empowerment in the Next Millennium: An Assessment of UNESCO's 1989 Recommendation on the Safeguarding of Traditional Culture and Folklore', in Peter Seitel(ed), Safeguarding Traditional Culture: A Global Assessment(Smithsonian Institution, 2001), pp. 111-142 at pp. 122-133.

[6] Lyndel V Prott, 'Some Considerations on the Protection of the Intangible Heritage: Claims and Remedies', in Peter Seitel(ed), Safeguarding Traditional Culture: A Global Assessment(Smithsonian Institution, 2001), pp. 104-110 at pp. 108-109.

"消费者"、通过某些方式修复的遗产已被移出其文化背景。[1] 还有人认为，《1989 建议案》给民间文学艺术下的定义过于坚持以产品为导向（所以说依赖于物理手段），而忽视了真正应该保护的对象是产品所衍生的社会实践和文化背景（因此，非物质文化遗产是一种独立的遗产类型）。[2] 2003 年《公约》已经解决了这些问题中的很大一部分，但从它的文本（或者说它的早期实践）中，我们仍然能看出，并非所有的批评意见都得到了重视。[3]

　　1997 年，16 位非物质文化遗产专家在马拉喀什参加了一场小型会议。这场会议旨在探讨联合国教科文组织可以通过哪些机制来提高国际上对保护口头遗产重要性的认识。[4] 这项举措由以下几个因素促成：有批评称世界遗产委员会所关注的地理位置不平衡，只反映欧洲和北美对遗产价值的看法；1992 年里约地球峰会引发了对土著知识的认识（并最终促生了《生物多样性公约》，下文将对其进行分析）；尽管几十年来，非物质文化遗产一直是备受争议的问题，但公众往往对其采取标准性的忽视态度。[5]

　　这场会议的提案之一是建立口头遗产奖励制度。他们深信奖励制度能对世界意识产生影响，且快速、易实施，从而能在短期内唤起人们对这个问题的认识。[6] 马克·迪恩斯（Marc Denhez）是这个提案的主要支持者。他强调了这个计划的三个主要目标：正式承认非物质文化遗产和口头传统集中所处的"文化空间"；鼓励保护行为以及社区和政府参与保护行动；提高对非物质文化遗产重要性的认识。[7]

　　该计划有两个主要的选择标准：作为一般文化标准的普世价值和组织标准。组织标准包括有关社区参与这种特殊的非物质文化遗产表现形式的保护。[8] 然而，2001 年世界遗产委员会对代表性遗产进行遴选的第一次会议上，非物质文化遗产的"突出价值"的含义受到了几个国家的质疑。委员会

---

[1]　Simon, 'Global Steps to Local Empowerment', p. 121.

[2]　Dawson Munjeri, 'Following the Length and Breadth of the Roots：Some Dimensions of Intangible Heritage', in Laurajane Smith and Natsuko Akagawa(eds), Intangible Heritage(Routledge, 2009), pp. 207-242 at p. 217；and Aikawa-Faure, 'From the Proclamation of Masterpieces', p. 21.

[3]　在这项作为 ICH 公约基础的研究中，珍妮特·布莱克（Janet Blake）对这些危险提出了警告。参阅 Janet Blake, Developing a New Standard-Setting Instrument for the Safeguarding of Intangible Cultural Heritage：Elements for Consideration(UNESCO Publishing, 2001), p. 83.

[4]　Aikawa-Faure, 'From the Proclamation of Masterpieces', p. 14.

[5]　Aikawa-Faure, 'From the Proclamation of Masterpieces', p. 15.

[6]　Aikawa-Faure, 'From the Proclamation of Masterpieces', p. 16.

[7]　Aikawa-Faure, 'From the Proclamation of Masterpieces', p. 17.

[8]　Aikawa-Faure, 'From the Proclamation of Masterpieces', p. 18.

对于定义非物质文化遗产的"突出价值"提出了三个标准:对于监护社区和文化多样性具有突出价值;长期存在的实践;与特定文化空间相关的具体创作。①

2001 年至 2005 年,人类口头和非物质遗产代表作项目计划积极开展。该计划分别于 2001 年、2003 年和 2005 年对代表性遗产进行了三次选择,成为 2003 年《公约》的重要先驱。② 2006 年,随着 2003 年《公约》的生效,该计划被取消。该计划宣布的 90 项代表性遗产被纳入 2003 年《公约》创建的名录之中。描述完 2003 年《公约》的主要特征和概念背景后,我将回到这个问题的讨论。

二、2003 年《公约》

从许多方面来说,2003 年《公约》都是一个卓越的文书,③为遗产保护提供了一个整体性方法。④ 它于 2 年内起草完毕,⑤在 2003 年通过后,仅仅过了 9 年,就已拥有 147 个缔约国。⑥

本节将根据 2003 年《公约》的基本原则或宗旨、它的互补性思想以及它所创建的保护系统的特点,对其所建立的保护制度进行研究。最后,我将对这个制度提出批评意见,指出它的一些缺点。

(一) 基本原则

虽然联合国教科文组织公约的起草时间相对较短,但依然尚存争议。为了起草 2003 年《公约》,联合国教科文组织举行了几次会议,包括在都灵(2001 年)、里约热内卢(2001 年)和巴黎(2002 年)举行的起草会议。都灵会议主要关注非物质文化遗产的定义,而里约会议似乎更加关注完善制度

---

① Aikawa-Faure, 'From the Proclamation of Masterpieces', p. 32.

② Janet Blake, Commentary on the UNESCO 2003 Convention on the Safeguarding of the Intangible Cultural Heritage(Institute for Art and Law, 2006), p. 3.

③ Janet Blake, 'UNESCO's 2003 Convention on Intangible Cultural Heritage: The Implications of Community Involvement in "Safeguarding"', in Laurajane Smith and Natsuko Akagawa (eds), Intangible Heritage(Routledge, 2009), pp. 45-73 at p. 45.

④ Mounir Bouchenaki, 'A Major Advance Towards a Holistic Approach to Heritage Conservation: The 2003 Intangible Heritage Convention', Intl J of Intangible Heritage 2(2007), pp. 106-109.

⑤ Blake, Commentary, p. 15.

⑥ 《保护非物质文化遗产公约》(2003 年)的批复情况,载于 < http://www.unesco.org/culture/ich > (2012 年 11 月 29 日通过)。

的基本特征(包括选择遵循世界遗产公约的模式,下文将详细讨论)。① 在巴黎会议上,"限制性起草小组"会晤,并在公约的文本和拟采用的模式上作出重要决定。

2003 年《公约》对非物质文化遗产的定义中有一点很重要,非物质文化遗产不是指文化物品,而是指这些物品所属的社会和文化过程,而物品只是这些过程的产物。这是关注点上的变化,在遗产研究中十分重要。这种变化是逐步发生的。最终,非洲统一组织(后改名为"非洲联盟")与负责起草初稿的专家组一起决定将这种变化纳入 2003 年《公约》。②

"非物质文化遗产(intangible cultural heritage)"这一术语的选用也受到了一些学者的批评。从联合国教科文组织的行政逻辑上来说,选用这个术语是有道理的,因为它与该组织其他文书中确定的术语"物质文化遗产"相对应。然而,理论上将这类遗产描述为"非物质的"做法削弱了它的价值,使其与现实脱节,并且给人一种"其存在虚无缥缈"的印象。此外,这个术语还可能会降低传统文化在法律实践中的地位。而且,传统文化受到保护的可能性也可能会因此降低。③

尽管受到了一些批评,但这个术语似乎是最佳的选择。《1989 建议案》已经赋予了"民间文学艺术(folklore)"这个术语以产品为导向的内涵。而且人们认为这个术语指代神圣传统、生活方式和文化身份的通俗表现形式。④另外,人们认为"珍宝(treasure)"一词过于家长式(并且过度倾向于《保护世界文化和自然遗产公约》通过后形成的遗产概念)。此外,人们认为"口头遗产(oral heritage)"指代的范围过窄,⑤而"传统文化(traditional culture)"一词又似乎抹杀了"这类遗产与不断被再创造的活文化有关"这一事实。⑥

然而,在 2002 年的"限制性起草小组"会议期间,"非物质文化遗产"定义下的对象引发了许多争议。其中有三个难点:任何此类非物质文化遗产

---

　　① 联合国教科文组织,非物质文化遗产国际专家会议:国际公约优先领域的最终报告(巴西,里约热内卢,2002 年);联合国教科文组织,非物质文化遗产国际公约初稿的编制,巴黎"限制起草小组"(RDG)会议,2002 年 3 月 20—22 日,工作计划大纲第 5 段。另见联合国教科文组织大会,第四委员会主席的口头报告,第 31 C/INF 号文件。2001 年 11 月 12 日。

　　② Aikawa-Faure,'From the Proclamation',p. 23.

　　③ McCann et al,'The 1989 Recommendation',p. 60.

　　④ Blake,Commentary,p. 22 and p. 32.

　　⑤ Aikawa-Faure,'From the Proclamation',p. 27.

　　⑥ Richard Kurin,'Safeguarding Intangible Cultural Heritage:Key Factors in Implementing the 2003 Convention',Intl J of Intangible Heritage 2(2007),pp. 10-20 at p. 12.

的指代都过于宽泛;相反,这样的名录有过于具体、限制性过强的风险;国家的观点应该与其对非物质文化遗产的看法相统一。谈到专家的关注点和推动法律的保护时,不仅要考虑到联合国教科文组织成员国对这个主题的看法,也要避免与其他国际组织(尤其是世界知识产权组织和世界贸易组织)的任务重叠,所以最后有必要采取一种灵活的定义。[①] 最终的定义似乎将这些因素都考虑在内,它比较开放,没有给出详尽罗列例子的列表,并且避免使用知识产权法领域的例子(出于对世界知识产权组织工作分工的尊重,也考虑到在知识产权领域之外非物质文化遗产自治的结果)。

公约另一个重要的基本概念支柱是对非物质文化遗产存活的强调,及其对文化多样性和可持续发展的重要性。[②] 非物质文化遗产的存活取决于某个社区或群体的生活方式是否能存活,因此也取决于其经济可行性。[③] 所以,与"普通"文化遗产相比,非物质文化遗产与发展之间有着更加紧密的联系,"普通"文化遗产与发展的联系基于外部因素,且开发此类遗产所带来的发展并不一定针对此类遗产的保护,而非物质文化遗产与发展的联系对于非物质文化遗产的生存来说是一个必要因素。[④]

从这个意义上说,我们必须将开发非物质文化遗产的经济可选方案视为保护非物质文化遗产的有力工具。当然,经济上的开发绝不意味着遗产的完全商品化。同时,我们也可以认为,商品化能使非物质文化遗产存活下去。大众旅游和有关非物质文化遗产的舞台表演导致了一个重大威胁——"平庸化"。西班牙代表团提议在 2003 年《公约》的序言中加入对这一威胁的警示(最后这个提案也没能纳入最终文本)。[⑤] 还有很重要的一点是要考虑经济可行性,但决不能冒着抹去任何重要非物质文化遗产表现形式的风险,也绝不能以其监护社区不承认的方式更改其意义。

人权与非物质文化遗产之间的联系也是 2003 年《公约》的一大基本要素。序言以列举国际人权公约的方式提到了"人权",而且非物质文化遗产

---

① 联合国教科文组织,起草初稿,第 30—31 段。
② 关于非物质文化遗产与可持续发展的关系,参阅 Toshiyuki Kono, 'UNESCO and Intangible Cultural Heritage from the Viewpoint of Sustainable Development', in Abdulqawi A Yusuf(ed), Standard-Setting in UNESCO Volume 1:Normative Action in Education, Science and Culture(Martinus Nijhoff and UNESCO Publishing,2007), pp. 237-265.
③ Blake, Commentary, p. 25.
④ Blake, 'UNESCO's 2003 Convention', p. 48.
⑤ Blake, Commentary, p. 26.

的定义中也包含这一要素。就非物质文化遗产的定义来说,人权体现于"只有当特定社会实践与国际公认的人权一致时,非物质文化遗产才会得到承认"这个事实。① 非物质文化遗产领域也包含人权方面,特别是涉及宗教仪式或其他社会实践时,因为这些实践必然与结社自由权、宗教自由权、隐私权等权利相互影响。② 我将在第五章中继续讨论这些问题。在这里,我仅强调一下这种联系,以及这种联系与2003年《公约》所建立制度的相关性。③

最后,本公约的另一个核心原则是"代表性"的概念。下面在讨论本公约的列举机制时,将对这一原则进行详细分析。但在这里必须指出,世界遗产公约的核心价值是某种特定遗产表现形式的"杰出的"质量。与《保护世界文化和自然遗产公约》相反,非物质文化遗产公约所重视的是遗产表现形式的代表性及其对文化多样性的贡献。④ 分析完本公约的补充性和由本公约创建的保护体系的基本构架后,我还会对这个问题进行继续讨论。

(二)非国家行为者的补充和参与

从一开始,2003年《公约》所建立的制度正是为了给其他专门机构可能制定的制度做补充。⑤ 这种补充性承诺尤其适用于知识产权的保护。这种保护不管在过去还是现在,都是由世界知识产权组织推动的。参与协商2003年《公约》的国家非常清楚世界知识产权组织作出的努力,希望能避免两个组织的工作出现任何可能的重叠。⑥ 举个例子,这就是为什么本公约文本避免出现"个人"一词,因为这可能与知识产权制度产生交叉(知识产权制度中,权利归属个人)。⑦

2003年《公约》的第三条也起到了补充作用。该条款规定不得以任何违背其他国际义务的方式来解读本公约,尤其是1972年世界遗产公约(第3.a

---

① Blake,Commentary,p. 35.

② Blake,Commentary,p. 38.

③ 关于人权与文化遗产之间的联系,参阅 Francesco Fran-cioni,'A Dynamic Evolution of Concept and Scope:From Cultural Property to Cultural Heritage', in Abdulqawi A Yusuf(ed),Standard-Setting in UNESCO Volume 1:Normative Action in Education,Science and Culture(Martinus Nijhoff and UNESCO Publishing,2007),pp. 221-236(指出这是"文化财产"向"文化遗产"转变的背后因素之一)。See also UNESCO,Preparation of a Preliminary Draft,para 20.

④ 关于从"杰作"向"代表性"转变的完整争论,参阅 Valdimar Tr Hafstein,'Intangible Heritage as a List:From Masterpieces to Representation', in Laurajane Smith and Natsuko Akagawa(eds),Intangible Heritage(Routledge,2009),pp. 93-111.

⑤ 教科文组织,国际专家会议最终报告。

⑥ Blake,Commentary,p. 11.

⑦ Blake,Commentary,p. 29.

条)和其他有关知识产权和环境的协定(第 3. b 条)规定的义务。① 在 2003 年《公约》生效之前,世界遗产委员会撰写了一份文件,概述了文化遗产保护对综合性方法的需求,标志出 2003 年《公约》与世界遗产公约的另一个明显区别。旨在推进保护物质和非物质文化遗产过程中实施综合性方法的《大和宣言》呼吁教科文组织和其他组织在其所有遗产相关的计划中都采取综合性方法。由于不同文书所建立的制度有补充性,而且如果采取综合性方法,所有利益相关方都可以更好地利用这些制度。②

对于当地(社区)、国家、区域和国际层面上非物质文化遗产的保护来说,补充性也是本公约的一个重要组成部分。后面对保护制度的分析中,会探讨"不同层面的保护"这一特征,尤其是国家和国际层面。

社区参与是 2003 年《公约》所建立制度的重要组成部分。③ 事实上,这是本公约的基本宗旨之一,也与补充性有关联,因为本公约认为社区不仅是享有援助的非物质文化遗产的所有者,而且也是保护非物质文化遗产的主要责任方。2003 年《公约》起草期间,"社区"一词的使用也引发了一些争议。那时候还不清楚这个词作为法律术语的含义。另外,"社区"一词提出了主张集体权利的可能性,而这并不是所有起草人都支持或愿意接受的。④

直到今天,人们对公约的执行阶段仍然存在疑问,但政府间委员会认为没有必要给社区下定义。比如说,每个缔约国给列表中遗产表现形式的题词就足以表明社区参与的存在。⑤ 根据公约的业务指南,缔约国应该咨询的不仅仅是作为非物质文化遗产所有者的社区、群体和个人,还有专家和研究机构。公约还鼓励缔约国建立咨询机构,将社区和专家聚集起来,一起帮助鉴别非物质文化遗产、制作清单、编写提名文件等。⑥

这是公约原始文本的重大转变。原始文本中并未真正谈及执行过程中的专家参与。这是一个重要的因素,因为公约最大的缺点之一正是缺乏有

---

① Blake,Commentary,pp. 42-43.

② 2004 年 11 月 25 日世界遗产委员会第七届特别会议通过的《保护物质和非物质文化遗产综合方法的大和宣言》,Doc. WHC-04/7 EXT. COM/INF. 9,第 13 和 15 段。

③ Blake,'UNESCO's 2003 Convention',p. 62;and Aikawa-Faure,'From the Proclamation of Masterpieces',p. 37.

④ Blake,Commentary,p. 29.

⑤ Form ICH-02(2009)—Representative List,Explanatory Note.

⑥ 《保护非物质文化遗产公约》缔约国大会,执行《保护非物质文化遗产公约》的业务指令(2008 年 6 月)。

关非物质文化遗产方面的专业知识。就参与形式进行研究的附属机构曾探讨过该问题，并得出结论，认为必须将非物质文化遗产的研究成果返还给社区。①

社区参与的另一个重要因素是缔约国致力于让社区认识到其遗产的重要性和价值。确保非物质文化遗产的所有者能充分受益于作为标准制定的文书——公约。② 当然，如果公约的核心目标之一是提高对非物质文化遗产重要性的认识，那么重点应该放在地方层面上。因为它只通过创造一种"骄傲感"，将社区与其遗产联系起来，以确保遗产存活下去。

此外，说到公约的执行中非国家行为者的参与，业务指南中也包含非政府组织参与国家和国际层面保护的规则。实际上，政府间委员会提交的业务指南的原始草案中不包括非政府组织参与国家层面保护的规则，③是缔约国大会增加了这一项。这也是委员会向大会提交最终草案后，大会对其作出的唯一重大更改。这个规则确定了缔约国必须让非政府组织参与执行公约，因为它们可能在确定和定义非物质文化遗产、举办保护活动方面，且在与国家、社区、群体、个人的合作和协调中发挥重要作用。④

关于非政府组织参与执行公约的国际层面，业务指南认可非政府组织有资格参加政府间委员会会议和缔约国大会，只要它们能满足一定的要求：在保护非物质文化遗产方面有过硬的能力、专业知识和经验；具有地方、国家、地区或国际性质；目标与公约精神一致；与创造、传播和实践非物质文化遗产的社区、团体和个人有合作；具备参加会议的"业务能力"。⑤ 业务指南⑥及其附带的一份特定表格决定了它们的参与资格。⑦

经认可有资格参加政府间委员会会议的非政府组织包括：国际博物馆

---

① 保护非物质文化遗产政府间委员会，附属机构报告员关于社区或其代表、从业人员、专家、专门知识中心和研究机构参与公约执行方式的报告，提交第二届会议特别会议（保加利亚，索非亚，2008 年 2 月 18 日至 22 日），2008 年 2 月 12 日第 ITH/08/2. EXT. COM/CONF. 201/INF. 4 号文件，第 12 段。

② 联合国大会，业务指令，第 78 条。

③ 保护非物质文化遗产政府间委员会，第二届特别会议（保加利亚，索非亚，2008 年 2 月 18 日至 22 日），Decision 2. EXT. COM 16.

④ 联合国大会，业务指令，第 87 条。

⑤ 联合国大会，业务指令，第 88 条。

⑥ 联合国大会，业务指令，第 94 条。

⑦ 非物质文化遗产表 – 09（2009）– 非政府组织的认证申请。

协会、①地中海饮食基金会、②保护明日传统的非政府组织、③世界武术联盟、④国际传统音乐理事会、⑤传统音乐与舞蹈协会联合会、⑥墨西哥烹饪遗产学院和非物质文化遗产百科全书⑦等。参与的非政府组织或许可以帮助确定未来列入名单的遗产类型,⑧所以了解参与执行《公约》的非政府组织在国际层面的活动区域是很重要的。特别值得注意的是,名单里似乎没有土著群体,但有些经认可的非政府组织宣称自己代表土著人民,如巴西国家土著行动协会(Associação Nacional de Ação Indigenista—Anaí)。⑨

　　分析完公约的基本原则以及补充性这一总体思想之后,有必要分析一下公约所创建的制度。根据核心原则,我现在将对公约设计的制度如何适应这些核心价值和概念进行探讨。

---

　　① 保护非物质文化遗产政府间委员会第一届特别会议(2007 年 5 月 23 日至 27 日,中国,成都),第 1. EXT. COM 4 号决定;保护非物质文化遗产政府间委员会第二届会议(2007 年 9 月 3 日至 7 日,日本,东京),第 2. COM 5 号决定。

　　② 保护非物质文化遗产政府间委员会第一届特别会议(2007 年 5 月 23 日至 27 日,中国,成都),第 1. EXT. COM 4 号决定;保护非物质文化遗产政府间委员会第二届会议(2007 年 9 月 3 日至 7 日,日本,东京),第 2. COM 5 号决定;保护非物质文化遗产政府间委员会第二届特别会议(2008 年 2 月 18 日至 22 日,保加利亚,索非亚),第 2. EXT. COM 5 号决定。

　　③ 保护非物质文化遗产政府间委员会第一届特别会议(2007 年 5 月 23 日至 27 日,中国,成都),第 1. EXT. COM 4 号决定;保护非物质文化遗产政府间委员会第二届会议(2007 年 9 月 3 日至 7 日,日本,东京),第 2. COM 5 号决定;保护非物质文化遗产政府间委员会第二届特别会议(2008 年 2 月 18 日至 22 日,保加利亚,索非亚),第 2. EXT. COM 5 号决定。

　　④ 保护非物质文化遗产政府间委员会第二届会议(2007 年 9 月 3 日至 7 日,日本,东京),第 2. COM 5 号决定;保护非物质文化遗产政府间委员会第二届特别会议(2008 年 2 月 18 日至 22 日,保加利亚,索非亚),第 2. EXT. COM 5 号决定。

　　⑤ 保护非物质文化遗产政府间委员会第二届会议(2007 年 9 月 3 日至 7 日,日本,东京),第 2. COM 5 号决定;保护非物质文化遗产政府间委员会第二届特别会议(2008 年 2 月 18 日至 22 日,保加利亚,索非亚),第 2. EXT. COM 5 号决定。

　　⑥ 保护非物质文化遗产政府间委员会第二届会议(2007 年 9 月 3 日至 7 日,日本,东京),第 2. COM 5 号决定。

　　⑦ 后两者只参加了最近的一次会议。保护非物质文化遗产政府间委员会第二届特别会议(2008 年 2 月 18 日至 22 日,保加利亚,索非亚),第 2. EXT. COM 5 号决定。

　　⑧ 关于非政府组织参与制定杰作清单的情况,参阅 Anthony Seeger,'Lessons Learned from the ICTM(NGO)Evaluation of Nominations for the UNESCO Masterpieces of the Oral and Intangible Heritage of Humanity,2001-5',in Laurajane Smith and Natsuko Akagawa(eds),Intangible Heritage(Routledge,2009),pp. 112-128.

　　⑨ 关于经认可的非政府组织的完整名单,见经认可向委员会提供咨询服务的非政府组织,网址 < http://www. unesco. org/culture/ich/index. php? lg = en&pg = 00331 > (2012 年 11 月 29 日访问)。

（三）保护制度

《公约》第 1 条确定的目标有以下四点：保护非物质文化遗产；确保社区、群体和个人的非物质文化遗产得到尊重；提高意识；开展国际合作及提供国际援助。这一条为《公约》所建立的保护制度奠定了基础。还有两大相关机构：非物质文化遗产委员会和缔约国大会。我们依次来看看这两个机构。

缔约国大会根据 2003 年《公约》的第 4 条所设立。这与 1972 年的世界遗产公约相比有很大的转变，后者不包含设立类似机构的条款。这表明参与起草工作的国家对其主权更加关注，尤其是在处理文化（更具体地说是活文化）和社区、群体的主张等敏感问题时。各国意识到应该加强主权（该文书的核心特征之一，后面会进一步探讨），而达成这个目的的方法之一便是创立一个缔约国大会，作为决策有关非物质文化遗产公约大多数事项的最高权力机关。①

另一方面，由于非物质文化遗产具有复杂性，所以这个领域需要高水平的专业知识。受国际环境法领域类似经验的启发，人们意识到想要获得这种高水平专业知识，非物质文化遗产领域必须设立委员会。因此，非物质文化遗产委员会得以创立。② 2003 年《公约》第 5 条规定，委员会由大会选出的 24 个缔约国的代表组成。虽然这是另一个政府间机构，但缔约国的参与度较低。因此，从这个意义上看，委员会对非物质文化遗产规定施予又一层主权控制。

第 7 条规定了委员会的职能。其中包括为保护非物质文化遗产的最佳做法提供指导和建议。这是由于在保护非物质文化遗产方面缺乏地方和国际经验，因此需要搜集最佳做法，来为各国和教科文组织本身提供指导。这一条与公约的首要目标密切相关，即保护非物质文化遗产。③

第 8 条确定了委员会的工作方法。第 8 条第 1 款明确指出委员会从属于大会。④ 第 8 条第 4 款建议委员会邀请非政府组织、社区和从业者参与委员会会议和工作（第 9 条进一步阐述了这一点）。⑤ 最终，第 10 条确定委员

---

① Blake, Commentary, p. 46.
② Blake, Commentary, p. 45.
③ Blake, Commentary, p. 52.
④ Blake, Commentary, p. 55.
⑤ Blake, Commentary, pp. 56-57.

会由教科文组织秘书处协助下进行工作。秘书处的作用是为委员会在保护非物质文化遗产方面的工作提供更多的专业知识。[①]

该政府间委员会还设立了两个附属机构。第一个附属机构负责设计公约的徽标,于 2007 年 9 月至 2008 年 6 月开展工作。公约的徽标也是在这段时间内选出的。[②] 第二个附属机构也于 2007 年 9 月设立,处理社区和其他各方的参与方式。我已经分析过该附属机构处理社区参与的一些实质性工作,后面还会继续讨论这一点。这里强调的是政府间委员会有权设立这些机构,并已将其用于解决公约执行中的实际问题。这些问题中,有一个极为复杂且尚未解决。

2003 年《公约》也为非物质文化遗产提供国家层面的保护。事实上,建立包括增强保护意识、教育、参与方式等国家层面的保护制度,是公约取得成功的关键。[③] 第 11 条规定了保护的核心义务,确定各国应采取必要措施确保非物质文化遗产受到保护,包括确保社区、群体和非政府组织参与鉴别和定义其国家领土内的非物质文化遗产。第 11 条反映了一个事实,即保护非物质文化遗产的最大障碍恰恰是各国缺乏对其领土内知识的了解。[④]

为了克服这一障碍,(第 12 条)规定缔约国有义务制定一份其境内非物质文化遗产表现形式的清单。这些清单必须由各国制定并定期更新,而且它们也是各缔约国向非物质文化遗产委员会提交报告的重要组成部分(第29 条)。

缔约国还有其他形式的保护措施(第 13 条),包括制定政策使非物质文化遗产成为社会和文化结构的重要功能部分;建立主管非物质文化遗产的机构;采取法律、技术、行政和财政措施,促进非物质文化遗产的发展并确保在尊重社区及其监护措施的前提下对非物质文化遗产的享用。

针对这一条款的批评指出,其规定缔约国“应该竭力”采取本条所列举的措施。这毫无疑问会弱化本条及本条制定的措施,使其成为创建国家清单这项义务的附属条款。[⑤] 从这个角度上来看,至少就国家措施而言,清单成为了公约制度中的主要保护工具。

---

① Blake, Commentary, p. 58.

② 该会徽及导致其选择的过程的信息,可在 < http://www.unesco.org/culture/ich > 上查阅(2012 年 11 月 29 日查阅)。

③ Blake, Commentary, p. 59.

④ Blake, Commentary, pp. 61-62.

⑤ Blake, Commentary, p. 66.

　　第 14 条也规定各国"应该竭力"采取一些针对教育、增强保护意识和能力培养方面的措施。这一条重点强调非物质文化遗产的教育方面,是相比1972 年的世界遗产公约的一项重要创新,也表明了两个文书之间关注重点的转移。[①] 从某种程度上说,非物质文化遗产指的是活文化。所以,要想文化永存,年青的一代必须接受教育,成为这些传统的未来承担者。这就是这一条中教育措施的意义。

　　第 15 条规定,与非物质文化遗产有关的社区、群体和个人应该参与国家的政策制定和非物质文化遗产的管理。这一条重点强调了社区角色的重要性。[②] 虽然这种发展是有价值的,但我认为这仅对于国家层面来说有价值(国家层面的国际控制程度较低,实践的一致性也较低)。而且这一条也不一定能弥补起草公约及其保护制度期间全然不考虑社区意见的做法。

　　国际层面上主要通过非物质文化遗产名录来保护非物质文化遗产。其中一个是《人类非物质文化遗产代表作名录》(第 16 条),另一个是《急需保护的非物质文化遗产名录》(第 17 条)。这里必须指出,只有第一个名录被称为"代表作"名录,而另一个名录至少在理论上包括濒临消亡的所有形式的非物质文化遗产。

　　在公约协商期间,有一些国家反对建立名录机制,尤其是挪威。挪威认为,基于名录的机制会给遗产表现形式分等级("名录中的"遗产在某种程度上会比"不在名录中"的遗产"更好")。挪威认为仅制定出最佳做法名录就足以实现公约的目标。而印度认为名录机制是有效的,但应该谨慎处理,以免产生任何类型的等级制度。这是普遍接受的论点,因为建立名录有助于增强保护意识,这是实现公约目标所必需的。此外,正如巴西代表所强调的那样,国际层面的名录机制对应了国家层面的清单义务,因此也是执行公约的理想手段。[③]

　　这些名录所包含的遗产表现形式的标准一直是政府间委员会讨论的主题。第一套标准已被批准用于执行公约的业务指南,并于 2010 年和 2012 年进行过两次修订。

　　《急需保护的非物质文化遗产名录》中的遗产表现形式必须同时满足下面几项标准:必须是符合公约第 2 条的非物质文化遗产;必须由于"存活危

---

① Blake, Commentary, p. 74.

② Blake, Commentary, p. 76.

③ Blake, Commentary, p. 79.

在旦夕"或"面临重大威胁,若不及时保护则无法存活"而急需保护;必须有一项关于保护措施的详尽计划,使其能实施和传播;必须事先使相关社区、群体或个人知情并征得其同意;必须在相关缔约国的非物质文化遗产清单中;相关缔约国必须对此名录进行授权。①

这些要求可以通过附在业务指南后的名录标准表格进行核实。② 这些表格的注释表明,加入名录的申请中必须包括一项关于保护措施的大约四年内的详尽计划。必须对这些保护措施进行描述,说明其目标和预期结果,要开展的关键活动、社区、群体或个人的参与机制以及时间表和预算。③ 此外,表格要求各国证明相关社区、群体或个人愿意并致力于保护其非物质文化遗产,④还要求各国必须证明相关社区、团体或个人事先知情并且已征得其同意。根据注释,各缔约国"可以根据本国的法律制度以及各种各样的相关社区和群体,通过书面或录音等形式"来证明已征得同意。⑤ 这么做是因为委员会选择让各缔约国根据自身的文化传统来证明已征得同意,而不强制采用单一形式。公约进程开展伊始,学者们就强调了相关社区、团体或个人的"自主、事先和知情的同意"是处理非物质文化遗产的必要因素,虽然那时候有许多国家反对让社区参与的观点。⑥

在第一批名录中,有 12 项非物质文化遗产表现形式列入《急需保护的非物质文化遗产名录》,第二批有 4 项。⑦ 2010 年增加了 4 项,2011 年增加了 11 项。第一批入选的遗产表现形式中值得一提的是拉脱维亚的苏伊提(Suiti)文化空间。⑧ 苏伊提是位于拉脱维亚新教地区的一个小型天主教社

---

① 联合国大会,业务指令,第 1 条。

② 非物质文化遗产表 – 01(2009) – 紧急保障清单;非物质文化遗产表 – 01(2010) – 紧急保障清单;非物质文化遗产表 – 01(2011) – 紧急保障清单。这两种形式是相同的,除了它们提出的时间框架不同,因为第一种形式是指紧急保障名单上的第一轮题字,而另一种形式是指第二轮题字。

③ 非物质文化遗产表 – 01(2009) – 紧急保障清单;非物质文化遗产表 – 01(2010) – 紧急保障清单,解释性说明,第 4.b 段。

④ 非物质文化遗产表 – 01(2009) – 紧急保障清单;非物质文化遗产表 – 01(2010) – 紧急保障清单,解释性说明,第 4.c 段。

⑤ 非物质文化遗产表 – 01(2009) – 紧急保障清单;非物质文化遗产表 – 01(2010) – 紧急保障清单,解释性说明,第 5.b 段。

⑥ Simon, 'Global Steps to Local Empowerment', p. 113.

⑦ 联合国教科文组织,《非物质遗产名录》,见 < http://www. UNESCO. org/culture/ich/index. php? pg = 00011&inscription = 00003&type = 00003 > (2012 年 11 月 29 日访问)。

⑧ Intangible Heritage Convention, Nomination Form for Inscription on the Urgent Safeguarding List—Suiti Cultural Space, available at < http://www. unesco. org/culture/ich/index. php? USL = 00314 > (accessed 29 November 2012).

区。苏伊提文化空间面积约 400 平方公里,人口约 2000 人,远低于 20 世纪初的 1 万人。第二次世界大战和随后苏联的占领深深地影响了这个曾经繁荣的社区,导致苏伊提文化几乎消亡。目前仅约有 60 名社区成员掌握这种文化。提议的保护措施不仅包括对文化的即时保护,还包括创造一个更有利的经济环境来防止年青的一代离开该地区以寻求更好的工作。

拉脱维亚一直在努力提高人们对苏伊提遗产的认识(包括由苏伊提妇女演唱的低音歌曲、婚礼传统、传统服饰、苏伊提语、美食、宗教传统、季节性传统的庆祝活动,以及大量的歌曲和舞蹈)。① 过去几年中,拉脱维亚把重点放在学校和文化节的教育活动上。它还创建了一个汇集苏伊提遗产的网站,并建立了一个织布工坊,鼓励发展苏伊提传统手工艺。它还为复苏苏伊提遗产制定了一个五年框架,包括教育活动和宗教建筑的修复等项目。

拉脱维亚通过举办旨在收集有关具体保护需求和活动计划想法的研讨会,向当地社区咨询了是否要申请将苏伊提遗产列入名录,以及保护措施的制定。社区会议上举手表决的投票方式保证了社区的"自主、事先和知情的同意"。它也是通过文化空间内的城市议会机构批准而建立的。②

代表名单入围标准略有不同。③ 在许多方面,寻求将遗产列入该名录的国家所承受的负担更轻一些。列入代表名单中的遗产必须同时满足下面几项标准:遗产表现形式符合公约第 2 条中的概念;被列入名录有助于提高人们对该非物质文化遗产重要性的意识和认识,鼓励对话,从而促进文化多样性,证明人类的创造力;已制定保护和促进该非物质文化遗产发展的详尽保护措施;事先使相关社区、群体或个人知情并征得其同意;在相关缔约国的一个非物质文化遗产清单中。④ 而且,社区必须参与该非物质文化遗产的提名工作。⑤

---

① 'Latvian Suiti Cultural Space Included in the UNESCO Intangible Cultural Heritage List', Latvian Institute Factsheet No 88(22 October 2009), available at < http://www. li. lv/images_new/files/2009_10_02_% 20No88-Suiti% 20Cultural% 20Space% 20in% 20UNESCO% 20List. pdf > (accessed 29 November 2012).

② Suiti Cultural Space, Documentation on Consent of Communities, available at < http://www. unesco. org/culture/ich/doc/src/00314-Community% 20consent-EN. pdf > (accessed 29 November 2012).

③ 见保护非物质文化遗产政府间委员会第二届特别会议(2008 年 2 月 18 日至 22 日,保加利亚,索非亚)第 2. EXT. COM 17 号决定(保护非物质文化遗产政府间委员会在公约缔约国大会第一届和第二届会议期间的活动报告,第 11—19 段)。

④ 联合国大会,业务指令,第 19 条。

⑤ 联合国大会,业务指令,第 21 条。

列入名录的遗产表现形式必须根据其目前的重要特征来描述(因为委员会考虑到遗产表现形式将来可能会发生变化),[1]还要包括对其所发挥的社会、文化功能的讨论。非物质文化遗产的历史不是必需的元素。[2] 和《急需保护的非物质文化遗产名录》一样,社区、群体或个人自主、事先和知情的同意也必须得到保障和证明,其方式与列入紧急名单的知情同意相同。[3]

2009 年 10 月的第一批选取中,有 76 种遗产表现形式被列入《人类非物质文化遗产代表作名录》。其中值得一提的有:探戈、中国蚕桑丝织技艺、非裔乌拉圭人的一种名为"坎登贝(Candombe)"的文化习俗及相关的文化空间(仅蒙得维的亚附近的几个街区)、西班牙南部水域纠纷的传统解决机制等。[4] 第一批入选的遗产表明,公约采取的保护举措范围非常广,从非物质文化遗产永久化所必需的物质要素的保存、具体法律的制定、旨在庆祝名录内遗产表现形式起源文化的国家法定节假日制度,到教育和提高认识的活动。在讨论社区参与时,还考虑到了相关社区的传统规范。这也是保护实践本身的重要起点。

2010 年的第二批选取中,又有 49 个遗产被列入名录。其中有一些遗产争议性较大。例如,希腊、意大利、摩洛哥和西班牙成功合力将"地中海饮食"列入名录(2009 年首次申请失败)。地中海饮食之所以能成功进入名录,是因为它专注于饮食背后的社会实践而并非饮食本身。具体而言,作为社会/社区活动的饮食仪式受到了争议。首次失败的申请似乎更关注饮食。许多人批评称,这是为了促进旅游业发展而对教科文组织名录机制的一种操纵,目的是使餐厅能以"教科文组织所认可的饮食"的说法来迎合游客。关注点转向社会实践的做法似乎在很大程度上补救了这一方面,即使批评的声音仍未完全消失。

另一个入选的遗产是"话事人"使用的瓦尤(Wayúu)规范体系。这是规范体系第一次被列入名录。[5] 瓦尤人是居住在位于哥伦比亚和委内瑞拉之

---

[1] 联合国教科文组织,2003 年《保护非物质文化遗产公约》列入名录标准专家会议报告(2005 年 12 月 5 日至 6 日,巴黎)。

[2] 非物质文化遗产表 - 02(2009) - 代表名单,解释性说明,第 2 段。

[3] 非物质文化遗产表 - 02(2009) - 代表名单,解释性说明,第 5. b 段。

[4] 所有与这些铭文有关的文件都可以在联合国教科文组织的非物质文化遗产名录中找到。

[5] 关于更详细地讨论瓦尤社区"话事人"使用的规范体系及其对土著宣传的影响,参阅 Lucas Lixinski, 'Falling Short: The UNESCO Intangible Cultural Heritage Regime, Indigenous Heritage and the UN Declaration on the Rights of Indigenous Peoples', in Sarah Sargent(ed), A New Millennium for Indigenous Rights: Challenges and Changes(Buckingham University Press, forthcoming 2013).

间的瓜希拉半岛上的土著居民。瓦尤规范体系是一个围绕话事人的规范体系。话事人是"负责管理话语"的人。① 从历史上看,话事人源于该社区内部解决争端的需要,是一个权威人物。话事人是根据个人在社区中的社会、经济地位而特别选出的。正是这种地位(包括社会关系)创立了话事人的权威,并使其合法化。渐渐地,这个主持公道的角色证明,话事人增进了文化联系,加强了人们对其决定如何影响整个群体社会地位的认识(与社会的历史及其早期形式有关)。社区中的老年委员会会影响话事人的活动。话事人早期是从老年委员会成员中选取的。瓦尤规范体系使法律集体化,因为传统上,话事人的决定不仅对行为不当的个人有影响,而且对该个人的整个家庭及其氏族(瓦尤语:Eirukü)也有影响。

虽然规范体系能通过遗产名录机制得到保护这一点是值得称赞的,但对名录机制整体的一些批评(更具体地说是商品化的危险)在这里越发激烈。瓦尤规范体系之所以被列入名单是因为其承诺实现跨文化对话。将一个解决争端的复杂体系列入一个标准化的文化遗产名录,意味着以下两个风险,一方面,名录机制对"其他机制"进行某种包装;另一方面,外国法律体系被整合到"主流"法律框架中。虽然这个过程对所有比较法,甚至在某种程度上对所有国际法都很常见,但就文化遗产名录来说,它是一个特殊的维度,因为将规范体系列入名录不是为了应用它,而是为了欣赏它。

第18条关于保护非物质文化遗产的计划、项目和活动,规定委员会应该(根据大会批准的标准)选择最能体现公约目标的计划、项目和活动。那么可以创建一个鉴于上述原因对公约实施至关重要的最佳做法清单。② 创建最佳做法清单时遇到一个问题,即这个清单应该是选择性的,还是更加包容的?③

---

① 这个解释大部分来自 YouTube 上对瓦尤社区的采访。参见 < http://www. youtube. com/watch? v = xnwoldfc-0w > (2013 年 1 月 18 日访问的瓦尤社区访谈三部分系列的第一部分);< http://www. youtube. com/watch? v = fojEsmitk8M > (采访一位专门研究瓦尤历史的历史学家,2013 年 1 月 18 日访问);以及 < http://www. youtube. com/watch? v = vúvMúu i4yorA > (为支持联合国教科文组织提名而准备的视频,2013 年 1 月 18 日访问)。另一个重要消息来源是哥伦比亚国家广播电台网站上对瓦尤吉列尔莫·奥杰达·贾亚里尤(同时也是瓦尤主要机构,军政府市长奥托诺玛·德帕拉布雷罗·韦乌的协调员)的音频采访,强调了列入联合国教科文组织名单的风险和优势。见 < http://www. fonoteca. gov. co/index. php/home/installdad/item/134-% C2% A1que venga el palabero > (2013 年 1 月 29 日访问)。

② Blake, Commentary, pp. 86-88.

③ 保护非物质文化遗产政府间委员会,第一届特别会议(2007 年 5 月 23 日至 27 日,中国,成都),关于《保护非物质文化遗产公约》第 18 条执行情况的讨论,2007 年 4 月 20 日,Doc. ITH/07/1. EXT. COM/CONF. 207/11.

在业务指南相关部分的初稿中,便早已决定清单应该是选择性的。①

业务指南规定了入选的最佳做法所需满足的标准:涉及公约第 2 条第 3 款定义的保护措施;促进了区域、次区域和/或国际层面非物质文化遗产保护工作的协调;体现了公约的原则和目标;在加强相关非物质文化遗产生存能力方面有所成效;其实施得到相关社区、群体或个人的参与,使其事先知情,并征得其同意;可成为次区域、区域或国际保护活动的范例(即在其他情况下能进行"移植"或仿效);相关缔约国、社区、群体或个人愿意配合传播该最佳做法;该最佳做法的结果是可以得到的;"主要用于满足发展中国家的特定需要"。② 业务指南将这些标准进一步以标准化的形式列出,并附有解释性说明。③

第一批最佳做法的提名中,有三个计划作为促进公约目标的最佳做法被列入清单(第二批没有提名任何做法)。④ 其中一个计划特别值得一提。该项目名为"保护玻利维亚、智利和秘鲁的艾马拉社区的非物质文化遗产",是一个次区域项目,涉及不止一个公约的缔约国。它的目的是在小学中推广"旨在确保濒危文化表现形式存活"的举措,因为这些文化表现形式构成了玻利维亚(拉巴斯—奥鲁罗—波托西)、智利(塔拉帕卡—阿里卡—帕里纳科塔—安托法加斯塔)和秘鲁(塔克纳—普诺—莫克瓜)的艾马拉社区的文化身份。⑤ 该项目非常注重保护艾马拉语的重要性,将其作为传播农业技术、纺织技艺、传统音乐和舞蹈等非物质文化遗产的工具。该项目还涉及相关社区的人类学研究、教师培训计划和宣传手册的制作。在后面的阶段,它还涉及区域性艺术竞赛,以及相关政策制定者之间的经验交流。⑥

就该过程的参与者来说,提名表格强调该项目创建了一个由个人、社区、团体、文化管理者、专家、土著组织、研究中心、非政府组织和政府等组成的网络,促进了经验、信息和培训的永久交流以增强该区域的能力,实现了

---

① 保护非物质文化遗产政府间委员会,第二届会议(2007 年 9 月 3 日至 7 日,日本,东京),执行《保护非物质文化遗产公约》第 18 条的指令初稿,2007 年 7 月 30 日,Doc. ITH/07/2. COM/CONF. 208/12.

② 联合国大会,业务指令,第 7 条。

③ 非物质文化遗产表 – 03(2009) – 计划、项目和活动。

④ 联合国教科文组织,非物质文化遗产名录。

⑤ 非物质文化遗产公约,玻利维亚、智利和秘鲁艾马拉社区保护非物质文化遗产最佳实践提名表,见 < http://www. unesco. org/culture/ich/index. php? Art18 = 00299 >(2012 年 11 月 29 日访问)。

⑥ 非物质文化遗产公约,最佳实践提名表。

所有相关行为者的广泛参与。① 该项目取得了这三个相关国家的艾马拉社区管理机构的同意,并承诺保证艾马拉人参与该项目的所有阶段。因此,通过让社区以自己的方式参与其中,三个相关缔约国都给予艾玛拉人管理自己遗产的权利,并辅助促进该非物质文化遗产的发展。同时,这三个国家都从这个完善的典型项目中受益。这个项目使人们信任它们所提出有关土著问题的主张(作为一个土著或多民族国家,或者只是作为一个尊重其土著少数民族的国家)。

第 19 条确定了保护非物质文化遗产的国际合作,包括缔约国的信息交流和共同行动。第 20 条确定了国际援助的目的,而第 21 条则概述了国际援助的形式。其中特别相关的一点是"制定标准"。它指的是建立国际标准,再将其转化为区域和国家的立法措施。② 从这个意义上说,公约不是先前国家举措投入的产物,而是保护非物质文化遗产的国家措施的特制催化剂。

各国可进一步申请国际援助,保护其领土内的非物质文化遗产(第 23 条)。这种国际援助可能是财政性质的,其资金来自公约设立的基金。受援缔约国通常应该分担援助资金,以证明国家也在努力保护其非物质文化遗产(第 24 条第 2 款)。③ 这些要求的一个重要特征是,只有国家可以申请这种援助,正如只有国家才能申请将其遗产表现形式列入公约创建的名录。这是作为公约制度基础的严格主权的另一个特征。④

"保护非物质文化遗产基金"是根据公约第 25 条设立的。该基金的资金来自公约缔约国的纳款,各国(无论是否为公约缔约国)、联合国系统各组织、私营机构和个人的自愿捐款,以及该基金本身的任何其他收入(例如投资)和具体的筹资活动(第 28 条)。第 26 条为缔约国财政承诺的困难协商提供了创造性的折中方案,各国可以提交不履行纳款义务的声明(第 26 条第 2 款)。即使已作上述声明的缔约国,也仍然有义务"努力"收回声明并为该制度作出力所能及的贡献(第 26 条第 3 款)。

缔约国此项纳款不得超过其对教科文组织正常预算纳款的百分之一。(第 26 条第 1 款)。这看似是一笔小数额,但公约执行头几年的预算从每年

---

① 非物质遗产公约,最佳实践提名表。
② Blake,Commentary,p. 95.
③ Blake,Commentary,p. 102.
④ Blake,Commentary,p. 99.

约 130 万美元增加到每年 560 万美元。这可是一笔相当大的数额。① 目前尚不清楚这些资金中有多少来自这些规定的纳款,有多少来自自愿捐款(第27 条规定)或者其他来源。但事实是,与世界遗产基金类似,②该基金似乎正在迅速成为促进公约目标成功的手段之一。

公约所创建制度的最后一个重要特征是过渡性条款,是将本公约生效前宣布为"人类口头和非物质遗产代表作"的遗产纳入公约创建的国际名录。第 31 条确定了这个过渡性条款,并规定这些遗产的纳入不会干扰今后将遗产表现形式列入名录的标准。

虽然这一条款表明代表作项目是对公约的极大帮助,但它也提醒人们2003 年《公约》已经脱离了该模式。③ 公约已从上述"杰出项目"方式转向颇具价值的世界遗产公约,朝着"代表性"模式和培育文化多样性的方向发展,不再强调异常的审美(或其他)价值。④

旨在促进公约实施的业务指南规定,业务指南生效后,这些"代表作"立即自动纳入《人类非物质文化遗产代表作名录》。⑤ 拥有"代表性遗产"的非公约缔约国⑥仅承担公约规定的有关该名录上其项目的权利和义务。⑦ 教科文组织总干事已通知这些国家其"代表作"被列入名录,以及随后有关保护计划的法律制度的变更。⑧ 教科文组织国际标准和法律事务办公室指出,列入名录的项目不会自动产生针对该遗产表现形式所在国家的任何权利或义务,而且这种制度还需要额外的步骤才能建立(这里指的是对总干事的通知

---

① 保护非物质文化遗产政府间委员会,第二届特别会议(保加利亚,索非亚,2008 年 2 月 18 日至 22 日),第 2. EXT. COM 9 号决定(提交 2008 年 9 月至 2010 年 6 月期间预算草案供大会核准的决定);以及《保护非物质文化遗产公约》,第四届会议(教科文组织总部,巴黎,2012 年 6 月 4 日至 8日),非物质文化遗产基金资源的使用,2012 年 5 月 15 日第 ITH/12/4. GA/INF. 7. 1 号文件。

② 关于基金的评论,参阅 Federico Lenzerini, 'Articles 15-16: World Heritage Fund', in Francesco Francioni(ed), The 1972 World Heritage Convention: A Commentary (Oxford University Press, 2008), p. 269-288.

③ Blake, Commentary, p. 118.

④ Blake, Commentary, p. 119.

⑤ 联合国大会,业务指令,第 34 条。

⑥ 截至 2012 年 11 月,这些国家是:马来西亚、巴勒斯坦和俄罗斯。

⑦ 联合国大会,业务指令,第 35 条。

⑧ 各国有机会表示同意(在一年之内)在代表名单上的项目遵守新的制度。如果没有表示同意,委员会有权将这些表现形式从清单上删除。所有表现形式都保留在代表名单上,这意味着,要么所有国家都同意新的制度,要么在没有发生这种情况下,大会仍然决定将这些表现形式保留在名单上。见联合国大会,业务指令,第 37 条和第 39 条。

必须遵守公约制度）。①

在讨论了公约所建立的制度及其早期实践之后，我们应该回顾一些针对它的批评。这些批评阻碍公约成为保护非物质文化遗产国际机制的核心部分。

（四）对公约的批评

公约的一个重要特征是抵制建立保护非物质文化遗产的"法律保障"制度。公约的起草者中，似乎有人抵制确定建立非物质文化遗产法律保护制度的具体义务。例如，关于 2003 年《公约》实施情况的专家会议将"法律保护"视为非物质文化遗产保护的潜在补充形式，但并非必需形式，也不保证保护活动作为独立要素的状态。②

这一点在某种程度上反映了上文讨论的《1989 建议案》。史密森学会在评估该建议案时，发现只有 17% 的国家将法律措施作为一种旨在保护非物质文化遗产的政策。③ 当时只有 3% 的国家认为国际公约适合用于加强对非物质文化遗产的法律保护。④ 这也许能帮助解释为什么 2003 年《公约》没有建立一个法律保护体系，而是建立了一个基于名录和"政策导向"的保护体系。这个体系大致包括教育计划和提高认识。

《1989 建议案》提出时就有人说过，不应该高估法律在保护非物质文化遗产方面的作用。因为这个领域的法律可能与当前的社会和政治进程（例如与非物质文化遗产的开发和滥用有关的全球化、商品化和经济利益）背道而驰，所以我们不应该期待法律成为保护非物质文化遗产的唯一工具。相反，这里我们应该将非物质文化遗产法视为几种社会控制之一，包括教育和提高认识。和其他举措一样，法律的作用是赋予监护社区权力。⑤

对 2003 年《公约》的另一个批评是过度关注主权。这种强烈的基于主权的做法可能是对公约能得到批准的必要妥协。这也许可以解释为什么公约得到批准的速度相对而言如此之快。但同时，这种做法也大大缩小了公约的覆盖范围。而且，公约无法保护非物质文化遗产不受其所在国的伤害。

---

① 保护非物质文化遗产政府间委员会、国际标准和法律事务厅关于根据《保护非物质文化遗产公约》第 31 条将名作列入代表名单的说明。2007 年 7 月 23 日第 ITH/07/2. COM/CONF. 208/14 号文件，第 14 段。

② 教科文组织，2003 年《公约》列入名录标准专家会议报告（2005 年 12 月 5 日至 6 日，巴黎）。

③ Kurin, 'The UNESCO Questionnaire', p. 24.

④ Kurin, 'The UNESCO Questionnaire', p. 29.

⑤ Kurin, 'The UNESCO Questionnaire', p. 29.

至少从某种程度上说,为了达到公约的目的,"什么构成非物质文化遗产"和"什么也许值得受到保护"这两点最终仍由缔约国决定。从这个意义上讲,公约无力针对第三方的滥用提供补救措施,尤其在第三方是国家的情况下。

这种国家中心主义的一个例子是,如上所述,缔约国大会是公约背后的控制机构。如果缔约国选择忽视教科文组织的建议(提建议是教科文组织秘书处协助政府间委员会运作的职能之一),那么任何人都无能为力。因此,和身份相关的多数问题一样,非物质文化遗产也成为一个高度政治化的问题。

这种对主权过分关注的部分原因与用来解释导致起草公约的国际倡议的理由相同。评论者表示,人们对非物质文化遗产国际层面的保护及其可能产生的意义深表关切。各国担心,国际文书可能通过将当地文化提升到国际地位来支持反对该国家的主张,包括最终影响国家地位的主张。然而最重要的是,一些学者和国家担心,将非物质文化遗产提升为国际关注点必然会将遗产带出其原始文化背景之外,而企图给予其国际保护的一些非常手段会毁坏该非物质文化遗产。为了解决这一悖论,公约明确表示非物质文化遗产并非全人类的遗产;相反,保护当地文化以及与之相关的非物质文化遗产是国际关注点。① 所以说,国际关注是工具性的,而不是实质性的。这种折中的做法体现在序言和公约中。第 19 条第 2 款确定"缔约国承认保护非物质文化遗产符合人类的整体利益"。公约注重的是遗产的保护,而不是遗产本身。

此外,非物质文化遗产的国际化对其存活也是有利的。在某些情况下(其中最突出的是阿根廷探戈),②社区为自己的遗产传播到"外部世界"并且受到广泛好评和赞扬而感到自豪。③ 从这个意义上说,"遗产失去了它的领土特征,其生存依赖的物质纽带松了"。④

另一个与主权相关的问题是社区参与。珍妮特·布莱克(Janet Blake)的研究是起草《保护非物质文化遗产公约》的基础。她的研究强调了社区参

---

① Kurin, 'The UNESCO Questionnaire', p. 29.

② 探戈通过第一轮题字进入代表名单。

③ 关于探戈如何被阿根廷人"盗用"并在国外受到赞誉后成为阿根廷国家非物质文化遗产,参阅 Susan Scafidi, Who Owns Culture? Appropriation and Authenticity in American Law(Rutgers University Press, 2005), pp. 28-31.

④ Ahmed Skounti, 'The Authentic Illusion: Humanity's Intangible Cultural Heritage, the Moroccan Experience', in Laurajane Smith and Natsuko Akagaway(eds), Intangible Heritage(Routledge, 2009), pp. 74-92, at p. 76.

与执行公约的重要性。① 然而,根据公约及其早期做法,社区参与仅限于国家层面,国际层面似乎没有社区参与的空间。在国际层面,社区似乎正逐渐被专家所取代。保加利亚已经对这种取代发出了警告,并且强调了社区作为保护非物质文化遗产的非国家行为者的必要性。②

这种取代可以追溯到劳拉简·史密斯(Laurajane Smith)对遗产控制的批评(第一章)。她认为所谓的"权威化遗产话语"是由于遗产专家(而不是遗产承担者)发挥的突出作用而得以延续。将社区和专家区分开来的做法得到了一些国家的支持,尤其是挪威。2003年《公约》谈判期间,挪威代表团认为,社区必须被排除在国际层面之外,因为它们缺乏必要的专业知识,无法有效地促进国际合作,因此社区应该只在地方或国家层面的执行、维护和传播非物质文化遗产中发挥主要作用。③ 另外,专家将在国家和国际层面同时发挥作用,而社区将仅限于在国家层面发挥作用。④

下面是社区和专家参与方式的批准文本。⑤ 社区、群体和个人在以下几个方面发挥作用:对申请列入名录的遗产进行协商;评估和选择最佳做法;提供专家和从业者对国际援助申请进行评估;评估与其有关的遗产的保护情况;编写与其有关的非物质文化遗产表现形式的文件;制定实施公约的业务指南。⑥

此外,专家在以下几个方面发挥作用:评估名录的提名文件;评估和选择最佳实践;提供专家和从业者对国际援助申请进行评估;审查保护措施的实施报告;审查国际援助申请;审查缔约国和政府间委员会的定期报告。⑦

然而,并非所有人都轻视社区参与。2010年6月,一套关于提高人们对非物质文化遗产认识的新业务指南得到批准,强化了社区的参与形式。它在提及各国让社区参与其中的义务时使用了更加强硬的话语。尽管这些规则涉及的是公约中一个明显没有坏处的方面,但我们可以将其视为一个后门。通过这个后门,人们对社区参与公约的法律含义会有更好的理解,该制

---

① Blake, Developing a New Standard-Setting Instrument, p. 70.

② 保护非物质文化遗产政府间委员会,社区参与报告,附件1。

③ 教科文组织,缔约国关于社区或其代表、从业人员、专家、专门知识中心和研究机构参与执行《保护非物质文化遗产公约》的可能方式的意见摘要,保护非物质文化遗产政府间委员会秘书处编写的工作文件(2008年1月),第62段。

④ 教科文组织,关于社区参与方式的评论摘要,第76和82段。

⑤ 保护非物质文化遗产政府间委员会,关于社区参与方式的报告,附件2,第1.2和1.3段。

⑥ 保护非物质文化遗产政府间委员会,关于社区参与方式的报告,附件2,第3.1.h段。

⑦ 保护非物质文化遗产政府间委员会,关于社区参与方式的报告,附件2,第3.2.3段。

度也会有更有效的社区参与手段。业务指南中修订的指令包括提高认识的原则。修订后,这些原则不仅要求"自主、事先和知情的同意",还要求国家对社区的使用权进行控制而非仅仅追求最终的提名。①

此外,业务指南第一次特别提到了非物质文化遗产的财务方面,即非物质文化遗产的保护与其商业化之间的紧张冲突。这种对非物质文化遗产经济价值的认可在第一套可操作的业务指南中基本上是看不到的。这是非常受欢迎的一步,尤其是因为它时时刻刻将社区考虑在内,而且遗产的经济开发举措最终赋予了社区权力。②

公约有两个不同的执行层次。提到相对高级的名录机制时,控制权掌握在各国手中;提到其他保护活动时,公约在一年多的时间内出版了第一套业务指南,从以国家为中心转变为以社区为导向(得益于委员会的工作)。发生在世界遗产公约(由世界遗产委员会通过)上的一些事情在这里也同样发生了,且速度更快。

总之,社区似乎再次被置于国际标准制定和文化遗产保护的次要位置。虽然已经向前迈出了积极的一步,但这一步仍然没有充分授权社区控制自己的遗产并影响国际上的相关决策。③ 社区必须要能控制其遗产的含义及其不同的用途。从这个意义上讲,只要意味着赋权,商品化也可以是积极的。教科文组织的制度应该推广这种类型的商品化,但制度强加的多层主权看似可能成为赋予地方文化权利的障碍。

将遗产列入清单意味着遗产的木乃伊化和商品化(尽管委员会的早期实践已经意识到这些问题并且似乎试图避开这些问题)。然而,在公约起草期间,有人认为,为非物质文化遗产提供某种形式的法律保护的必要性掩盖了商品化的潜在缺点,因为这能提高人们对该遗产的认识,从而避免其他更为紧迫的相关问题。最重要的是,避免非物质文化遗产由于缺少支持而完全消失的问题出现。④

参与起草 2003 年《公约》的专家有三个选择:起草一份基于知识产权解决方案和从知识产权工具改编得到的特别机制的文书(他们很快认识到这

---

① 《保护非物质文化遗产公约》缔约国大会第三届会议(2010 年 6 月 22 日至 24 日,教科文组织总部),第 3. GA 5 号决议,ITH/10/3. GA/CONF. 201/Resolutions 文件,2010 年 6 月 24 日,第 100—102 段。

② 教科文组织大会,第 3. GA 5 号决议,第 116—117 段。

③ 关于这一问题更积极的看法,参阅 Richard Kurin, ‘Safeguarding Intangible Cultural Heritage: Key Factors in Implementing the 2003 Convention’, Intl J of Intangible Heritage 2(2007), pp. 10-20.

④ Blake, Commentary, p. 7.

种文书的覆盖范围很有限,而且一般不适合用于保护非物质文化遗产);①起草一份基于 1972 年世界遗产公约模式的文书;起草一份介于前两个选择之间的文书。起草前期,大家认为第三个是最佳选择。②

但最终选择是由政府间专家作出的(在许多国家的支持下)。③ 他们决定遵循 1972 年世界遗产公约的模式,因为这样做能保证公约的立即接受和快速批准,还因为 1972 年世界遗产公约的名录模式已经被证明能有效提高人们对文化遗产的认识并促进遗产保护政策的制定。④ 这个选择具有好几个优势:提高人们对非物质文化遗产的认识;创建了促进非物质文化遗产发展的财务机制;创建了监督条约实施的必要机制。这里必须强调的是,虽然早期的起草文件在很多方面都与 1972 年世界遗产公约一致,但上面也强调过,起草公约的专家在许多方面都成功脱离了该文书的模式。我们应该注意到专家为此付出的努力,因为他们创造了一个对于国家来说易于理解和接受的文书,同时在许多重要方面都脱离了公约的模式。

尽管如此,事实上该模式的主要目标(提高意识和促进保护政策的发展)已经实现。然而,人们一定想知道,从长远上看,为公约付出的代价(即缺乏更合适的国际文书或者说"更合法"的国际文书)是否值得。

第二节　世界知识产权组织(WIPO)

非物质文化遗产的"整体性"保护方法(在教科文组织的职权范围内)和知识产权解决方案之间长期是对立的关系。⑤ 国际上,后者不在教科文组织的职权范围内,而在世界知识产权组织的职责范围内。

虽然第六章将讨论关于使用知识产权工具和机制来保护非物质文化遗产的实质性方面,但这里还是有必要简要介绍一下世界知识产权组织内部的相关活动和计划,进而强调国际对利用知识产权方法保护非物质文化遗

---

① Blake,Commentary,p. 13.

② Prott,' Some Considerations on the Protection of the Intangible Heritage ' ,110;and Blake,Commentary,p. 6.

③ 教科文组织大会,第四委员会主席的口头报告,2001 年 11 月 12 日,31 C/INF. 24 文件。

④ 教科文组织,非物质文化遗产国际专家会议最终报告:国际公约的优先领域(巴西里约热内卢,2002 年);and Blake,Commentary,p. 4.

⑤ Sherkin,' A Historical Study ',pp. 50-51.

产的关注,以及最近出现有关 2003 年《公约》的诸多观点。

世界知识产权组织在民间文学艺术保护领域的工作通常是与教科文组织共同开展的。1976 年,这两个组织联合通过了关于使用版权保护民间文学艺术的《突尼斯版权示范法》。① 1982 年,又通过了《关于保护民间文学艺术表达形式以抵制非法利用和其他不法行为的国内法律示范条款》。② 1984 年,制定了相关的条约草案,但从未获得批准,因为遭到了工业化国家的拒绝。这些国家反对保护以社区为基础的文化表现形式。③

1998 年到 1999 年期间,世界知识产权组织任命专家进行了九次实况调查,评估和确定民间文学艺术和传统知识所有人对知识产权的需求,并于 2000 年成立了一个关注知识产权与遗传资源,传统知识与民间文学艺术的政府间委员会。④ 本书撰写期间,该委员会正就保护传统文化和民间艺术表达形式的条款草案进行协商。2011 年 7 月,在其第 19 届会议期间,委员会协商将委任期限延长至 2012—2013 年。根据已知的时间安排,委员会预计在 2013 年前通过该条款草案。⑤

本书撰写期间,该条款草案提出了一个知识产权登记制度,与第七章中的文字相呼应。对此仍然有许多争议点,其中最重要的几点是保护内容、受益人和实际保护范围(更具体地说,它是否包含道德和经济权利,或只包含两者之一)。草案文本似乎很难在尊重国内解决方案、国家法律和尊重更强大的国际模式与制度之间找到适当的基调。在这个阶段,我们甚至还不清楚这些条款将成为具有约束力的国际文书还是一套模式条款,即使有部分迹象表明,对于这个问题,世界知识产权组织将归纳出一份具有约束力的国际文书。

一份具有约束力的文书似乎是土著和传统社区的希望。它们通过非政

---

① 《突尼斯发展中国家版权示范法》(教科文组织/知识产权组织,1976 年)。See Blake, Commentary, 2.

② 《关于保护民间文学艺术表达形式以抵制非法利用和其他不法行为的国内法律示范条款》(教科文组织/知识产权组织,1982 年)。

③ 《关于保护民间文学艺术表达形式以抵制非法利用和其他不法行为条约草案》(教科文组织/知识产权组织,1984 年)。See Blake, Commentary, 10.

④ Blake, Commentary, 3. 委员会一些最新工作包括目标和原则草案。See WIPO Intergovernmental Committee on Intellectual Property, Genetic Resources, Traditional Knowledge and Folklore, The Protection of Traditional Cultural Expressions/Expressions of Folklore: Draft Objectives and Principles, WIPO/GRTKF/IC/10/4, of 2 October 2006.

⑤ 知识产权组织知识产权与遗传资源、传统知识和民间文学艺术政府间委员会,委员会第十九届会议决定(2011 年 7 月)。

府组织组成一个包含 260 个强大认证组织的机构,监督委员会的工作。有人呼吁加大它们在谈判过程中的作用,但在本书撰写时,尚不清楚他们是否能获得更强有力的地位。另一方面,各国似乎更偏好灵活性。考虑到联合国教科文组织的 2003 年《公约》(国际上处理非物质文化遗产时必然参考的文书)所建立的以国家为中心的制度,这一点就不足为奇了。

世界知识产权组织是非物质文化遗产管理中最主要的参与者之一,即使它在该领域的重要性位于教科文组织等组织之后,而且其条款草案仍处于令人担忧的早期发展阶段。尽管如此,最终世界知识产权组织制定出的制度必须与其他国际倡议相互作用,而教科文组织制定的制度应该始终处于前沿和中心位置。除了世界知识产权组织的工作之外,国际贸易法与文化之间的关系也值得一提,接下来我将对这种关系进行分析。

第三节　国际贸易与非物质文化遗产

由于非物质文化遗产经常被商品化,且存在通过出售非物质文化遗产的表现形式促进其发展的情况,那么,我们有必要来看看有关国际贸易的法律制度一般是如何看待文化的,更具体地说是如何看待非物质文化遗产的。有趣的是,遗产(更宽泛地说,文化)被认为是一种特殊类型的产品或服务。人们认为就遗产而言,至少在国内市场上,没有必要遵守贸易自由化的规则。

这就是本节将讨论的对象——所谓的国际贸易的"文化例外"。我将从两个不同的角度来对其进行分析。首先,我将从联合国教科文组织的《保护和促进文化表现形式多样性公约》(2005 年)的角度来分析。该公约与遗产保护有关(在我看来,这个观点是错误的,后面我将概述理由)。其次,我将对世界贸易组织(WTO)有关这个问题的规则进行阐述。

关于世界贸易组织的活动,《与贸易有关的知识产权协定》(以下简称《TRIPS 协定》)有可能也被纳入分析。但我将在第六章对知识产权保护的实质性方面的讨论中再来分析有关《TRIPS 协定》的内容。此外,还有一系列关于文化产品贸易的双边条约,其中一些条约可能比《TRIPS 协定》或其他 WTO 协定的条款更具限制性。即使这些协议可能被称为"战略碎片"(如同在多边论坛之外创建多个且通常各异的规范作为"在雷达下飞行"的手段），①但它们并不属于目前对国际制度进行分析的范围，因为国际制度完全以多边安排为导向。

一、联合国教科文组织的《保护和促进文化表现形式多样性公约》

教科文组织的《保护和促进文化表现形式多样性公约》②正是根据大众文化和大众媒体来关注对于这些文化表现形式的保护。该文书与文化遗产有关，因为它通过诸如录音和录像等"现代手段"保护固定存在的文化遗产。③

从某种程度上说，该文书在教科文组织的立法活动中与其直接前驱相关，即《保护非物质文化遗产公约》。《保护和促进文化表现形式多样性公约》对文化表现形式采取了截然不同的保护方法。《保护非物质文化遗产公约》将遗产视为一种权利，④该文书则从更实用的角度出发，而不是将这种文化作为一种权利。该文书表示，之所以要保护文化表现形式和遗产，是因为它们对人类的发展有用处。⑤

它的核心规范包括提及文化与发展之间的明确联系；⑥执行该公约时尊重人权的必要性；⑦文化表现形式的平等获得；⑧文化表现形式独立于为使其

---

① Eyal Benvenisti and George Downs, 'The Empire's New Clothes：Political Economy and the Fragmentation of International Law', Stanford L Rev 60(2007), pp. 595-631. See also Nico Krisch, 'International Law in Times of Hegemony：Unequal Power and the Shaping of the International Legal Order', EJIL 16 (3)(2005), pp. 369-408.

② 教科文组织大会 2005 年 10 月 20 日通过的《保护和促进文化表现形式多样性公约》。

③ Michael F Brown, 'Heritage Trouble：Recent Work on the Protection of Intangible Cultural Property', Intl J of Cultural Property 12(2005), pp. 40-61 at p. 47.

④ Blake, Commentary, 35.

⑤ 该文书和文书起草历史，参阅 Yvonne Donders, 'The History of the UNESCO Convention on the Protection and Promotion of the Diversity of Cultural Expressions', in H. Schneider and P. Van den Bossche (eds), Protection of Cultural Diversity from a European and International Perspective(Intersentia, 2008), pp. 1-30. See also Christopher M Bruner, 'Culture, Sovereignty, and Hollywood：UNESCO and the Future of Trade in Cultural Products', NYU J Intl L & Pol 40(2008), pp. 351-436.

⑥ "第 1 条：本公约的目标是：……（d）促进文化间的交流，本着在各国人民之间建立桥梁的精神发展文化互动；……"

⑦ "第 2 条：指导原则 1. 尊重人权和基本自由的原则。只有在言论、信息和通信自由等人权和基本自由以及个人选择文化表达方式的能力得到保障的情况下，才能保护和促进文化多样性。任何人不得援引本公约的规定，侵犯《世界人权宣言》所载或国际法所保障的人权和基本自由，或限制其范围。……"

⑧ "第 2 条：指导原则……7. 公平准入原则。公平获得世界各地丰富多样的文化表现形式以及文化获得表达和传播手段，是加强文化多样性和鼓励相互理解的重要因素。……"

固定所采用的手段和技术;①通过规范进行授权,将"文化例外"应用于自由贸易中。②最后一点是公约最重要的规范,值得进一步讨论。鉴于该条款与WTO规则的密切关系,我将在下一节对"文化例外"的规则发表评论。

与《保护和促进文化表现形式多样性公约》的贸易相关目标有关的另一个重要的紧张冲突是知识产权与文化产品和服务自由流通之间的关系。这里的核心问题是,人们担心缺少知识产权的保护,文化产业会受损(在自由贸易领域,这一点依然备受关注)。教科文组织已经通过其全球文化多样性联盟的反盗版部门对此作出了回应。③这只是众多国际反盗版倡议之一,但在这个数字化的时代,反盗版的相关规范依然存在重大争议。人们担心这个议程的重要性无法超越教育、发展、通信自由等其他目标。所以说,教科文组织和世界知识产权组织的反盗版倡议缺乏足够的吸引力。因此,我不会就此进行深入探究。

二、世界贸易组织(WTO)体制

"文化例外"和教科文组织的《保护和促进文化表现形式多样性公约》是一个整体,旨在通过确认缔约国对进口电视节目、电影和杂志等外来文化产品的控制权来捍卫当地文化。④然而,这条规则并不是由该文书首创。这条

---

① 第4条:根据本公约目的:1. 文化多样性。"文化多样性"是指群体和社会的文化以多种方式表现出来。这些表达是在群体和社会内部间传递的。文化多样性不仅通过人类文化遗产以各种方式表达、扩大和传播,而且通过艺术创作、生产、传播、分配和享受等无论何种形式的手段和技术体现出来。

② 第6条:国家一级政党的权利 1. 在第4.6条所界定的文化政策和措施的框架内,并考虑到各自的特殊情况和需要,每一缔约方可采取旨在保护和促进其领土内文化表现形式多样性的措施。2. 这些措施可包括:(a)旨在保护和促进文化表现形式多样性的管理措施;(b)以适当方式为国内文化活动、商品和服务提供机会的措施,这些活动、商品和服务是在国家领土内所有现有的文化活动、商品和服务中创造、生产、传播、分销和享受这些国内文化活动、商品和服务的机会,包括与这些活动、货物和服务所用语言有关的规定;(c)旨在使国内独立的文化产业和活动能够有效地获得文化活动、商品和服务的生产、传播和分销手段的措施;(d)旨在提供公共财政援助的措施;(e)旨在鼓励非营利组织以及公共和私营机构、艺术家和其他文化专业人员发展和促进思想、文化表现形式和文化活动、商品和服务的自由交流和流通的措施,并在其活动中激发创新精神和企业家精神;(f)旨在酌情建立和支持公共机构的措施;(g)旨在培养和支持艺术家和其他参与创造文化表现形式的人的措施;(h)旨在加强媒体多样性的措施,包括公共服务广播。

③ 教科文组织,全球文化多样性联盟,见 < http://www. UNESCO. org/new/en/culture/themes/Cultural-Diversity/2005-convention/Global-Alliance-for-Cultural-Diversity/ > (2012 年 11 月 29 日查阅)。

④ Véronique Guèvremont, ' Industries culturelles et négociations internationals: portrait d'une dynamique multidimensionelle. L'exemple des pays de la zone euro-méditerranéenne ', EUI Working Papers RSCAS 2007/33(2007), p. 2.

规则首次出现在美国—加拿大自由贸易区,是加拿大为了避免其相当脆弱的文化产业因与美国产品自由竞争而破产所强加的规则。这条规则试图在经济领域重塑对身份的关注,也显示了将身份关注转化为经济规则的局限性(在第三章讨论欧盟有关遗产的活动中,这条规则的局限性越发明显),这条文化例外规则作为贸易立法的一部分进行实施。由于北美自由贸易协议(NAFTA)并未完全取代美国—加拿大协议,因此该规则仍然有效。[①]

在世界贸易组织层面,[②]文化例外是其与欧洲共同体(EC)协商《服务贸易总协定》(GATS)时的强加规则。在《服务贸易总协定》中,这条规则为最惠国(MFN)创造了一个例外条款。该条款是自由贸易的支柱原则之一。欧洲共同体实施的豁免实际上是与其"无国界电视"指令一致的视听服务贸易。[③] 事实上,文化例外可能被认为只存在于旁观者眼中,不是一般性规则,而是一种暂时性的安排。

但是,这个问题远未得到解决。虽然文化产品已被成功排除在《服务贸易总协定》之外(至少暂时如此),但随后的电子商务协议推动了数字化传播文化产品过程中的贸易自由化,大大打击了文化例外的目标。[④] 美国推动将数字文化产品纳入电子商务协议(从而限制大众传媒时代的文化例外),可能会打击《服务贸易总协定》所取得的一切成果。人们希望《保护和促进文化表现形式多样性公约》的实施可以为各国提供抵制这些进展的手段。

遗憾的是,教科文组织的《保护和促进文化表现形式多样性公约》中,有

---

① Therese Anne Larrea, 'Comment: Eliminate the Cultural Industries Exemption from NAFTA', Santa Clara L Rev 37(1997), pp. 1107-1150; Stephen R Konigsberg, 'Think Globally, Act Locally: North American Free Trade, Canadian Cultural Industry Exemption, and the Liberalization of the Broadcast Ownership Law', Cardozo Arts & Ent LJ 12(1994), pp. 281-305; and generally Ralph H Folsom, NAFTA(West Group Publishing, 1999).

② 关于世贸组织一级的文化例外及其与 2005 年教科文组织公约的关系,参阅 Jan Wouters and Bart de Meester, 'The UNESCO Convention on Cultural Diversity and WTO Law: A Case Study in Fragmentation of International Law', J of World Trade 42(1)(2008), pp. 205-240.

③ 世界贸易组织,《服务:承诺一览表和第二条豁免清单》,见 < http://www. wto. org/english/tratop_e/serv_e/serv_Commitments_e. htm # commit_exempt > (2012 年 11 月 29 日查阅)。See also Guèvremont, 'Industries culturelles et négociations internationals', pp. 3-7.

④ For an outline of this debate, Jane Kelsey, 'How Trade Trumps Culture', in Toward Freedom, available at < http://www. towardfreedom. com/home/content/view/514/55/ > (accessed 29 November 2012).

两个条款涉及该文书与其他文书和制度之间的关系。^① 尽管该文书第 20 条的第一部分非常有希望促进该文书与世界贸易组织（WTO，后文简称世贸组织）体制之间的相互支持，但第二部分却是有关国际条约的标准冲突条款，破坏了第一部分作出的努力。第二部分字面上的意思是，该公约的任何义务不得变更世贸组织现有的义务。因此，这使得公约在 WTO 体制内成为一个相当薄弱的工具，而人们原本期望它在这个体制中发挥更大的作用。

削弱《保护和促进文化表现形式多样性公约》效力的另一个因素是，世贸组织上诉机构不愿将外部文书作为对世贸组织义务的法律抗辩工具。^② 但重要的是，在海虾—海龟和金枪鱼—海豚争端中，有迹象表明世贸组织可能会接受用其体系外的文书来评估文书规定的义务范围。在这些案例中，世贸组织用多边环境协定来解释贸易义务。因此，至少有一位评论者指出，希望世贸组织层面上独立但关联的国际法系统能相互协调。^③ 生物技术案中，世贸组织上诉机构的决策打压了这种希望。^④ 此案中，世贸组织称，其体系外的文书只有在本组织所有成员都批准的情况下才能用于解决世贸组织争端。该规则非常不切实际，因此如果世贸组织的争端解决机制遇到任何有关文化多样性的问题，那么该组织很可能不会将教科文组织的《保护和促进文化表现形式多样性公约》考虑在内。

一种可能性是，某个世贸组织成员国将公约内化到世贸组织，然后将该公约作为其国内法的一部分予以援引（根据公约第 20 条第 d 款规定，必要时解除贸易限制以确保遵守不抵触关贸总协定的国内法）。^⑤ 但是为此，成

---

① 有关规定如下："第 20 条与其他条约的关系：相互支持、互补和不从属。1. 缔约方承认，他们应真诚地履行本公约及其所加入的所有其他条约所规定的义务。因此，在不使本公约服从于任何其他条约的情况下，（a）他们应促进本公约与其所加入的其他条约之间的相互支持；（b）在解释和适用其所加入的其他条约或在订立其他国际义务时，缔约方应考虑到本公约的有关规定。2. 本公约的任何规定均不得解释为修改缔约国根据其加入的任何其他条约所享有的权利和承担的义务。第 21 条——国际协商与协调。缔约方承诺在其他国际论坛上促进本公约的目标和原则。为此目的，双方应酌情进行磋商，同时铭记这些目标和原则。"

② Tania Voon, 'UNESCO and WTO：A Clash of Cultures?', ICLQ 55 (2006), pp. 635-651 at p. 649.

③ Francesco Francioni, 'WTO Law in Context：The Integration of International Human Rights and Environmental Law in the Dispute Settlement Process', in Giorgio Sacerdoti, Alan Yanovich, and Jan Bohanes (eds), The WTO at Ten：The Contribution of the Dispute Settlement System (Cambridge University Press, 2006).

④ 世界贸易组织，争端 DS291 欧洲共同体影响生物技术产品批准和销售的措施，2006 年 9 月 29 日小组报告。

⑤ Voon, 'UNESCO and WTO', p. 650.

员国必须证明,如果不遵守该公约的规定(就像在国内实施一样)将意味着违反该文书。该公约第 20 条第 2 款规定了这一论点成立的高门槛。

最后,我们要讨论的是世贸组织体系与关税和贸易总协定(GATT)之间的联系。虽然关贸总协定没有文化例外条款,但第 20 条表明,最惠国的常规例外条款和关贸总协定的非歧视条款,为"保护具有艺术、历史、考古价值的国家宝藏"的措施创造了常规的例外。① 本书撰写期间,这一点尚未引发具体争议,因此仍然很难掌握其覆盖范围。② 世贸组织专家组曾极大地扩展了关贸总协定的覆盖范围,甚至加大了其对环境等问题的关注度。③ 所以,文化产业和文化遗产还是能看到些许希望。

第四节 《生物多样性公约》与传统知识

研究保护传统知识(TK)的制度是非常重要的,因为传统知识必然是非物质文化遗产的一部分。传统知识指的是属于土著文化并对环境主义和药物(主要出于经济目的)具有重要意义的传统实践。并非所有非物质文化遗产都可以转化为传统知识,但所有传统知识都可能转化为非物质文化遗产。④

非物质文化遗产的概念比传统知识更广泛,因为传统知识仅限于知识的特定应用,可为相关社区的"外人"服务(即使有时候保护传统知识可能是为了相关社区,因为社区应该是开发传统知识的受益者),而非物质文化遗产指的是为了保护社区而有用的做法(不管外人是否能利用它)。此外,在一定程度上,保护传统知识的制度在精练土著文化的"受控环境"内运作,某些方面政治化程度比非物质文化遗产低。《生物多样性公约》(CBD)下的传统知识框架至少比非物质文化遗产(教科文组织的 2003 年《保护非物质文化遗产公约》)多了 10 年的历史,意味着一开始存在的许多政治紧张冲突已

---

① 第 20 条规定:一般例外。此类措施的实施方式不得构成以相同条件为准的国家之间任意或不合理歧视的手段,也不得构成对国际贸易的变相限制,本协定的任何规定均不得解释为阻止任何缔约方采取或执行下列措施:……(f)为保护具有艺术、历史或考古价值的国宝而实施的措施;……

② 世界贸易组织,《世界组织法律和实践分析索引指南》,可在 < http://www. WTO. org/english/res_e/booksp_e/analytic_e/analytic_Index_e. htm > 上查阅(2012 年 11 月 29 日查阅)。

③ José E Alvarez, International Organizations as Law-Makers(Oxford University Press,2006), pp. 468-473.

④ Blake, Commentary, p. 11.

经通过谈判达到平衡,该制度也有机会进一步发展。

许多软法倡议旨在保护传统知识(在联合国粮农组织、联合国贸易和发展会议、世界知识产权组织、联合国环境规划署等组织的支持下),但分析它们并不是本书的目的。这里,我将分析的是一个明确涉及传统知识并为其提供保护手段的约束文书,即《生物多样性公约》。

2003 年《公约》第 3 条 b 款规定,本公约的任何条款均不得解释为与缔约国其他国际义务相冲突,尤其是与"使用生物和生态资源"相关的义务。尽管不明确,但其起草历史表明其参考了《生物多样性公约》。①

《生物多样性公约》为特殊体制提供了一些重要原则。事实上,《生物多样性公约》倡导,通过特别安排每个监护社区来规范对传统知识的获取,更准确地说,这是保护非物质文化遗产的一种"契约"方法。② 这一点将在第七章中进行更详细的探讨。评论者强调,《生物多样性公约》保护非物质文化遗产的契约方法甚至比 2003 年《公约》的起草更加重要。③

契约方法的潜力恰恰在于将非物质文化遗产的控制权交给其所属社区,使得社区可以确保人们以其能接受的方式利用这些信息和资源。如果社区愿意,还能共享获益。④

《生物多样性公约》第 8 条 j 款规定,各缔约国应保存和维护土著和地方社区涉及生物多样性保护有关的知识和做法,并在"拥有此类知识者的认可和参与下"促进其应用,并鼓励分享利用这些知识而获得的惠益。这一条对非物质文化遗产的保护至关重要,因为它保护了文化多样性,并促进了可持续发展。这两点都是保护非物质文化遗产法律制度的核心原则。⑤ 在这个意义上,就"自主、事先和知情的同意"原则、可获取性和获益分享性而言,从《生物多样性公约》的实施中汲取的经验是研究《保护非物质文化遗产公约》实施中如何塑造这些观念的宝贵工具。

《生物多样性公约》背后有关自主、事先和知情的同意原则、可获取性和获益分享性的许多思想在《关于获取遗传资源和公平公正分享其利用所产

① Blake,Commentary,pp. 42-43.
② Henrietta Marrie,'The UNESCO Convention for the Safeguarding of the Intangible Cultural Heritage and the Protection and Maintenance of the Intangible Cultural Heritage of Indigenous Peoples',in Laura-jane Smith and Natsuko Akagawa(eds) ,Intangible Heritage(Routledge,2009) ,pp. 169-192 at p. 182.
③ Simon,'Global Steps to Local Empowerment',pp. 131-133.
④ Simon,'Global Steps to Local Empowerment',p. 132.
⑤ Blake,Commentary,pp. 8-9.

生惠益的名古屋议定书》(以下简称《名古屋议定书》)中得以成型。① 我将在第七章中继续对该文书的实质性条款进行讨论。这里仅强调它是在指导非物质文化遗产保护方面具有里程碑意义的国际文书。

缔约方大会明确承认了土著传统知识对于实施《生物多样性公约》的重要性。② 这意味着在所有层面上,本公约的社区参与度更高。此外,全球各地的土著社区(即与生物多样性有关的非物质文化遗产拥有者)在1992年里约地球峰会期间(最终700多个土著领导人签署了《里约环境与发展宣言》)积极参与了《生物多样性公约》的起草工作。随后参与了《生物多样性公约》的实施,但缔约方大会提出的许多文书(包括《名古屋议定书》)有高度的国家主权导向性。因此,土著人民参与的有效性也受到了质疑。③《保护非物质文化遗产公约》在这一点上就很不一样,因为它似乎在实施阶段就将社区参与排除在外(国际层面上)。这种排除为国家主权增加了一层保护,保护其免受文化主张和有关特定社区遗产控制权主张的影响。事实上,《生物多样性公约》的确包含社区。这表明,国际论坛可以从这种参与方式中获益;反过来,《生物多样性公约》在未来保护非物质文化遗产的实践中所发挥的作用也得到了更新。

至此,我们看到了国际层面上提供保护的许多可能性,而且这些保护指向不同的目标。但这些保护也存在局限性,因为它们仍然高度以国家主权为导向,似乎过于强调国家控制遗产的意义及其潜力的特权。此外,一些有关遗产的国际关注点与贸易密切相关,因此身份保护的逻辑被理解为经济学和商品化。将遗产拥有者包含在内,且看似成功的举措之一就是《生物多样性公约》及其传统知识保护项目。然而,即便是《生物多样性公约》也有局限性,因为它认为作为传统知识的遗产只有在其他能得到经济利用的地方才称得上是重要的遗产。但这些只是非物质文化遗产制度保护的第一部分。下一章将讨论区域层面上另一组举措。

---

① 《关于获取遗传资源和公平公正分享其利用所产生惠益的名古屋议定书》(2010年)。截至2012年11月,已有92个国家签署了该议定书,其中8个国家批准了该议定书。

② Marrie,'The UNESCO Convention',p.185.

③ Marrie,'The UNESCO Convention',p.183.

第三章

区域回应

　　区域回应在很多重要方面是对一些国际举措的补充。这些回应经常并行,提出不同的目标和理由来保护非物质文化遗产。本章中,我将介绍两种不同形式的区域主义。

　　首先,我将审视政治区域主义,即为了达成非经济目标以及与区域和平与安全、保护民主与人权有关的目标而建立的区域组织。根据制度结构的发展程度和代表性,我选择了三个重点关注的组织:美洲国家组织、欧洲委员会和非洲联盟。在亚洲和大洋洲或太平洋地区,没有任何类似的组织覆盖的范围如此之广(即试图覆盖整个洲)。非洲联盟是一个"混合型"组织,因为它同时是一个区域政治和经济一体化组织。然而,从实践活动来看,它更像是一个区域政治组织,因此我将从政治角度来分析它。

　　第二种形式包括经济区域主义进程,或者说是旨在实现贸易自由化和市场增长的进程。由于其中一些组织的目标已经大大超出了促进经济发展的范围,所以我将分析文化和文化遗产在经济一体化的政治议程中扮演的角色,并着重分析安第斯国家共同体(CAN)和欧盟的例子。安第斯国家共同体和欧盟是发展程度最高的两个组织(至少在"书本的法律"方面),因此更有可能将文化事务归入其业务范围内。

第一节　政治区域主义

　　在这一节,我将介绍三个不同的"政治"区域组织,以及它们对文化遗产和更具体的非物质文化遗产采取的不同保护方法。美洲国家组织主要关注土著文化和遗产;欧洲委员会主要将遗产视为建筑遗产和文化景观,表面上忽视了现存文化,为未来保护欧洲的历史和祖先遗产;非洲联盟将其遗产视为非洲人民的共同生活文化,认为必须将其从殖民关系中解放出来,才能促进非洲大陆的繁荣。这三种截然不同的观点为保护非物质文化遗产的可能性提供了有趣的见解。我将依次予以分析。

一、美洲国家组织

美洲国家组织(OAS)实际成立于 1890 年,1948 年改称现名,旨在促进美洲大陆的民主、人权、发展和泛美主义理念。① 其活动延伸的领域十分广泛,重点关注该组织成立的目标。重要的是,其《美洲国家组织宪章》(又称《波哥大宪章》,后文使用此称谓)的第 48 条表明:"成员国将互相合作,以满足教育需求,推进科学研究,鼓励技术进步,促进整体发展。各成员国是单独的个体,但共同保护和丰富美洲人民的文化遗产"(重点强调)。②

美洲国家组织的结构很复杂,有些机构负责该组织的若干活动领域并履行职责,包括宪章(第 93 条第 8 款)创建的机构之一——美洲一体化发展理事会。该机构由各成员国的部级代表组成,③依赖于泛美一体化发展执行理事会的支持。一体化发展执行理事会是该机构的官僚部门,与美洲国家组织总秘书处对接,负责执行和协调理事会批准的项目。④

泛美一体化发展理事会的目标是将文化遗产作为促进发展的手段,从而履行宪章第 48 条的任务。这是美洲国家组织对待该主题的观点之一。另

---

① 关于文化和发展,更具体地说,《美洲国家组织宪章》第 47 条规定:"成员国将在其发展计划中把鼓励教育、科学、技术和文化置于首要地位,以全面提高个人素质,并以此作为民主、社会公正和进步的基础。"关于文化遗产,第 48 条规定:"成员国将相互合作,以满足各自的教育需求,促进科学研究,并鼓励技术进步,实现整体发展。他们将以个人和共同的责任来保护和丰富美国人民的文化遗产。"关于文化合作作为加强泛美主义的工具的作用,第 52 条规定:"各会员国在适当尊重各自个性的情况下,同意促进文化交流,作为巩固美洲间了解的有效手段;他们认识到,应该通过在教育、科学和文化领域的密切联系来加强区域一体化项目。"

② 《美洲国家组织宪章》,119 UNTS 3,1951 年 12 月 13 日生效;经布宜诺斯艾利斯议定书修正,721 UNTS 324,《美洲国家组织条约汇编》,第 1-A 号,1970 年 2 月 27 日生效;经卡塔赫纳议定书修正,美洲国家组织条约汇编,第 66 号,25 ILM 527,1988 年 11 月 16 日生效;经华盛顿议定书修正,1-E 版 OEA 文件 Oficiales OEA/Ser. A/2 Add. 3(SEPF),33 ILM 1005,于 1997 年 9 月 25 日生效;经马那瓜议定书修正,1-F 版 OEA 文件 Oficiales OEA/Ser. A/2 Add. 4(SEPF),33 ILM 1009,于 1996 年 1 月 29 日生效。截至 2012 年 11 月的缔约方数目:35 个。

③ 《美洲国家组织宪章》第 93 条规定:"美洲一体化发展理事会由每个成员国一名部长级或同等级别的主要代表组成,特别是由各自政府任命的代表。根据宪章的规定,美洲一体化发展理事会可设立其认为有利于更好地履行职责的附属机构。"

④ 《美洲国家组织宪章》第 98 条规定:"核准项目的执行和酌情的协调应委托执行秘书处进行统筹发展,执行秘书处应向理事会报告执行的结果。"

一个观点是将文化遗产作为人权问题。这个主题将在第五章中进一步讨论,但这里有必要强调一下美洲国家组织与人权判决无关的一些具体工作(第五章的重点)。更具体地说,本节将讨论美洲国家组织在有关土著人民权利的宣言草案方面的工作。

美洲国家组织对于文化遗产尤其是非物质文化遗产的处理有一个显著特点,该组织似乎认为只有土著人民关注此类遗产。谈到物质遗产,会有人想到非土著遗产,但大多数有关文化保护的讨论仍然只涉及土著文化(这里包括非裔美洲人,且许多市政系统以同样的方式对待非裔美洲人和土著人)。有人认为,在文化与发展的联系中,我们必须将美洲文化及其物质与非物质文化遗产视为不同文化之间一系列相互作用的历史结果,而且这些文化大多数是土著文化。① 因此主张必须将保护土著文化遗产作为优先事项,因为前哥伦布时期文化是美洲身份的共享遗产。②

这并不是因为非土著遗产的表现形式不值得保护。恰恰相反,国家体系保护非土著遗产。我将在第四章中证明这一点。但美洲国家组织更关注土著文化。我认为,这可能是因为美洲试图寻找其区分于欧洲殖民者的独特的、“真正的”美洲身份。这个组织与非洲联盟类似,但政治性较弱(这可能是因为美洲国家比非洲国家早几十年独立)。这种对前哥伦布时期身份的关注与通常被称为与泛美主义的一系列观点密切相关。③ 这些国家尝试建立一种与欧洲殖民者不同的身份,并将其作为促进(拉丁)美洲国家建设的手段,一直致力于发扬土著性,即使这种土著性只是这些国家政治精英身份的一部分(至少在 19 世纪,这些政治精英仍然主要是白人,但近年来这种情况发生了变化,尤其在安第斯国家,第四章将进行更细致的探讨)。

---

① Orlando Albornoz(March 2007),'Relaciones entre Cultura y Desarrollo, informe presentado al Programa Regional Interamericano de Cultura—Oficina de Asuntos Culturales', Workshop on Case Studies in the Protection of Cultural Heritage—Central American Region, available at < http://portal. oas. org/Portal/Topic/SEDI/Educaci% C3% B3nyCultura/Cultura/TemasPrioritarios/Preservaci% C3% B3ny Protecci% C3% B3ndelPatrimonioCultural/Activities/ProtegiendoelPatrimonioCultural/tabid/1447/language/en-US/Default. aspx > (accessed 29 November 2012).

② Rodolfo Stavenhagen, 'La Diversidad Cultural en el Desarrollo de las Américas: Los pueblos indígenas y los estados nacionales en Hispanoamérica', OEA, Unidad de Desarrollo Social, Educación y Cultural, Serie de Estudios Culturales No 9(2004), para 19.

③ See eg Alonso Aguilar, Pan-Americanism from Monroe to the Present: A View from the Other Side (Monthly Review Press, 1968); and Herbert L Matthews and KH Silvert, Los Estados Unidos y América Latina: De Monroe a Fidel Castro(Editorial Grijalbo, 1967).

（一）美洲的非物质文化遗产及其发展

美洲国家组织内,一体化发展执行理事会承担着有关遗产保护的核心活动。虽然教育和文化部里有一个相对发达的文化部门,[①]而且这个部门将遗产保护作为优先主题,但其大多数活动都是关于物质文化遗产的保护,尤其关注文物的非法贩运。[②]

当然,该部门也对非物质文化遗产(或至少是非物质价值)有所关注,因为物质和非物质文化遗产之间多少存在一些内在联系。但从根本上说,该部门没有制订任何具体的计划专门用于保护非物质文化遗产(本书撰写时)。

执行理事会忠于使命,将文化和遗产的保护与其促进发展的作用联系起来。因此,美洲国家组织保护遗产是为了促进发展。需要强调的是,发展计划必须明确文化在设计中发挥的具体作用,并且要在发展物质和非物质文化遗产的计划中体现这种作用。因此,遗产保护是发展的重要目标。[③]

若干政策文件将文化与发展联系起来。这些文件中包含美洲国家组织内关于非物质文化遗产保护可能性最相关的信息。例如,这些文件指出文化是发展的目标之一。与第二章中世贸组织对待文化的态度相比,这种将文化视为超越于市场导向的商品的发展目标一定颇受欢迎。更具体地说,将文化视为发展的一部分(美洲国家组织所从事的行为)而非贸易的一部分(世贸组织试图所从事的行为)是一个更好的解决方案。遗产成为发展政治不可或缺的一部分,既是商品,也是更广泛意义上的发展工具。因此,经济学不一定是遗产的敌人。这仅取决于人们如何概念化经济学。文化政策专家会议的筹备期间,美洲国家组织的一份文件强调了从将文化视为发展的障碍到将其视为发展的组成部分甚至是贡献者的转变。[④] 美洲国家组织认

---

① OAS Organizational Chart, available at < http://www.oas.org/documents/eng/OASstructu-reENG.pdf > (accessed 29 November 2012).

② 例如,见中美洲区域文化遗产保护案例研究讲习班会议记录,可在 < http://portal.oas.org/por-tal/Topic/SEDI/Educaci% C3% B3nyCultura/Cultura/TemasPrioritarios/Preservaci% C3% B3nyProtecci% C3% B3ndelPatrimonioCultural/Activities/ProtegiendoelPatrimonioCultural/tabid/1447/language/en-US/De-fault.aspx >上获得(2012 年 11 月 29 日访问)。

③ See José Álvaro Moisés, 'Cultural Diversity and Development in the Americas', OAS Unit for So-cial Development, Education and Cultural, Cultural Studies Series No 9(2004).

④ Organización de los Estados Americanos, La Cultura como Finalidad del Desarrollo: Documento para el Seminario de Expertos en Políticas Culturales, Vancouver, Canadá, marzo 18 y 19 de 2002, 1.

为发展容易受到文化的影响,并具有巨大的经济潜力。[1]

　　2004 年发布的有关文化与发展的《墨西哥宣言》就关注到了这些问题。[2] 该宣言有三个中心主题:文化促进经济增长、就业和发展;文化和创意产业面临的挑战;文化是增强社会包容力与凝聚力和消除贫困的工具。该宣言重申,保护所有形式的文化遗产对于促进文化多样性来说具有重要意义。地点、物品和生活传统都是需要得到承认和保存的永久遗产。然而,即使该宣言肯定了保护生活传统的需要,但其仅谈到为了防止非法交易、蓄意破坏和非法拥有文化产品而加强合作,并非将非物质文化遗产作为一个具体的政策领域。部分原因在于,该宣言的发布主要由考古学家推动。考古学家更多地关注文物掠夺及其对考古遗址完整性的影响。这里的情况也一样,由一类专家决定如何为遗产提供最佳保护,与实际关联和实践遗产的社区并无直接联系。

　　这些文件一直将土著文化视为一种特殊的文化类型,并且认为我们或许应该给予土著文化更多的关注。例如,2006 年,墨西哥与危地马拉合作发布了有关文化和土著居民角色的部长级议题概念性文件。该文件强调了土著文化在美洲大陆的重要性,评估了土著人民的物质与非物质文化遗产对美洲各国民族文化发展所作出的贡献。[3] 该文件还强调了美洲大陆各国的新宪法阶段(将在第四章进行更详细的分析)。此外,该文件还表示,基于世界观(cosmovisión)和对所有生物和谐共存的尊重,墨西哥与危地马拉更容易接受土著文化以及认同土著人民对美洲法律的贡献。

　　在强调"土著人民基本原则(即该文件认为的基本世界观哲学原则)"之后,该文件表示,缺乏这些价值的历史承认为土著自治主张提供了正当依据,因为在这种情况下,自治是确保土著文化存活的唯一手段。该文件随后强调了土著物质和非物质文化遗产对民族文化发展的重要性。就非物质文

---

① Organización de los Estados Americanos, La Cultura como Finalidad del Desarrollo, pp. 4-5.

② Organización de los Estados Americanos, Consejo Interamericano para el Desarrollo Integral, Declaración de México, aprobada durante la Sexta Sesión Plenaria celebrada el 24 de Agosto de 2004, durante la Segunda Reunión Interamericana de Ministros y Máximas Autoridades de Cultura. OEA/Ser. K/XXVII. 2 REMIC-II/DEC. 1/04 cor. 1, 1 September 2004.

③ Organización de los Estados Americanos, Consejo Interamericano para el Desarrollo Integral, Documento Conceptual para el Tema Ministerial Cultura y el Rol de los Pueblos Indígenas, presentado por la Delegación de Guatemala para la Tercera Reunión Interamericana de Ministros y Máximas Autoridades de Cultura, del 13 al 15 de noviembre de 2006 en Montreal, Canadá. OEA/Sr. K/XXVII. 3 CIDI/REMIC-III/doc. 4/06, 25 October 2006.

化遗产而言,该文件提到了被联合国教科文组织认定为"人类非物质文化遗产"的表现形式,也因此依赖于该组织的评估。

保护遗产是美国与多米尼加共和国合作提交的另一份概念文件的特定主题。该文件强调,保护物质与非物质文化遗产是成员国持续关注的问题,而且这方面的一个关键问题是非物质文化遗产的记录和展示。然而,更有意思的是,该文件对现状提出了批评,即非物质文化遗产的记录工作主要由教科文组织或其他外国组织完成,而且这些记录通常属于对其展开研究的组织。该文件认为,生活遗产应与当地人口密切相关,所以最好由当地利益相关者来记录。① 因此,文件强调了让地方层面了解国家层面保护措施的重要性,并认为这么做有助于创造一种使文化保持活力的环境。

因此,区域和国际层面的合作只有为遗产表现形式在当地扎根创造了条件才可以称得上是有效的。人类的非物质文化遗产首先必须是监护社区的非物质文化遗产,如果要保护这个首要的生活联系,必须要在明确上述关系的情况下对其进行保护。另一方面,如果旨在捍卫文化身份和多样性,或者非物质文化遗产的民主使用仅限于各自国家的领土,那么意义甚微(尤其是考虑到土著人民不一定完全适合在当前国家的领土上生活)。② 因此,必须在国际认可与保护和旨在使非物质文化遗产扎根于当地社区的地方倡议之间取得平衡,同时提高国际保护的兴趣。

文化多样性多次作为保护对象而提及,并非文化遗产。具体来看,2006年同一部长级会议期间,牙买加发布了一份概念文件,强调了文化多样性的重要性,这正是 2005 年教科文组织《保护和促进文化表现形式多样性公约》所保护的方面,目的是为了促进文化身份和尊严。③

---

① 美洲国家组织、美洲一体化发展理事会、美国代表团为 2006 年 11 月 13 日至 15 日举行的第三次美洲文化部部长和最高主管当局会议(加拿大蒙特利尔)提交的部长级主题保护和文化遗产介绍概念文件。OEA/Ser. K/XXVII. 3 CIDI/REMIC-III/doc. 5/06,2006 年 10 月 26 日。

② Néstor García Canclini, ' Las Industrias Culturales y el Desarrollo de los Países Americanos ', Workshop on Case Studies in the Protection of Cultural Heritage—Central American Region, availableat < http://portal. oas. org/Portal/Topic/SEDI/Educaci% C3% B3nyCultura/Cultura/TemasPrioritarios/Preservaci% C3% B3nyProtecci% C3% B3ndelPatrimonioCultural/Activities/ProtegiendoelPatrimonioCultural/tabid/1447/language/en-US/Default. aspx > (accessed 29 November 2012).

③ 美洲国家组织、美洲一体化发展理事会、牙买加代表团为 2006 年 11 月 13 日至 15 日举行的第三次美洲文化部部长和最高主管当局会议(加拿大蒙特利尔)提交的部长级主题"文化与加强我国人民的尊严和特性"概念文件,2006 年。OEA/Ser. K/XXVII. 3 CIDI/REMIC-III/doc. 6/06,2006 年 10 月 26 日。

（二）美洲国家组织的《土著人民权利宣言（草案）》

美洲国家组织的《土著人民权利宣言（草案）》并不是一份约束性文书，而是一份引导立法者起草有关土著权利的国家法律指南。它也有助于解释美洲人权委员会和人权法院的活动。① 该宣言草案主要涉及土著文化权利。这是第五章的主题，但第五章更多地关注人权裁决中对文化身份的认可和保护，因此这里也有必要简单介绍一下，并将美洲大陆的具体情况考虑在内。

鲁道夫·斯塔文哈根（Rodolfo Stavenhagen）在为美洲国家组织撰写的一份报告中指出，"遗产"是归因于文化的潜在含义之一。他认为，从这个意义上说，文化权利就是获取由物质和非物质文化遗产形成的"文化资本"的权利。② 他对这种观点提出了批评，提到无法对文化内容进行区分，而且如果过度关注"普世文化"，就无法承认不同社会对文化存在着相互抵触的不同理解，因此我们无法将文化理解为一种抽象的权利，而是将其理解为一种社会群体对其自身文化的权利。一个民族的文化遗产是什么都由这个民族自己决定。③

美洲国家组织的《土著人民权利宣言（草案）》受到了很大的争议。和《联合国土著人民权利宣言》一样，该宣言也是一份土著社区广泛参与的且具有高度争议性的文件。该宣言的第一份草案是由美洲人权委员会提出的，随后各国可对草案发表意见并提出修改建议。结果，宣言删除了一切引起争议的语言，因此总体上减弱了其效力和影响力。美洲土著核心小组（频繁参与谈判）的土著组织成员目前正在努力恢复该文件的效力，并且面临着各国激烈的反对。

在宣言中，和我们的目的最为相关的两个条款是第 12 条（文化身份和完整的权利）和第 28 条（文化遗产和知识产权的保护）。需要注意的是，这

---

① 鉴于美洲法院愿意研究美洲公约以外的文书，以确定该文书的适用范围，以及向该系统提出的土著案件的数量，宣言草案一旦获得批准，很可能将发挥这一作用，并迅速达到习惯法在法庭上的地位。关于美洲法院如何使用"外国文书"来扩大对美国公约条款的理解，参阅 Lucas Lixinski, 'Treaty Interpretation by the Inter-American Court of Human Rights：Expansionism at the Service of the Unity of International Law', EJIL 21（3）（2010）, pp. 585-604. 同样关于宣言草案，值得注意的是，在编写本宣言时，没有关于本宣言与 2007 年批准的《联合国土著人民权利宣言》之间关系的条款。

② Rodolfo Stavenhagen, 'La Diversidad Cultural en el Desarrollo de las Américas：Los pueblos indígenas y los estados nacionales en Hispanoamérica', OEA, Unidad de Desarrollo Social, Educación y Cultural, Serie de Estudios Culturales No 9（2004）, paras 128-129.

③ Stavenhagen, 'La Diversidad Cultural', para 130.

些条款在本质上几乎是受到一致赞同的,目前的分歧在于贯穿整个宣言的术语使用。[①]

第 12 条宣布了土著人民对其文化完整性及其遗产所拥有的权利。这种权利是社区生存和成员身份的重要因素,尤其是在遗产与土著人民的世界观有联系的情况下。[②] 第 28 条也与文化遗产权利有关,具体规定了什么是土著人民的遗产,包括物质和非物质因素。还谈到了土著人民控制其遗产的权利,以及各国有责任确保土著人民的"自主、事先和知情的同意",并在制定保护遗产与"相关知识产权"的法律和其他制度方面与土著人民协商。[③] 这一条的效力远比委员会的原始提案(当时是第 20 条)大。原始提案仅宣布了土著人民有权采用适合他们文化特性的普遍形式的知识产权(IP),并将知识产权工具扩展到保护其传统文化工艺,即非物质文化遗产表现形式上。[④] 从

---

① 参阅 Nimia Aparo,'Derechos fundamentales de los pueblos indígenas',in Los Pueblos Indígenas y la Integración Andina—Primer Foro de Intelectuales e Investigadores Indígenas(2008),at p. 58(of the Pueblo Calla, in Argentina). See also Natalia Álvarez Molinero, Pueblos indígenas y derecho de autodeterminación. ¿Hacia un derecho internacional multicultural?(Universidad de Deusto,2008).

② 截至 2012 年 5 月,案文如下:"第 12 条,文化认同权和完整权。1. 土著人民有权拥有自己的文化特性和完整性,有权获得有形和无形的文化遗产,包括历史和祖传遗产;有权得到保护、保存和维护,以及发展这种文化遗产,使其具有集体的延续性和成员的延续性,以便将这种遗产传给后代。(于 2011 年 1 月 20 日批准为寻求共识而举行的第十三次谈判会议)。2. 土著人民有权得到赔偿,包括归还未经其自由、事先和知情同意而被剥夺的任何文化遗产。如果无法恢复原状,土著人民应有权获得公平和公正的赔偿。3. 土著人民有权承认和尊重他们的一切生活方式、世界观、精神、用途和习俗、规范和传统、社会、经济和政治组织形式、知识传播形式、机构、做法、信仰、价值观、服饰和语言,承认他们之间的相互关系如本声明所述。"(经 2007 年 1 月 26 日协商一致同意,为寻求协商一致而举行的第九次谈判会议)(重点强调)

③ 截至 2012 年 5 月,案文如下:"第 28 条,保护文化遗产和知识产权。1. 土著人民有权充分承认和尊重他们的财产、所有权、拥有权、控制权、开发和保护他们的有形和无形文化遗产和知识产权,包括其集体性质,这些遗产和知识产权世代相传。(2012 年 4 月 20 日批准巴西、哥斯达黎加和秘鲁代表团寻求协商一致点和全民投票的第十四次谈判会议)2. 土著人民的知识产权,除其他外,包括传统知识、祖传设计和程序、文化、艺术、精神、技术和科学表现,遗传资源包括人类遗传资源,有形和非物质文化遗产,以及与生物多样性、种子和药用植物、动植物的用途和质量有关的知识和发展。3. 各国应在土著人民充分有效参与下,采取必要措施,确保国家和国际协定和制度承认并充分保护土著人民的文化遗产和与该遗产有关的知识产权。在采取这些措施时,协商应有效,以获得土著人民的自由、事先和知情同意。"

④ 经委员会核准的案文如下:"第 20 条,知识产权。1. 土著人民有权承认和充分拥有、控制和保护其文化、艺术、精神、技术和科学遗产,并有权通过商标、专利、版权和国内法规定的其他程序对其知识产权进行法律保护;以及采取特别措施,确保它们具有开发、使用、分享、销售和将这些遗产留给后代的法律和机构能力。2. 土著人民有权控制、发展和保护其科学和技术,包括其一般的人力和遗传资源、种子、医药、动植物生命知识、原始设计和程序。3. 各国应采取适当措施,确保土著人民参与确定利用前一、二款所列权利的公共和私人条件。"

这个意义上说,知识产权目前从属于遗产,而不是为遗产寻求法律保护的主要手段。这是美洲国家组织的一个非常受欢迎的发展项目。这些条款实际上已得到批准(除了括号内的部分),这是该组织在更好地保护遗产的道路上迈出的坚实一步。

因此,该组织将美洲大陆的非物质文化遗产作为"纯粹的共有文化"储备来保护。虽然这一策略可能因为表达的不准确性而受到批评,但这也是一种修辞上的重要工具,表明美洲大陆倾向于关注更广泛的发展和人权问题,尤其是与土著人民相关的问题。各国之所以愿意对美洲国家组织保护土著文化的措施展开辩论,可以理解为承认土著人民文化权利的内部进展(第四章有关拉丁美洲立宪主义的讨论中会进一步探讨这一点)。另一方面,也可以将这一策略视为与文化相关的发展主张。它是一种国际化策略,但同时也为保护当地文化和生活方式提供了重要的退路,而这其中必然包含了经济学的原理。若干概念文件证明,虽然各国承认遗产(更广泛地说是文化)与发展之间的重要联系,但它们仍然不愿就此问题采取协调一致的区域行动。但是,在我看来,该主题与人权保护紧密联系,这表明各国愿意促进为保护非物质文化遗产所采取的区域手段。

现在,我将这种认识与其他区域政治进程认识相互比较,首先从欧洲委员会开始。

二、欧洲委员会

欧洲委员会(COE)的创始文件谈到了保护欧洲国家的"共同遗产"。该组织的创建旨在促使人权和民主成为维护欧洲大陆和平的手段。"共同遗产"不一定是指文化遗产。虽然该文件并没有为"共同遗产"下定义,但其含义不言自明。①

欧洲委员会是从整体上看待遗产的。它认为,如果对遗产保护目标无害,那么物质和非物质之间的区别是无关紧要的。② 就其政治目标而言,遗产保护是欧洲委员会的一个关注点,因为它保护了共同的欧洲身份,而正是这种身份为进一步加强欧洲一体化与合作提供了背景。下面一节,我将对

---

① Peter Wagner,'From Monuments to Human Rights:Redefining "Heritage" in the Work of the Council of Europe',in Forward Planning:The Function of Cultural Heritage in a Changing Europe(Council of Europe,2000),pp.9-28 at p.13.

② 例如,见欧洲委员会,文化遗产对社会的价值框架公约介绍(2005 年)。

这一论断进行详细讨论,然后对欧洲委员会在遗产保护领域的最新文书进行分析。该文书证实了上面提到的遗产保护的整体方法。

（一）促进欧洲身份认同

欧洲委员会保护文化遗产是合理的,因为文化遗产对于身份来说很重要,而且遗产还被称为"身份的承载者"。[①] "身份"的相关观念对于创造区域共性和区域身份来说至关重要,而这种共性和身份能够促进一体化理念和区域合作的发展。[②] 有人认为,我们应该将"遗产问题"视为"通过各种主题/议题和某些政策领域建立起欧洲身份认同的计划中的一部分"。[③]

起初,遗产在欧洲委员会是一个高度政治化的议题,因为"共同遗产"这一概念有助于实现区域和平与民主。后来,遗产被去政治化,[④]以支持"文化和身份相互依存"这个观点。[⑤]

根据这一观点,欧洲委员会已经设立了几个项目,旨在通过保护遗产来促进共同的欧洲身份。其中一个项目是"他处的遗产,他人的遗产"项目,目的在于"通过时间和空间重新发现一条共同的线索",确定地域和人口所蕴含的人力资本和文化潜力,它们具有多元文化传统,并通过检验现有的遗产和重建文化意义聚集或融汇起来。[⑥]

该项目涵盖整个遗产范畴,既包括建筑和物体,又包括"手工艺、技术和技能""观念和知识"、"信仰"和"文化表现形式"。[⑦]该项目旨在提高人们对遗产的认识,涉及国家政府、地方当局及民间团体。[⑧]

民间团体的参与是欧洲委员会在遗产保护方面的另一个重要关注点。谈到保护手工艺和文化遗产时,欧洲委员会的一位报告起草人强调了非政府组织参与遗产保护的重要性,甚至认为这比政府的支持还要重要。[⑨] 这在

---

① 欧洲委员会,文化遗产、其他地方遗产、其他遗产指导委员会:提高认识项目纲要。Doc. Symbol CDPAT(2004)30 final,29 April 2004,2.

② Wagner, 'From Monuments to Human Rights', p. 9.

③ Wagner, 'From Monuments to Human Rights', p. 9(emphasis in the original).

④ Wagner, 'From Monuments to Human Rights', p. 14.

⑤ Wagner, 'From Monuments to Human Rights', p. 17.

⑥ 欧洲委员会,其他地方遗产,p. 3。

⑦ 包括"语言、故事和传说、音乐和舞蹈、现场表演等"。欧洲委员会,其他地方遗产,p. 3。

⑧ 欧洲委员会,其他地方遗产,p. 3。

⑨ Baroness Hooper,Crafts and Cultural Heritage Conservation Skills,Report to the Committee on Culture,Science and Education of the Council of Europe Parliamentary Assembly. Doc. 11761,23 October 2008,para 9.

实践中意味着当地社区(甚至是遗产表现形式所在的大型民族社区)的参与。当地参与使得遗产及其重要性得到巩固,这对于遗产的繁荣、可持续发展和未来生存是十分必要的。这能避免遗产成为博物馆的摆件,而继续作为活文化的表现形式存在。

然而,欧洲委员会的重点仍然是地方遗产能在多大程度上提高共同身份的认同。这一价值,或者说遗产对社会的重要性,是下面一节的主题。

(二)2005年的法鲁会议

欧洲委员会有一些有关遗产保护的文书,但这些文书所涉及的往往是特定形式的物质遗产,如建筑遗产、①考古遗产②或景点。③ 虽然有人认为,其中有些文书提供的区分地方和国际利益(以及其他概念问题)的方法有时是矛盾的,④但事实上,这些文书成功得以传播,还创建了一个可靠的框架。

另一方面,《文化遗产社会价值框架公约》(法罗,2005年),⑤处理遗产的方式则更为抽象。在欧洲委员会系统中,这是保护非物质文化遗产最重要的工具,因为它用了抽象的术语,符合非物质性的概念。该公约的目的是创造社会组织的"欧洲理想";在这里,遗产被用于创造共性,而非保留差异。遗产对社会的贡献,一方面是看经济方面的发展,另一方面是看对建立共同欧洲身份的推进。欧盟在该领域的举措对遗产的发展方面有很大影响,下面将详细探讨这一点。

该公约的创建经过了几轮磋商,目的是创造一份新文书或对欧洲委员会现有公约的一份协定,抑或是一份将对文化遗产的最新理解(尤其是非物质方面)考虑在内的全新条约。

该公约在公开谈论文化遗产权利上具有创新性。公约中,这项权利是

---

① 欧洲委员会,《建筑遗产欧洲公约》。格拉纳达,1985年10月3日。ETS 121号文件。生效日期:1987年12月1日。截至2012年11月的缔约方:41个。

② 欧洲委员会,《保护考古遗产的欧洲公约》(修订本)。瓦莱塔,1992年1月16日。ETS 143号文件。生效日期:1995年5月25日。截至2012年11月的缔约方:42个。

③ 欧洲委员会,《欧洲景观公约》。佛罗伦萨,2000年10月20日。ETS第176号文件。生效日期:2004年3月1日。截至2012年11月的缔约方:37个。

④ For an analysis of these issues, see Claude Karnoouh, 'Europe:Common Heritage and Differences', in Forward Planning:The Function of Cultural Heritage in a Changing Europe(Council of Europe, 2000), pp. 29-52.

⑤ 欧洲委员会,《文化遗产社会价值框架公约》,2005年10月27日在法罗签署。ETS第199号文件。生效日期:2011年6月1日。截至2012年11月的缔约方数目:13个。

参与文化生活的权利固有部分,受到了《世界人权宣言》的保护。① 该公约认为遗产直接来源于身份,避免提及将遗产或文化作为"具体实体"的说法,也因此避免提及遗产的商品化。② 然而,出于该公约的本质,这并不是一个可强制执行的权利(该公约并不制定自我执行的规范,因此不会产生可强制执行的权利),而且公约中有一条明确表示该公约不会产生任何形式的主观权利。③ 因此,该公约只是提到了"遗产权利"一词。④

该公约将文化遗产定义为:过去遗留下来的一组资源,独立于其所有者而存在,体现和表达了所有者不断发展的价值观、信仰、知识和传统,包括其所处环境的各个方面,而这些均源自过去人与地点之间的互动。⑤ 这个定义强调了与非物质文化遗产有关的几个问题,尤其是"不断发展的价值观"这一点,表明了这是一种活文化。

该公约还将"欧洲共同遗产"定义为:"欧洲所有形式的文化遗产。它们一起构成了记忆、理解、身份、凝聚力和创造力的共同来源""理想、原则和价值观。它们来源于从进步和冲突中获得的经验。这些经验促进基于尊重人权、民主和法治的社会和平稳定地发展。"⑥ 这个双重定义的第一部分明确了"欧洲共同遗产"是文化遗产,而第二部分是欧洲委员会对"欧洲共同遗产"的原始理解。这一理解最初并不包含政治因素,仍未融入文化遗产的理念。然而,欧洲的文化遗产与共同知识遗产之间是有区别的。共同知识遗产着眼于社会运作的理想方式。⑦ 该公约认为这两个要素是相互支持的,是一个

---

① 相关规定如下:"第1条:公约宗旨。本公约缔约方同意:a. 承认与文化遗产有关的权利是《世界人权宣言》所界定的参与文化生活的权利所固有的;……"和"第4条:与文化遗产有关的权利和责任。缔约方同意:a. 每个人,单独或集体地,都有权从文化遗产中受益,并为丰富文化遗产作出贡献;b. 每个人,单独或集体地,都有责任尊重他人的文化遗产和自己的遗产,从而尊重欧洲的共同遗产;c. 行使文化遗产权只能受到民主社会为保护公众利益和他人权利和自由所必需的限制。"请注意,受公约保护的遗产权是一项相对权利,可以根据比例分析加以限制,如由裁决机构制定的文化认同权和少数群体保护权。见第五章。

② 欧洲委员会,解释性报告。

③ 相关规定如下:"第6条——公约的效力。本公约的任何规定不得解释为:a. 限制或损害国际文书,特别是《世界人权宣言》和《保护人权和基本自由公约》所保障的人权和基本自由;b. 影响其他国家或国际法律文书中关于文化遗产和环境的更有利的规定;c. 创造可执行的权利。"(重点强调)

④ 公约的解释性报告强调了这一观点。见欧洲委员会,解释性报告。"遗产权"可以通过多种方式以可执行的方式构建。关于这些,见第五章。

⑤ 第2. a条。

⑥ 第3条。

⑦ 欧洲委员会,解释性报告。

统一的想法,还回顾了《奥帕蒂亚宣言》。①

　　该公约关注的是价值观,而不是遗产的构成要素。我们也可以视其为避免遗产商品化的进一步举措。这是该公约与教科文组织的 2003 年《公约》在方法上的差异之一。还有一个差异是,该公约的目标并不是保护遗产,而是为欧洲人民和社区的生活做贡献。②

　　该公约也提到了文化遗产与经济活动的关联。文化遗产被视为经济可持续发展的因素之一,且经济政策的制定必须考虑到文化遗产及其完整性,不得因其"固有价值"而使其受到损害。③ 这一项最新条款承认了文化遗产的价值超出了其在特定时间、特定地点的效用,因此不论目的如何都必须受到保护。尊重社区的权利,尤其是未来几代社区,因为它们可能找到保护遗产的其他目的。如果保护遗产只是出于经济目的,那么遗产总有一天会消逝。④

　　最后一点,也许是对于欧洲委员会未来行动更重要的一点,该公约规定各方有义务通过欧洲委员会设立一个监督机构,来监督有关遗产的立法实践及其他政策的制定。⑤ 欧洲委员会授权部长委员会设立监督机构或委托现有机构监督公约的执行。⑥ 在这里,文化遗产和景观指导委员会负责监督法鲁公约的执行。本书撰写时,尚不清楚文化遗产和景观指导委员会将采取何种具体行动,但似乎多数行动都是为了建立一个关于各国执行该公约的信息系统。希望下一步行动能为非物质文化遗产提供有效的保护手段,

---

　　① 2006 年 6 月 1 日,欧洲委员会遗产与传播问题首脑会议通过的关于跨文化对话与冲突预防的《奥帕蒂亚宣言》。

　　② 欧洲委员会,解释性报告。

　　③ 有关规定如下:"第 10 条:文化遗产和经济活动。为了充分利用文化遗产作为可持续经济发展因素的潜力,缔约方承诺:a. 提高对文化遗产经济潜力的认识和利用;b. 在制定经济政策时考虑到文化遗产的具体性质和利益;确保这些政策尊重文化遗产的完整性,同时不损害其固有价值。"

　　④ 欧洲委员会,解释性报告。

　　⑤ 有关规定如下:"第 15 条:缔约方承诺。缔约方承诺:a. 根据本公约确立的原则,通过欧洲委员会发展监测职能,涵盖与文化遗产有关的立法、政策和惯例;b. 维持、发展并向公众可查阅的共享信息系统提供数据,以便评估各方在本公约下履行的承诺。"

　　⑥ 相关规定如下:"第 16 条:监督机制。a. 部长委员会根据《欧洲理事会章程》第 17 条的规定,提名一个适当的委员会或指定一个现有的委员会来监督公约的实施情况,授权该委员会制定其业务的规则;b. 被提名委员会应:—视需要制定议事规则;—管理第 15 条所述的共享信息系统,保持对履行本公约各项承诺的方式的概述;—应一方或多方的请求,在考虑到欧洲委员会所有法律文书的情况下,就与解释公约有关的任何问题提出咨询意见;—在一个或多个缔约方的倡议下,对其执行公约的任何方面进行评估;—与其他委员会合作并参加欧洲理事会的其他倡议,促进本公约的跨部门适用;—向部长委员会报告其活动。委员会可邀请专家和观察员参与其工作。"

不仅仅通过教育项目和提高认识来提供预防性的保护,也为各国提供了工具,促进各国在国家法律体系内创造可强制执行的权利。

在该公约起草期间就此问题达成的早期协议表明,《欧洲遗产网络和文化政策纲要》可能是将该公约第 15 条和第 16 条付诸实践的出发点。[①] 该公约在缔约国提供信息方面采用了一种新方法:各国必须在共享数据库中输入信息,而不是以报告的形式,因为这么做能加快保护遗产最佳做法的数据收集和数据库汇编。这一进步值得称赞,因为它考虑到了信息社会的发展。希望这种新方法有助于该公约实现目标,并为物质和非物质文化遗产提供更好、更完整的保护。

三、非洲联盟

非洲联盟(以下简称非盟)(AU)是政治区域主义与经济区域主义的混合体。迄今为止,其大部分政策计划更符合政治区域组织的职能范围。所以,我将在本节对这些政策计划进行讨论。我们似乎将重点更多地放在政治举措上,部分原因是非盟替代了非洲统一组织,[②]而非洲统一组织本质上是一个政治区域组织,许多任务都保留了下来。我们似乎有理由认为向经济区域主义的过渡尚未成型,因为非盟创立背后的精神与经济的关系不大。而且由于非洲大陆某些地区持续的政治和安全动荡以及更严峻的制度资源匮乏,非盟没有时间进行这种过渡。

与其前身一样,非盟的宗旨是建立繁荣、后现代的非洲,尽可能地弥补殖民主义对非洲大陆造成的破坏,[③]其中包括促进建立与殖民者有明显区别的非洲身份。这是非盟的大部分文化政策和文化遗产保护举措的目标所在。

非盟认为必须要保护文化资源,因为它们能加快非洲大陆一体化进程,促进社会经济发展,维持持久的和平与稳定。鉴于非洲发生冲突的次数,战争对文化遗产的影响也是一个需要重点考虑的因素。文化被视为"制度变

---

① 欧洲委员会,解释性报告。

② 2000 年 7 月 11 日在多哥洛美举行的非洲统一组织国家元首和政府首脑会议第三十六届常会通过的《非洲联盟组织法》。截至 2012 年 11 月的缔约方数目:53 个。

③ 例如,《非洲联盟组织法》序言部分规定:"……回顾我们各国人民和国家为政治独立、人类尊严和经济解放而作出的英勇斗争;考虑到该法自成立以来,非洲统一组织在解放非洲大陆、确立我们共同的身份和实现我们大陆统一的进程中发挥的决定性和宝贵的作用,并为我们在非洲和与世界其他地区关系中的集体行动提供了独特的框架。……"

革的重要因素之一"。①

非洲促进文化政策制定的必要性也源自一个事实,即过去在制定社会和经济发展计划时,没有将文化考虑在内。因此,有必要关注非洲文化本身,为其创造一个可以蓬勃发展的环境。

遗产保护也是非盟的主要发展目标之一。例如,在一份名为《非洲,我们共同的命运》的指导性文件中,非盟强调,其第三紧迫的目标是通过保护文化遗产来保存非洲身份和促进非洲文化统一,从而发展非洲文化。②

在文化遗产方面,非盟十分关注有关文化遗产归还的国际举措,制定了《非洲文化宪章》(下文讨论)和针对特定文化对象的决议,例如阿克苏姆方尖碑。③ 在非物质文化遗产领域,非盟通过鼓励各国认可 2003 年《公约》,支持教科文组织在该地区的工作。④ 此外,非盟在非物质文化遗产领域作出的许多努力都是针对保护非洲语言的。2006 年是"非洲语言年"。这一年,非盟肯定地称"非洲语言构成了非洲共有非物质文化遗产的主要部分,同时还是连接世代的脐带:过去、现在和将来"。⑤

《非洲文化宪章》⑥(后简称为 1976 年《宪章》)定稿于 1976 年,为多种文化价值观提供保护。这些文化价值观从传统、语言、生活方式和思想方式上反映出人类社会的特性和个性。⑦ 该文书首次提出保护文化遗产是人民的责任,而国家是这一进程的推动者。⑧

宪章提到了殖民统治,以及由此产生的文化统治(以及政治、经济和社会统治)。它指责文化统治使非洲人民"人格解体",篡改了非洲历史,挑战

① 非洲联盟:《第一届泛非文化大会备忘录》,2006 年 11 月 13 日至 15 日。
② 非洲联盟、非洲委员会:《我们的共同命运指导文件》(2004 年)。
③ 非洲联盟、国家元首和政府首脑会议:《关于归还被劫非洲纪念碑阿克苏姆方尖碑的决议》,AHG/Dec.184(XXVIII),2002 年 7 月 8 日。
④ 非洲联盟、执行理事会:《关于制定和建立文化多样性国际公约和保护非物质文化遗产国际公约的决定》,2003 年 7 月 4 日至 8 日,马普托(莫桑比克),EX/CL/Dec.67(III)。下面分析的《非洲文化复兴宪章》中也有这一点。
⑤ 非洲联盟:《第 29/2006 号新闻稿》,宣布 2006 年为非洲语言年。2006 年 6 月 20 日,亚的斯亚贝巴。
⑥ 非洲统一组织:《非洲文化宪章》,1976 年 7 月 5 日非洲统一组织在毛里求斯路易港缔结,生效日期:1990 年 9 月 19 日。截至 2006 年 1 月(不再开放批准)的缔约方数目:34 个。
⑦ 序言:"深信任何人类社会都必然受到以传统、语言、生活方式和思想为基础的规则和原则的支配,换言之,这些规则和原则体现了人类社会的一系列文化价值观,这些价值观反映了人类社会的独特性和个性。
⑧ 序言:"深信所有文化都源于人民,任何非洲文化政策都必须使人民能够扩大在发展其文化遗产方面的责任……"

了非洲的语言和价值观,并逐渐用殖民者的语言和价值观来取代("非洲历史上,文化统治使部分非洲人民失去了个性,篡改了他们的历史,系统地贬低和挑战了非洲的价值观,并试图用殖民者的语言逐步正式取代他们的语言")。它认为,非洲的统一建立在其历史之上("坚信非洲的统一首先建立在其历史之上"),并且主张,所有非洲人民都必须关注文化身份,以及对文化遗产的保护,而文化遗产与文化身份也有着内在的联系("确认必须对文化遗产进行系统的清查,尤其是在传统、历史和艺术领域")。①

保护非洲文化遗产是 1976 年《宪章》的宗旨和目标之一,②文化的去殖民化是文化合作的指导原则之一。③ 该宪章也指出,各种各样的文化所表达的是一个共同身份,这一点在其他区域组织的文书中也有类似的表达。④ 然而,与其他区域组织不同的是,该宪章更强调集体创造以及非洲人权法中典型的社群主义方式。⑤

1976 年《宪章》中有关保护文化遗产的章节并没有提及非物质文化遗产。这是可以理解的,因为该宪章于 1976 年通过,当时国际文化遗产法和有关非物质文化遗产的辩论仍处于起步阶段。该宪章重点关注文化财产,以及殖民者从非洲夺取的文化对象的归还。⑥

---

① 序言。

② 相关规定如下:"第 1 条,本宪章的宗旨和目标如下:……(b)复原、恢复、保存和促进非洲文化遗产;……"

③ 相关规定如下:"第 2 条,为了实现第 2 条规定的目标,非洲国家郑重同意下列原则:……(e)非洲国家之间在一切形式的文化非殖民化领域交流和传播文化经验。"(重点强调)

④ 相关规定如下:"第 4 条,非洲国家认识到,非洲文化多样性是同一身份的表现;是团结的一个因素,是实现人民真正自由、有效责任和充分主权的有效武器。"(重点强调)

⑤ 相关规定如下:"第二章文化民主化。第 7 条,非洲国家认识到,非洲的驱动力更多地基于集体人格的发展,而不是个人的进步和利益,文化不能被视为精英的特权。"关于非洲人权法中的社群主义视角,参见 Makau wa Mutua, 'The Ideology of Human Rights', Va J Intl L 36 (1996), pp. 589-657; Rhoda Howard, 'Group Versus Individual Identity in the African Debate on Human Rights', in Abdullah An-na-im and Francis Deng (eds), Human Rights in Africa, Cross-Cultural Perspectives (1990), pp. 159-183; and Vincent Orlu Nmehielle, The African Human Rights System: Its Laws, Practice, and Institutions (2001).

⑥ 相关规定如下:"第 28 条,非洲国家应逐步制止掠夺非洲文化财产的行为,并确保将从非洲移走的文化资产,特别是艺术品和考古物品的档案归还非洲。为此目的,它们尤其应支持教科文组织所作出的努力,并采取一切其他必要行动,确保执行联合国大会关于归还原籍国移走的艺术品的决议。""第 29 条,非洲国家应采取措施,确保从非洲移走的档案归还给非洲各国政府,以便它们拥有关于本国历史的完整档案。"

2006 年,为了替代《非洲文化宪章》,非盟通过了《非洲文化复兴宪章》。① 对所有成员国来说,《非洲文化复兴宪章》生效后就将取代之前的《非洲文化宪章》(在所有的 34 个成员国认可新文书之前,旧宪章仍有效力)。② 该宪章很明显受到了旧宪章的启发,借鉴了《非洲文化宪章》中的许多价值观,③但它也考虑到了一些有关文化区域和国际话语的变化,包括《非洲人权和人民权利宪章》,以及教科文组织的《世界文化多样性宣言》《保护非物质文化遗产公约》《保护和促进文化表现形式多样性公约》。④

《非洲文化复兴宪章》重新审视了《非洲文化宪章》背后的许多价值观,包括非洲过去受到的文化统治,例如殖民主义和奴隶交易。⑤ 该宪章的创新之处在于公开提及非物质文化遗产,将非物质文化遗产作为一种与物质文化遗产并列的遗产,且在很大程度上源于非洲语言。⑥

《非洲文化复兴宪章》的目标之一是保护非洲文化遗产及促进其发展,并着眼于旨在通过文化遗产促进的三个目标:人权、社会凝聚力和人类发展。此外,该宪章宣称,与当地社区一起巩固知识和遗产是理解和保护

———————————

① 非洲联盟:《非洲文化复兴宪章》,大会第六届首脑会议于 2006 年 1 月 24 日在苏丹喀土穆通过。截至 2012 年 11 月,《非洲文化复兴宪章》已获 5 个国家批准,26 个国家签署。在编写本报告时,它尚未生效。

② 相关规定如下:"第 1 条——取代 1976 年《非洲文化宪章》。非洲统一组织国家元首和政府首脑 1976 年通过的《非洲文化宪章》现由本宪章取代;第 2 条——经修订的宪章缔约方与受 1976 年《非洲文化宪章》约束的缔约方之间的关系。(a)在受本宪章约束的各方之间,只适用本宪章。(b)1976 年原《非洲文化宪章》缔约方与本经修订的《非洲文化宪章》缔约方之间的关系应受原《非洲文化宪章》的规定管辖。"

③ 序言:"受 1976 年 7 月 2 日至 5 日在毛里求斯路易港举行的非洲统一组织第十三届常会国家元首和政府首脑通过的《非洲文化宪章》的启发;……"

④ 序言:"……遵循《非洲人权和人民权利宪章》(1981 年);《关于发生武装冲突时保护文化财产的公约》(1954 年)及其附加议定书;《关于禁止和防止非法进出口文化财产和非法转移其所有权的方法的公约》(1970 年);《保护世界文化和自然遗产公约》(1972 年);教科文组织《世界文化多样性宣言》(2001 年);《保护非物质文化遗产公约》(2003 年);《保护和促进文化表现形式多样性公约》(2005 年);……"

⑤ 序言:"……尽管在奴隶贸易和殖民时代的文化统治导致了部分非洲人民的非人格化,篡改了他们的历史,有系统地蔑视和反对非洲价值观,并试图以殖民地的语言逐步和正式地取代他们的语言,非洲人民在非洲文化中找到了抵抗和解放非洲大陆的必要力量。"

⑥ 序言:"……必须坚决确保以最真实和最受欢迎的形式并作为发展因素,推动非洲语言、物质和非物质文化遗产的主体和传播媒介;必须进行系统的清查,以便保存和促进物质和非物质文化遗产,特别是在历史、传统、艺术和手工艺、知识和专门知识等领域;……"

遗产的必要步骤。① 该宪章还指出，文化多样性是人民和国家相互丰富的因素之一，有助于建立国家和地区身份，也有助于建立泛非主义。② 从这个意义上，该宪章体现了利用遗产建立共同身份和加强区域联系与合作的其他区域性举措。

制定文化政策的基本原则时，该宪章中有关文化发展的部分指出，必须通过保护和保存物质与非物质文化遗产等方式，引入非洲文化价值观，并在文化政策中促进其发展。③ 有关保护文化遗产的章节仍保留了《非洲文化宪章》相关章节中的大部分内容，其中只有一项与非物质文化遗产有关的模糊条款。这一条款要求各成员国认可教科文组织的《保护非物质文化遗产公约》。④

具有政治特性的区域组织都在促进物质与非物质文化遗产的保护，并将其作为与发展有关目标的一部分。这些组织更重要的目标是创造一种能促进一体化进程和加强密切联系的共同身份。这些组织不变的目标是促进身份和权利语言的发展。经济一体化进程中是否存在类似特征将是下面几节讨论的主题。

第二节 经济区域主义

这一部分将探讨区域经济一体化的两个不同进程，即安第斯国家共同体和欧洲联盟。我之所以选择这两个组织，是因为它们对超国家性的认可度是最高的，而且在与成员国之间的关系中，发挥着自主角色，拥有自主立

---

① 相关规定如下："第3条，本宪章的目标如下：……(d)通过保存、复原和恢复，保护和促进非洲文化遗产；……(i)促进在每个国家普及科学和技术，包括传统知识系统，作为更好地了解和保护文化和自然遗产的条件；……(k)发展非洲文化遗产的所有有活力的价值观，促进人权、社会凝聚力和人类发展；……"

② 相关规定如下："第5条，(1)非洲国家认识到，文化多样性是各国人民和国家共同富裕的一个因素。因此，他们承诺捍卫少数民族、他们的文化、他们的权利和基本自由。(2)文化多样性有助于表达国家和地区特征，更广泛地说，有助于建立泛非主义。"

③ 相关规定如下："第10条，(1)各国将确保在教育以及信息和通信方案中引入非洲文化价值观和普遍人权原则。(2)各国承诺：保护和促进艺术家、知识分子和文化界所有人的自由；保护和发展物质和非物质文化遗产；在财政和物质上支持社会各阶层的文化倡议；促进各阶层人民获得教育和文化。"

④ 相关规定如下："第29条，非洲国家应批准《关于发生武装冲突时保护文化财产的公约》和《保护非物质文化遗产公约》。"

法权。除了确保自由贸易区和关税联盟安全外,它们还拥有许多其他能力。

　　提到非物质文化遗产的保护,经济区域主义是值得关注的。尽管这些组织早已不仅仅只推进纯粹的经济目标,有些甚至宣布了宪法化,[①]但它们仍然与这些经济目标有密切关联,尤其是一些地方,经济计划的核心就是通过文化贸易和旅游业推动区域发展。也就是说,在与市场的联系和经济目标的推进方面,这些组织的政策和立法工作是合理的。从这个意义上说,这些组织对于市场利益如何有助于证明非物质文化遗产保护的合理性提供了有趣见解。

一、欧洲联盟[②]

　　《建立欧洲共同体条约》第 151 条(现为《欧洲联盟运行条约》第 167 条)与保护文化和文化遗产有关。这一条提到了成员国之间的合作以及欧洲共同文化遗产的特殊意义。《里斯本条约》(2007 年签署,于 2009 年 12 月 1 日生效)对该条款只做了很小的修改,修改后的《欧洲联盟运行条约》保留了阻止协调欧盟成员国有关文化问题的法律法规条款。

　　本节将分析《里斯本条约》生效前欧盟保护文化遗产的相关文化政策情况,还将评估在该条约下维持当前政策是否积极有效。我认为,欧盟作为一个非常重要的国际参与者(欧盟希望根据《里斯本条约》对其对外关系权限进行修改,重新确认并扩大其在国际上的重要性),应该采取更积极的态度保护文化遗产。这种态度应该同时针对欧盟法律政策的内部和外部层面。在内部层面,欧盟要解决一个非常重要的问题,并提供一个内部解决方案;在外部层面,欧盟也要积极地影响伙伴国寻求解决方案。采用内部解决方案也会对外部产生溢出效应,仅仅因为这为国际社会树立了一个良好榜样。

　　在某种程度上,遗产失去了一些"地方"维度,通过"人类共同遗产"的概念,越发成为国际关注点,而国际组织在这一领域也发挥着更大作用。[③] 协

---

　　①　关于这个主题的一个相对较新的论文集,参阅 eg Nicholas Tsagourias(ed),Transnational Constitutionalism:International and European Perspectives(Cambridge University Press,2007).

　　②　本节的早期版本已在其他地方发布。See Lucas Lixinski,'The Future of the EU Cultural Policy in the Protection of Intangible Cultural Heritage',The Prague Ybk of Comparative L 1(2009),pp. 119-139.

　　③　关于欧盟的具体情况,参阅 Evangelia Psychogiopoulou,The Integration of Cultural Considerations in EU Law and Policies(Martinus Nijhoff Publishers,2008),p. 33;关于文化遗产国际辩论,参阅 Chapter 1 and Derek Gillman,The Idea of Cultural Heritage(Institute for Art and Law,2006),pp. 1-3.

调可用于保护文化遗产的法律,除了其本身就是一个重要目标外,[1]也是我所提倡的更积极的态度的一部分。

就非物质文化遗产而言,知识产权法,尤其是版权法,是非常有价值的工具。协调知识产权是欧盟根据《里斯本条约》新建立的权限。在欧盟框架内,这也许至少能保护文化遗产的某些方面。

这里,我将分两个主要部分进行讨论。第一部分,我将通过《里斯本条约》生效前后的政策举措来分析欧盟对文化遗产的保护。第二部分,我将着手分析有关文化遗产保护立法行动的前景,尤其是通过协调知识产权法。《里斯本条约》为协调知识产权法规打开了大门,尽管这并不在欧盟的职能范围之内(至少没有明确规定)。知识产权法是适用于保护非物质文化遗产的,[2]因此我们可以探索在区域层面保护民间文学艺术的可能性。

(一)通过政策方案保护遗产

欧盟主要在政策层面上保护遗产。[3]《建立欧洲共同体条约》第151条[4]与文化合作有关,并将这种合作限制在政策层面。这一条款阻止了立法和谐,让每个成员国自行制定国家有关文化的法律。本节,我将分析欧盟如何开展这一行动,包括内部和外部政策。

1.《里斯本条约》生效前的举措

这里需要指出,虽然《建立欧洲共同体条约》鼓励在政策层面上进行文化合作来保护文化遗产,但欧盟内部似乎并没有很多文化合作,而是将重点

---

① 这也是那些关注文化遗产但不是律师的人所提倡的。See Hristina Staneva,'Heritage Legislation Challenges in the Context of European Integration',ICOMOS 13th General Assembly and International Symposium,available at < http://www. international. icomos. org/madrid2002/actas/112. pdf > (accessed 29 November 2012).

② 有关此主题的进一步分析,请参阅第六章。

③ Psychogiopoulou,The Integration of Cultural Considerations,p. 30.

④ 《建立欧洲共同体条约》第151条:"(1)共同体应促进成员国文化的繁荣,同时尊重其国家和区域多样性,同时突出共同文化遗产。(2)欧共体的行动应旨在鼓励成员国之间的合作,并在必要时支持和补充其下列领域的行动:增进对欧洲人民文化和历史的了解和传播;保护对欧洲具有重要意义的文化遗产、非商业性文化交流;艺术和文学创作,包括视听部门。(3)共同体和成员国应促进与第三国和文化领域的主管国际组织,特别是欧洲委员会的合作。(4)共同体在根据本条约其他条款采取行动时应考虑到文化方面的问题,特别是为了尊重和促进其文化的多样性。(5)为了有助于实现本条所述目标,理事会:按照第251条所述程序行事,并在与各区域委员会协商后,应采取激励措施,不包括协调成员国的法律和条例。在第251条所述的整个程序中,理事会应一致采取行动,对委员会的提案采取一致行动,应通过建议(重点强调)。"

放在对外关系上。欧盟内部为数不多的文化合作行动之一是"拉斐尔计划"。① 该计划于 1997 年启动,旨在提高遗产保护的意识,分享遗产保护的信息及最佳做法,并为遗产复原项目提供资金。该计划从 1997 年持续到 2000 年,虽然没有促成立法,但它完成了与文化遗产保护有关的政策目标,至少该计划下的遗产是欧洲"共同文化遗产"的一部分(如《建立欧洲共同体条约》第 151 条所述)。②

另一组举措将文化遗产置于信息技术的背景之下。就实现社会经济目标而言,这些举措的评估结果是积极的。这表明欧盟内部的文化遗产政策虽不高调,但却颇为成功。③

欧盟大部分遗产计划都在其对外关系政策的范围内。地中海地区的合作伙伴国是这些计划最大的受益者。从这个意义上说,拒绝文化同化主义是欧盟的目标之一,同时也报告了这些举措的构建和运作。④

将文化遗产作为欧盟对外关系中的相关领域是基于以下几个论点:保护遗产可以促进伙伴国家之间的文化团结和相互了解;⑤文化有经济层面,文化旅游有经济潜力;遗产是文化繁荣的重要因素。⑥ 根据这些论点创立和推广的计划逐渐从保护纪念碑式遗产转向非物质文化遗产,因为非物质文化遗产更能代表文化繁荣的目标。⑦

---

① 1997 年 10 月 13 日欧洲议会和理事会第 2228/97/EC 号决定,建立文化遗产领域的共同体行动方案(拉斐尔),OJ L 305,1997 年 11 月 8 日,31。

② A brief commentary on this project has been made by Allison Carter Jett,'Domestic, Supranational and International Historic Preservation Legislation:Does it Protect our Cultural Heritage or Restrict Development? Exploring its Impact on Ancient Roman Monuments',Ga J Intl & Comp L 31(2003),p. 671.

③ Flavio Tariffi, Peter Holm Christensen, and Hervé Le Guyader, Third Socio-Economic Evaluation of Cultural Heritage Projects under the IST 2001 Work Programme:Report of the Evaluation Panel(European Communities,2002).

④ Evangelia Psychogiopoulou,'Euro-Mediterranean Cultural Cooperation in the Field of Heritage Conservation and Management',Eur Foreign Affairs Rev 10(2005),p. 240.

⑤ 欧洲共同体,《欧洲—地中海文化遗产发展战略:地中海国家的优势》(2007—2013 年)(欧洲共同体,2007 年),p. 8。

⑥ Psychogiopoulou,'Euro-Mediterranean Cultural Cooperation',p. 242.

⑦ Psychogiopoulou,'Euro-Mediterranean Cultural Cooperation',p. 248. 以保护非物质遗产为重点的这类方案的一个例子是地中海之声项目。地中海之声项目是在欧盟欧洲地中海伙伴关系遗产第二方案的框架内设立的。这是一项由伦敦大都会大学与 13 个其他合作机构协调的倡议,旨在确定该地区社区的"根源和路线",特别是通过非物质遗产的要素。该项目包括在地中海地区几个城市举办的一系列博物馆展览,以及为该项目开发的一个网站,作为永久记录该项目的一种手段。For a commentary on this project, see Margaret Hart Robertson,'The Difficulties of Interpreting Mediterranean Voices:Exhibiting Intangibles Using New Technologies',Intl J of Intangible Heritage 1(2006),pp. 26-27.

这些论点通过"欧洲—地中海遗产计划"在地中海地区得以应用。该计划分为三个阶段构想,包含地中海伙伴国(MPCs)的 36 个不同项目。①

"欧洲—地中海遗产计划"大概是未能将欧洲委员会和联合国教科文组织的专业知识整合到文化遗产的保护事项中,②甚至被指责是文化叠加,因为许多项目在一定意义上似乎是为了整合欧洲文化实践。③ 但人们也认为,在该地区,这个计划在保护与发展文化遗产以及对话和相互理解的价值上是成功的(这也是采取该举措的一部分缘由)。④

以上简单介绍了《里斯本条约》生效前欧盟政策层面上的遗产保护举措。我们有必要了解一下《里斯本条约》对这些举措的影响(如果有的话),并对欧盟遗产保护政策的未来进行预测。

2. 后里斯本效应

《里斯本条约》生效后,《建立欧洲共同体条约》的第 151 条变为《欧洲联盟运行条约》的第 167 条。⑤ 至少对我们现在分析的内容来说,该条款的文本无重大改变。这意味着,至少从原则上来说,不应该对遗产计划的政策层面作出太大的改变。

然而,"欧洲—地中海遗产计划"被期望在政策层面上进行改变。这些改变中,最重要的是制定了《欧洲睦邻里及伙伴关系文件》(ENPI)。该文件消除了欧盟对外关系政策的区域要素,并涵盖欧盟邻近地区的所有国家。⑥

最近另一项重要举措是 2008 年 5 月启动的"卢布尔雅那进程",旨在确保为西巴尔干地区的一系列遗产修复计划提供资金。该计划是在欧盟扩大进程的背景下,由欧盟委员会和欧洲委员会联合发起的(回应上文指出的

---

① 欧洲共同体:《欧洲—地中海文化遗产发展战略》,p. 9。这些国家包括:阿尔及利亚、埃及、以色列、约旦、黎巴嫩、摩洛哥、巴勒斯坦权力机构、叙利亚、突尼斯和土耳其。

② Psychogiopoulou, 'Euro-Mediterranean Cultural Cooperation', p. 250.

③ Psychogiopoulou, 'Euro-Mediterranean Cultural Cooperation', pp. 251-252.

④ 欧洲共同体:《欧洲—地中海文化遗产发展战略》,p. 9。

⑤ 《欧洲联盟运行条约》第 167 条:"1. 欧盟应促进成员国文化的繁荣,同时尊重其国家和区域多样性,突出共同文化遗产。2. 欧盟的行动应旨在鼓励成员国之间的合作,并在必要时支持和补充成员国在下列领域的行动:增进对欧洲人民文化和历史的了解和传播;保护对欧洲有重要意义的文化遗产;非商业文化交流;艺术和文学创作,包括视听部门。3. 欧盟和成员国应促进与第三国和文化领域的主管国际组织,特别是欧洲委员会的合作。4. 本联盟在根据条约其他规定采取行动时应考虑到文化方面的问题,特别是为了尊重和促进其文化的多样性。5. 为了有助于实现本条所述目标:欧洲议会和理事会按照普通立法程序行事,并在与各区域委员会协商后,应采取激励措施,除成员国法律法规的任何协调外,理事会应根据委员会的提议,通过各项建议。"

⑥ 欧洲共同体:《欧洲—地中海文化遗产发展战略》,pp. 9-10。

"欧洲—地中海遗产计划"的一个缺陷),目的是修复遗产并将其作为该地区吸引公共和私人投资的手段。①

这里有必要介绍一下该计划与欧盟扩大进程的联系。有人甚至可能会说它关系到《欧洲联盟运行条约》第167条中"欧洲共同遗产"部分。如果希望加入欧盟的国家正在推进遗产保护,那么可以说在这些国家实际加入之前,欧盟正在为这种"欧洲共同遗产"的形成铺平道路。一旦这些国家加入欧盟,遗产保护措施将被归入这些国家的内部范畴。那么,我们便可以对资助项目的选择过程进行推测,即看欧盟在"卢布尔雅那进程"中所支持的举措是否就是反映欧盟所偏爱的"欧洲身份要素"的举措。

文化遗产计划的目标是加强"人们对自己的文化遗产所拥有的权利,从而……促进文化遗产相关知识的教育和取得"。② 从这个意义上说,除了更加明确地关注国际文书的执行和国家法律的颁布之外,文化遗产计划的目标与此前保护遗产的目标并没有太大的区别。更具体一点,主要是为了制定遗产清单立法,包括制定城市土地登记、版权和税收激励的规范。它还包括对欧盟成员国和地中海国家之间立法的比较,以及"有关文物非法交易的国际规则的整合性和一致性"。③

这些举措通常被称为"发展援助",针对遗产保护项目。"发展援助"可以成为重要的工具,但常常因为无法实现目标而备受批评。④ 援助资源面临的巨大挑战之一是,它们具有可替代性,抑或是发展援助款项:被用于与其目标有某种联系但最终对该目标的实现用处不大的其他活动;被用于与其目标实际上没有联系的活动;用偏了或丢失了(这里的一个具体例子是腐败问题)。⑤ 尤其是在处理文化遗产保护等"非优先"领域问题时,"发展援助"

① The Press and Communication Department of the European Commission, Figel' launches landmark process for cultural heritage in the Western Balkans, available at < http://europa. eu/rapid/pressReleasesAction. do? reference = IP/08/737&format = HTML&aged = 0&language = EN > (accessed 29 November 2012).

② 欧洲共同体:《欧洲—地中海文化遗产发展战略》,p. 10。

③ 欧洲共同体:《欧洲—地中海文化遗产发展战略》,p. 16。

④ See for instance William Easterly, The White Man's Burden: Why the West's Efforts to Aid the Rest Have Done so Much Ill and so Little Good(Penguin Press, 2006).

⑤ On fungibility of development aid, see Dominique van de Walle and Dorothyjean Cratty, 'Do Donors Get What They Paid For? Micro Evidence on the Fungibility of Development Project Aid', World Bank Policy Research Working Paper 3542(2005).

无法实现其目标的风险更大。然而,监测机制和指标抵消了一部分风险。①
此外,利用援助资源时应该有当地行动者积极参与其中(并起决定性作用),
这么做也能抵消一部分风险。为非物质文化遗产保护提供援助的做法也能
同时提高社区参与度。

在政策层面,除了法律监管更加开放之外,预计不会有太多的改变。这
意味着,欧盟将为了创建针对文化遗产的特定法律框架而开辟新的保护途
径。虽然这种做法是受到支持的,但我们尚不清楚这是否仅适用于欧盟在
遗产保护领域的对外关系,也不清楚这是否还适用于欧盟的内部市场。考
虑到这一点,我将在下面一节分析欧盟内部市场中用法律保护文化遗产的
可能性。

(二)法律保护途径

欧洲共同体曾试图通过立法保护文化遗产。最值得一提的例子是关于
保护和归还文物的指示和规定。② 虽然这对于遏制相关文化遗产的非法交
易来说是非常重要的两次立法尝试,但即使是早期的评论员都预见到了它
们的无效性。③

本节,我将重点关注在欧盟的法律框架内通过知识产权机制保护非物
质文化遗产,也会参考其他可能有用的机制。考虑到本节讨论的目的,我忽
略了反对用知识产权机制保护非物质文化遗产的意见,④而从这些工具能被

---

① 从这个意义上说,世界银行的发展影响评价倡议非常重要,即使它只适用于世界银行直接
资助的项目。见世界银行:《发展影响评估倡议》,见 < http://web. World Bank. org/WBSITE/EXT-
DEC/EXTDEVIMPEVAINI/0, menuPK: 3998281 ~ pagePK: 64168427 ~ piPK: 64168435 ~ theSitePK:
3998212,00. html > (2012 年 11 月 29 日访问)。

② 理事会 1993 年 3 月 15 日关于将非法移离成员国领土的文物归还的第 93/7/EEC 号指令;
以及理事会关于文化产品出口的第 3911/92 号条例。

③ See eg Victoria J Vitrano, 'Protecting Cultural Objects in an Internal Border-Free EC: The EC Di-
rective and Regulation for the Protection and Return of Cultural Objects', Fordham Intl LJ 17 (1994),
pp. 1164-1201(辩称这些案文之所以不能生效,是因为它们确实没有说明未能调和成员国在购置财
产方面的法律分歧); and Andrea Biondi, 'The Merchant, the Thief and the Citizen: The Circulation of
Works of Art within the European Union', CML Rev 34 (1997), pp. 1182-1193(认为这项立法只促进了成
员国法律的"最小协调")。

④ For the objections against the use of IP in the protection of intangible heritage, see Christine Haight
Farley, 'Protecting Folklore of Indigenous Peoples: Is Intellectual Property the Answer?', Conn L Rev 30
(1997), p. 1-57; WIPO, Consolidated Legal Analysis of the Legal Protection of Traditional Cultural Expres-
sions (2003), Doc. symbol WIPO/GRTKF/IC/5/3, Annex, at 34 et seq; and Paul Kuruk, 'Protecting Folk-
lore under Modern Intellectual Property Regimes: A Reappraisal of the Tensions between Individual and Com-
munal Rights in Africa and the United States', Am UL Rev 48 (1999), pp. 769-849, among many others.

有效利用的前提开始。① 第六章将深入讨论知识产权法的潜力和缺陷。

1.《里斯本条约》生效前的举措

有些法律并不针对文化遗产的保护,但也能在某些方面保护文化遗产。比如说非物质文化遗产的形式之一——文化景观。有观点称,欧盟在环境保护和农业领域的法律可被认为是保护文化景观的一种手段。② 由于教科文组织的《保护非物质文化遗产公约》对非物质文化遗产的定义中包含与非物质文化遗产相关的"文化空间",所以说在欧盟,能保护这种"文化空间"的农业和环境领域的法律也能为非物质文化遗产提供重要的法律保护手段。

说到利用知识产权工具来保护非物质文化遗产,《建立欧洲共同体条约》中并没有批准欧共体机构制定知识产权法律的条款。立法通常基于《建立欧洲共同体条约》的第47条第2款,③第55条④和第95条。⑤ 读了这些条款后会让人产生一种印象,在欧共体看来,知识产权包含能在成员国内创造就业机会的行业和服务。这些行业和服务对内部市场的运作至关重要,所以协调知识产权法属于欧共体的职能范围。第95条为知识产权法的协调提供了法律依据,在实现共同市场的过程中,能预防未来可能出现的障碍。⑥

如果目标不仅仅是协调,还包括在欧共体内创造知识产权相关的新权利,那么门槛会更高。在成员国已有权利之上叠加新权利的立法行动并不以第95条为基础,而是以第308条为基础。第95条只需要理事会多数成员同意即可,而第308条要求理事会全体一致同意。⑦

---

① For a collection of successful examples of application of IP to the protection of intangible heritage, see TerriJanke, Minding Culture: Case Studies on Intellectual Property and Traditional Cultural Expressions (Geneva, 2003).

② François Lafarge, 'Landscapes in International Law and European Law', in Monica Sassatelli (ed), Landscape as Heritage: Negotiating European Cultural Identity(EUI Working Papers RSCAS No 2006/03), pp. 37-38.

③ 《建立欧洲共同体条约》第47条:"……2. 为了达到使人们更容易像自营职业者一样从事的活动,这一相同的目的,理事会应按照第251条所述程序,发出指示,协调各会员国法律、条例或行政行动中有关从事自营职业活动的规定。理事会在第251条所指的整个过程中一致行动,应决定指令的执行,该指令涉及至少一个成员国修正现行关于自然人的训练和准入条件的法律规定的现有原则。在其他情况下,理事会应以法定多数行事。……"

④ 《建立欧洲共同体条约》第55条:"第45条至第48条的规定应适用于本章关于服务所涵盖的事项。"

⑤ 这项规定是关于协调内部市场运作所必需的法律。

⑥ Case C-350/92, Spain v Council 1995 ECR I-1985 at p. 35, among others. See also Guy Tritton, et al, Intellectual Property in Europe(Sweet & Maxwell, 2002), p. 29.

⑦ Tritton et al, Intellectual Property in Europe, p. 31.

若干特定主题的法律已达到这一条款的要求,并创造出一种知识产权相关的欧共体法律(更具体地说是版权法)。① 这一进展颇受欢迎,因为在制定知识产权法时,欧共体得以将达成知识产权目的的基本领土统一的前提从各个独立的成员国转移到欧共体本身。②

为了避免基本的经济自由(欧共体建立的根据)与国家知识产权法(常有法外案例出现)之间产生冲突,这种转移是有必要的。如果有法外案例出现,最好是出现在欧共体层面上。这样做能在最大程度上缓和甚至调解冲突。③

然而,现行法律仅涉及知识产权法的某些具体主题,而且常常与技术进步和信息社会相关,并不一定能为保护非物质文化遗产的相关方面提供协调法律,④因为这样做意味着要应对知识产权法在保护非物质文化遗产上的局限性。要创造与非物质文化遗产有关的特定权利,需要阐明现有知识产权分类的局限性,欧盟才有可能打入权限之外的文化领域。对于那些希望通过协调立法保护遗产的人来说,情况不容乐观。

2. 后里斯本效应

《建立欧洲共同体条约》并没有为知识产权法的协调提供明确的法律基础,而《里斯本条约》中有一项全新的条款,明确将这项任务委托给议会和理事会执行。⑤ 这似乎赋予了欧盟机构全权以实现知识产权法的协调性。根

---

① 欧洲共同体委员会:《委员会工作人员关于审查欧洲共同体版权和相关权利领域法律框架的工作文件》,2004 年 7 月 19 日[SEC(2004)995]。

② Paul Craig and Gráinne de Búrca, EU Law(Oxford University Press,2003), p. 1119.

③ In the specific context of harmonization of copyright law, see Bryan Harris, Intellectual Property Law in the European Union(William S Hein & Co,2005), p. 72.

④ See eg Directive 2001/29/EC of the European Parliament and of the Council of 22 May 2001 on the harmonization of certain aspects of copyright and related rights in the information society, OfficialJournal L 167,22/06/2001, pp. 10-19;Directive 2006/115/EC of the European Parliament and of the Council of 12 December 2006 on rental right and lending right and on certain rights related to copyright in the field of intellectual property(codified version), OfficialJournal L 376,27/12/2006, pp. 28-35;Council Directive 93/83/EEC of 27 September 1993 on the coordination of certain rules concerning copyright and rights related to copyright applicable to satellite broadcasting and cable retransmission, OfficialJournal L 248,06/10/1993, pp. 15-21;Directive 96/9/EC of the European Parliament and of the Council of 11 March 1996 on the legal protection of databases, OfficialJournal L 077,27/03/1996, pp. 20-28; and Directive 2001/84/EC of the European Parliament and of the Council of 27 September 2001 on the resale right for the benefit of the author of an original work of art, OfficialJournal L 272 13/10/2001, pp. 32-36.

⑤ 《里斯本条约》第 118 条:"在建立和运作内部市场的背景下,欧洲议会和欧洲理事会应按照普通立法程序制定建立欧洲知识产权的措施,以便在整个欧盟建立统一的全工会授权、协调和监督安排。理事会应按照特别立法程序行事,通过条例为欧洲知识产权确立语言安排。理事会应在与欧洲议会协商后采取一致行动。"

据《建立欧洲共同体条约》，欧共体必须证明其立法只针对很窄的权限；而现在，只要立法对内部市场有积极影响，欧盟便能拥有更广泛的权限。此前，立法协调通常不能超出法律协调的范围（除非理事会达成一致意见）；而现在，只要走普通程序便能协调立法，并建立集中的欧盟机构来监管知识产权。

在继续概述我认为欧盟在制定利用知识产权保护非物质文化遗产的法律时应考虑的因素之前，有必要谈一谈欧盟必须这么做的首要原因。如果《欧洲联盟运行条约》第 167 条（前《建立欧洲共同体条约》第 151 条）明确排除了文化领域的立法协调，那么我们便无法依据文化价值来主张保护文化遗产的立法协调，必须以该条约中其他领域的立法协调为基础来表达立法保护文化遗产的重要性。

回到上面的文化景观保护的例子，必须在环境或农业的立法文本中插入单独的条款来规范文化景观，或者期望文化景观为环境和/或农业带来的利益足以证明保护文化景观的合理性。比如说，阻止在某个地方建发电厂是因为它危害环境，从而间接地保护了该地区的景观。然而，如果说发电厂不应该建是因为它会影响该地区的景观，那么情况就完全不同了。

按道理，我们可以追求实现后一种情况。但是，《欧洲联盟运行条约》缺少有关协调文化监管的具体条约（事实上甚至明确将它排除）。这是一个需要克服的巨大障碍。从这个例子出发，有一个疑问，我们是否需要制定一些直接处理非物质文化遗产问题的法律，而不是只能利用对其有间接影响的法律。

但是，我们没有必要依据立法对文化遗产的影响来证明其合理性。如果立法在影响农业或环境的同时也有效地保护了文化景观，那么立法的合理性可以通过其对农业或环境的影响来证明。相反，我们不必（也不能）依据文化遗产的重要性来证明用于保护非物质文化遗产的知识产权立法的合理性，而必须依据其对内部市场的保护以及遗产贸易可能对欧盟内部市场运作产生的影响来证明其合理性。

然而，在利用知识产权工具保护文化遗产方面存在着特殊性（由于知识产权机制必须适应非物质文化遗产的某些特征），因此我们不能奢望普通知识产权法律能成功解决所有与保护民间文学艺术有关的问题。但有必要提出，必须通过知识产权立法直接保护非物质文化遗产，否则会对内部市场造成损害。这种说法同样也适用于通过环境和农业立法保护文化景观。在此，我们主要关注知识产权的讨论。

　　只要将非物质文化遗产与知识产权联系起来,通过知识产权保护文化遗产的合理性就不言而喻了。知识产权机制之所以能成功保护非物质文化遗产,是因为这种机制给予遗产所有者或创造者控制其传统或创造的权利,防止遗产被第三方误用甚至滥用,即使该机制只能保护特定的遗产表现形式(第六章中会进行详细讨论)。① 相比之下,欧盟在内部层面上更有必要对知识产权进行监管,从而避免成员国利用本国规则扭曲欧盟创立的基础——经济自由(欧盟在外部层面上的知识产权监管能抗衡世界贸易组织和其他美国主导的论坛)。在欧盟,既然规范知识产权的重要性(至少在《里斯本条约》中)是既定的,而知识产权对于保护非物质文化遗产来说又至关重要,那么欧盟内部可以颁布知识产权法,以便对此类遗产进行监管。

　　缺乏明确的规则可能导致不良的后果。如果一个成员国通过知识产权法保护非物质文化遗产,而另一个成员国缺乏对欧盟内货物流通自由的任何形式的保护,这意味着局限于某个成员国边界内的法律保护是不够的,因为从很大程度上说,人们已经认为这些边界不复存在。比如说,在芬兰,手工艺品受到版权法的保护,而在德国,非物质文化遗产产品不受版权法的保护并且属于公共领域的管辖范围(因此受到的保护有限)。假设,芬兰某个萨米群体生产的手工艺品销往德国后,德国商家对其进行复制并且以更低的价格卖回给芬兰。这种做法扭曲了内部市场,并为基于价格差异的监管提供了理由,而传统上,这种价格差异是欧洲法院在权利学说用尽的情况下处理知识产权问题的依据。② 因此,因为知识产权能为非物质文化遗产表现形式的某些产品提供保护(否则市场可能会扭曲),所以欧盟可以制定针对非物质文化遗产保护的知识产权法律。

　　当然,这种法律途径没有考虑到非物质文化遗产物品属于非交易物这个观点,因为其中一些物品反映了宗教活动或是为了达成宗教目的的产物。③ 考

---

　　① 其中一个例子就是有名的"地毯案"。在这起案件中,一群著名的土著艺术家,其中包括班杜克·马里卡(Banduk Marika),创作了几幅画,并在澳大利亚国家美术馆展出。越南的一家地毯厂为一家名为印多芬(Indofurn)的澳大利亚公司生产地毯,从马里卡的画作《Djanda 和圣水洞》的展览目录中复制了其中一幅画。这幅画代表了她的部落,里拉廷古部落世界的起源,她是负责这个梦幻故事的传统监护人。这幅画的复制可能意味着她失去了宗教权利,并受到严厉的惩罚。尽管她的艺术复制将继续下去,但这与她作品的中心意象和潜在知识的文化运用是完全对立的。印多芬被勒令支付损害赔偿金,并取消所有这些地毯的商用。For further details, see Janke, Minding Culture, p. 8.

　　② For a collection of the case-law, see Craig and de Búrca, EU Law, pp. 1088-1103.

　　③ See, for further comments, Agnes Lucas-Schloetter, 'Folklore', in Silke von Lewinski(ed), Indigenous Heritage and Intellectual Property(Kluwer Law International, 2003), pp. 312-314.

虑到欧盟成员国的具体情况,我认为,出于法律保护的目的,可以假设所有非物质文化遗产物品都是可交易的商品。

另一个可能的论点是为了保护文化遗产而在欧盟内部重塑规范知识产权的基本逻辑,知识产权的监管不仅仅是为了保护消费者不受到侵害、市场竞争不受到扭曲,[①]也是为了保护非物质文化遗产所有人的利益。为了保护文化遗产所有人的利益,要创造一个运作更良好的市场,尤其是考虑到在《欧盟基本权利宪章》已被纳入欧盟条约的情况下,保护个人利益是市场正常运作的必要条件。因此,在谈到知识产权立法的基础时,不仅要考虑市场效应,还要考虑相关的个人利益。我承认这是欧盟当前知识产权相关观点的延伸,但我也认为这是一个值得讨论的观点,因为《里斯本条约》带来了一些新的根本的变化(尽管《里斯本条约》的文本巧妙地回避了对欧盟"宪法化"的任何尝试)。

我们一旦为监管非物质文化遗产的知识产权途径提供了某个可能的基础,便必须就知识产权和非物质文化遗产的某些特征给出理想监管模式的大致指导方针。首先,必须牢记作者身份的可能性,甚至是由抽象集体创造,且受版权保护的材料的作者身份,因为作者身份通常不可能只属于监管社区的单个成员。如果将作品保护和邻近权利(如表演权)之间的区别作为一个因素,那么这里的问题就会更加复杂。

此外,在版权领域,我们必须探索对精神权利进行监管的可能性,[②]尽管欧盟委员会曾表示没有必要这么做。[③] 精神权利的利用具有特殊优势,有些精神权利不会随着时间的推移而消失,例如归属权。然而,精神权利在采用"版权"体系的国家比在采用"作者权"体系的国家中更弱一些,[④]而且精神权利还需要有一位已识别出或可识别的作者,与非物质文化遗产的概念无

---

① Craig and de Búrca, EU Law, p. 1088.

② See eg Kuruk, 'Protecting Folklore under Modern Intellectual Property Regimes', pp. 829-830; Silke von Lewinski, 'The Protection of Folklore', Cardozo J Intl & Comp L 11 (2003), pp. 747-768 at p. 759; and Farley, 'Protecting Folklore of Indigenous Peoples', pp. 47-48. See also Chapter 6.

③ 欧洲共同体委员会,委员会工作人员工作文件。

④ "版权"制度存在于英美法系国家,其中版权的主要目的是为作者的劳动提供报酬,也就是说,主要关注知识产权的经济方面。另一方面,"所有权人"制度是大陆法系国家的典型代表,大陆法系国家对作者的法律保护的主要目的是保护作者的荣誉和激励其创造性。尽管这两类国家对道德权利的保护标准和程度略有不同,但给予的保护程度是相似的。For the argument that moral rights are universally protected at a minimum standard, see Lucas Lixinski, 'O Direito Moral de Autor como Direito de Personalidade e a Universlidade de sua Proteção', Revista Trimestral de Direito Civil 27 (2006), pp. 49-79.

法并存。

因此，欧盟有关非物质文化遗产和知识产权（尤其是版权）的协调规则已经对作者身份的要求做了区分，还特别将精神权利考虑在内。我们应该对精神权利加以强调，因为精神权利能有效保障非物质文化遗产保护工作的完整性，而保护工作的完整性对于非物质文化遗产来说极为重要。

然而，知识产权保护并不是区域经济一体化进程中唯一可利用的"基于市场的保护机制"。下一节将介绍安第斯国家共同体及其选用的特殊制度。

二、安第斯国家共同体

安第斯国家共同体成立于 1969 年，集合了南美洲西北部的几个国家（玻利维亚、哥伦比亚、厄瓜多尔和秘鲁）。[①] 其结合因素中包括这些国家的共有文化遗产（物质和非物质文化遗产）。[②] 从许多方面上看，安第斯国家共同体在结构和职权上类似于欧盟。该组织明显具有超国家性要素。这使其与世界上其他区域性贸易区有明显区别。其他的区域性贸易区仍然是政府间的，且依赖于大多数地区成员国的决策。

就我们的目的而言，更重要的是，安第斯地区拥有大量土著人口，而且在有些国家，土著人口确实占大多数。这个地区的人们显然十分关注保护文化独特性。[③] 该地区还有另一个重要特征：生物多样性程度极高。[④] 这些因素决定了安第斯国家共同体对文化遗产（尤其是非物质文化遗产）的总体态度。

（一）生物多样性、土著性、传统知识和非物质文化遗产

在安第斯国家共同体的遗产保护活动中，传统知识（TK）与非物质文化遗产（ICH）之间有着持久的联系。事实上，安第斯国家共同体真正的关注点是传统知识的保护。只有在非物质文化遗产的概念与传统知识的概念趋同的情况下，非物质文化遗产才会受到保护，而这种情况出现的概率很低。

安第斯国家共同体将传统知识视为文化不可分割的一部分，对土著人

---

① 委内瑞拉 1973 年成为成员国，但 2006 年决定退出安第斯国家共同体，转而加入南方共同市场。智利是最初的成员国，1976 年离开安第斯国家共同体。

② Andina Comunidad? Quienes Somos? available at < http://www. comunidadandina. org/quienes. htm > (accessed 29 November 2012).

③ 其中一些涉及国家经验的例子将在第四章中进一步探讨。

④ 估计在 30% 到 50%。See Comunidad Andina de Naciones, Elementos para la protección sui generis de los conocimientos tradicionales colectivos e integrales desde la perspectiva indígena(2005) ,18.

民和安第斯国家的发展有战略性价值。① 安第斯国家共同体将生物多样性、"文化方面"(安第斯国家共同体的说法)和非物质文化遗产[被安第斯国家共同体称为"民间文学艺术(folklore)"]结合在一起。②

土著传统知识是组成土著人民集体知识遗产的非物质成分。它构成土著人民基本权利的一部分,尤其是有关利用生物多样性的知识类别(比如说药物知识)。③ 保护传统和土著知识是为了土著人民能从中享受更多的利益。④ 更具体地说,传统知识的保护主要有以下几个原因:保护人权;传统知识的内在价值与文化认同有关系;促进公平,防止知识产权的滥用。⑤ 具体原因涉及关于人类与自然之间关系的土著观点,也称之为"宇宙观"。⑥

另外,在安第斯国家共同体,遗产(物质⑦与非物质文化遗产)与土著性密切相关,这一点与美洲国家组织相似。土著人民与他们的传统遗址之间有密切联系。他们将这些遗址视为"再现含有高度精神内容的文化身份的仪式中心"。⑧

这种土著做法,以及安第斯国家共同体内部大多数非物质文化遗产受到的保护都源于生物多样性。这就是安第斯国家共同体一直使用《生物多样性公约》框架的原因,还迫使安第斯国家共同体考虑到其他方面,例如传统的知识产权应对方案,尤其是在以国际贸易法为依据的情况下。安第斯国家共同体发布了一份关键性报告,试图协调所有这些不同的方法,为各大国际论坛提供若干备选方案和要素。⑨ 通过这种方式,安第斯国家共同体承认了针对此问题的多种不同应对方案,并试图协调其捍卫的有关传统知识

---

① 安第斯国家共同体成员国,要件,3。

② 安第斯国家共同体成员国,要件,7。

③ 安第斯国家共同体成员国,要件,11。

④ 安第斯国家共同体成员国,要件,12。

⑤ 安第斯国家共同体成员国,要件,14。

⑥ On the cosmovisión, see Julio Valladolid, 'Sabiduría en la crianza de la chacra', in Los Pueblos Indígenas y la Integración Andina—Primer Foro de Intelectuales e Investigadores Indígenas(2008), pp. 61-65; Fernando Huanucurú, 'Cosmovisión sagrada de la vida', in Los Pueblos Indígenas y la Integración Andina—Primer Foro de Intelectuales e Investigadores Indígenas(2008), pp. 66-68(an Aymara Indian from Bolivia); and Róger Rumrrill, 'Cosmovisión amazónica', in Los Pueblos Indígenas y la Integración Andina—Primer Foro de Intelectuales e Investigadores Indígenas(2008), pp. 82-84. See also Comunidad Andina de Naciones, Elementos, pp. 14-15.

⑦ "关于保护和恢复安第斯国家共同体成员国文化遗产的公报",载于《土著人民与安第斯一体化》,第一届土著知识和研究人员论坛(2008 年), p. 96。

⑧ 安第斯国家共同体成员国,要件,p. 8。

⑨ 安第斯国家共同体,关于获得遗传资源和传统知识的谈判(2003 年)。

和非物质文化遗产的价值观。

(二)特殊制度选择

与欧盟不同的是,安第斯国家共同体不可能成功利用知识产权制度保护传统知识。即便是实施了知识产权制度,还是会有许多土著人民反对把传统知识当作法律上的财产看待(有些社区不承认这种做法)。因此,在不违反土著习惯法的前提下,安第斯国家共同体支持利用特殊制度,并将知识产权工具作为补充。①

安第斯国家共同体于 1996 年 7 月发布的关于遗传资源获取共同制度的第 391 号决议涉及传统知识(和非物质文化遗产)保护的某些方面。虽然并不是所有成员国都接纳了该决议(本文撰写时,秘鲁是唯一接纳该决议的成员国),但当它用于分析时,它可能是一个有帮助的框架,因为该决议建立了安第斯国家共同体保护传统知识的基础。但是,这一决议未能建立起一项全面的制度,只确定未来应该制定这么一项允许协调该领域国家法律的特殊制度或规则。②

关于生物多样性保护的区域性战略的随后一条决议(2002 年 7 月发布的第 523 号决议)确定了更具体的规则。该决议强调了集体产权、事先知情同意和利益共享在开发传统知识和生物多样性资源方面的重要性。③ 从这个意义上说,该决议与我们所讨论的主题关联度更大,而且更重要的是,它采用的制度与《生物多样性公约》提出的制度基本相同(第二章中讨论过)。

关于工业产权共同制度的另一项决议(2000 年发布的第 486 号决议)指出,保护工业产权的过程中应该维护和尊重生物多样性和遗传资源,以及土著、地方和非裔社区的传统知识。该决议规定,专利权的授予要服从于规范社区对其传统知识所拥有的集体权利的准则。④

安第斯国家共同体之所以优先考虑知识产权特殊制度所具有的独特性,其中原因之一是,土著人民因为知识产权具有市场导向性而反对使用知识产权工具,知识产权还会产生垄断,而土著人民将土著知识视为共享资

---

① Comunidad Andina de Naciones, Elementos, 8. See also Fabián Novak, 'Biotechnology and Regional Integration Systems: Legislation and Practices in the Andean Community Countries', in Francesco Francioni and Tullio Scovazzi(eds), Biotechnology and International Law(Hart Publishing, 2006), pp. 403-438.

② 安第斯国家共同体成员国,要件,p. 12。

③ 安第斯国家共同体成员国,要件,p. 12。

④ 安第斯国家共同体成员国,要件,pp. 12—13。

源,只要得到某种形式的认可,他们往往乐于分享他们所拥有的知识。①

在保护传统知识和非物质文化遗产方面,安第斯国家共同体主要采取了四种策略:采用100%的特殊制度;主要采用特殊制度,并将知识产权工具作为后备机制(要求专利权所有人公开传统知识的使用,对不公开的专利进行无效化处理,且这里的遗产胜过知识产权);按国家法律处理该问题;采用土著习惯法(这似乎是该地区土著人民首选的备用方案)。②

保护传统知识的目标主要是促进文化身份和土著宇宙观的发展,在社区内促进传统知识的使用,以巩固传统文化并使其保持活力。此外,还有一个目标是避免将专利授予第三方,使其滥用来自社区的传统知识。这些目标的指导原则涉及巩固文化身份和文化属性、土著人民的自决权和无形知识的不可让与性。

总而言之,安第斯国家共同体行动旨在保护生物多样性资源以及与之相关的土著社区的传统知识。"非物质文化遗产"与"传统知识"之间存在着相当大的概念重叠,甚至可以说传统知识是一种特殊的非物质文化遗产。③然而,安第斯国家共同体的保护框架表明,其采用的保护非物质文化遗产的制度是保护生物多样性的制度之一,而不是教科文组织2003年《保护非物质文化遗产公约》中的制度。安第斯国家共同体本身关注的是保护传统文化的不同要素要利用不同的保护工具,从而为传统知识以及非物质文化遗产的"普通的"或"艺术的"表现形式(如文化空间、手工艺品、艺术和文学创作)开辟一条不同的监管道路。④

考虑到该地区的实际情况,便可以理解安第斯国家共同体的这种"专门化"。在该地区,生物多样性程度极高,而且《生物多样性公约》出现在具体的国际非物质文化遗产制度之前。这意味着该地区已经熟悉了《生物多样性公约》及其机制的分类,并且在很大程度上已经将其转换为国家法律,因此更倾向于选择此公约的机制。

此外,安第斯国家共同体认可的保护类型似乎完全是为了应对市场或生物多样性对市场发展的贡献程度。⑤ 虽然从许多角度上看,这个说法都是

① 安第斯国家共同体成员国,要件,p. 22。
② 安第斯国家共同体成员国,要件,pp. 23—25。
③ 安第斯国家共同体成员国,要件,p. 15。
④ 安第斯国家共同体成员国,要件,p. 33。
⑤ 安第斯国家共同体,《安第斯分区域生物贸易—发展机会》(2005年)(探索利用生物多样性和遗传资源作为促进该区域发展的工具的一系列发展项目)。

现实的,并且恰好在经济一体化组织的职权范围内,但它采取利用遗传资源共享促进发展的保护逻辑,根本无法捕捉对宗教情感和文化伤害的微妙关注。第三方对传统知识的利用,如果事先使相关社区知情并征得其自主同意,或许能防止对传统知识造成过大的伤害。但是,为了达成经济目标而建立的组织也许并不是解决该问题的最佳选择。然而,我们必须牢牢记住,经济组织确实能为保护非物质文化遗产提供重要思路,必须视其为重要盟友。

区域主义为非物质文化遗产的保护提供了更多的工具,明确了工具的选择如何取决于保护非物质文化遗产的目标和每个区域组织的宪法限制(可能更为明显)。很明显,美洲国家组织和欧洲委员会通过权利保护非物质文化遗产。在这两个组织,发展的概念(贸易之外)也备受关注。经济一体化组织更关注遗产对贸易的影响或是将遗产作为可贸易商品的观点(至少是对内);对外,欧盟回归到对培养共同身份的关注,这也是推进欧盟一体化和宪法化的一种手段。对于所有这些区域组织,培养共同的区域身份都是一条不断发展的思路,非洲联盟体现得尤为显著。非洲联盟不仅将身份视为促进贸易关系发展的手段,还将其视为脱离殖民主义,在非洲大陆稳定下来的手段之一。

然而,这些只是保护非物质文化遗产的目标和手段的一部分。国家层面上的倡议和目标数量以指数方式增加。我将在下一章分析这些倡议和目标的可能性。

第四章
国家回应

不止国际和区域层面，国家层面也为非物质文化遗产的法律保护提供了许多可选方案。本章旨在分析几种国家层面的回应，以及未来国家层面的非物质文化遗产保护行动该如何从其他国家的实例中获益。

非物质文化遗产服务于许多不同目的的观点，并且立法者想达到的目的直接影响了法律的起草。有些工具在国家层面仍然适用。对于国际和区域组织来说，（非物质文化）遗产领域的立法受到组织基本文书的限制，这意味着要将遗产目标转化为组织的总体目标。国家框架可以自由选择希望通过遗产立法推进的目标。这里的国家框架指的就是宪法，（一般来说）其覆盖领域更广，包括专项法律能保护和促进的所有合法商品。而且，对身份的保护在国家层面的回应中几乎无处不在，甚至比在其他层面和论坛（尤其是贸易导向论坛，如世界贸易组织论坛和经济一体化进程论坛）更为强烈。

即便某个国家没有发布保护非物质文化遗产的具体文书，也很难说这个国家没有为非物质文化遗产提供任何保护。所有文化遗产从根本上说都是非物质的（第一章中讨论过），这意味着所有保护遗产的法律在某种程度上也保护了非物质文化遗产。出于当前的目的，我将不对此进行过多的延展讨论。我之所以说所有国家都在以某种方式保护非物质文化遗产，是因为即使不是专门为了保护非物质文化遗产而制定的文书也可以通过特定的解读方式用于保护非物质文化遗产。这种类型的保护可以通过解读旨在保护其他形式文化遗产的文书来实现，甚至是有关土著权利的普通文书。[①]

本章分析的国家回应主要来源于他人撰写的案例研究，这让我有机会了解更多国家。我将对一些国家进行详细分析，对其他国家的经验进行简

[①] 这一事实的证据是，教科文组织在其文化遗产立法数据库中，将 234 个立法文本编入了"非物质文化遗产"的目录。这些文本中很少有直接针对保护非物质文化遗产的，但其中许多文本是间接适用的，例如规范工匠职业的立法，或创建国家文化日，甚至电影保护立法。

要介绍,来巩固我基于更广泛的分析提出的主张(也有助于将如此多国家的解决方案拼凑到一起)。

我将根据国家提供的解决方案类型将国家回应分为几类进行分析。首先是对非物质文化遗产保护的宪法回应,特别关注多元文化立宪制度与非物质文化遗产保护之间的关系。其次是重点关注知识产权的一些国家,以及已制定特殊制度的国家。然后是优先考虑政策层面或"非法律"保护体系的国家,主要是效仿教科文组织体系的国家。最后,我将介绍采用混合型解决方案的国家。这些国家或是混合使用几种类型的解决方案,或是对旨在保护其他形式的文化遗产或土著权利的文书进行片段式、创造性的利用。后者的选择从某种程度上说是随机的,以参考文献中的案例为指导。实际上,我将未采用单一或主要法律手段来保护非物质文化遗产的国家都归为最后一类。

第一节　宪法回应

文化遗产保护的宪法回应发生在不同层面。美国就是其中一端的典型案例。美国通过宪法的几项根本原则为文化遗产提供间接保护。[1] 这导致了一种情况,即非物质文化遗产相关利益与严肃的土著归还问题有关联,例如最终作为宗教自由或平等保护条款的诉讼。[2]

处在另一端的国家,在宪法中明确提及非物质文化遗产,而这些文书通常是近期颁布的。很多国家介于两端之间,在其基础文书中,将文化保护,甚至是遗产保护(未具体到非物质文化遗产),作为国家、个人或群体享受权利而应尽的责任。

本节并不试图详尽分析宪法中涉及文化遗产的部分,而旨在研究宪政主义中发展起来的一些有用的框架。本节的重点是阐述宪法、多元文化社会的保护和作为多元文化主义主要内容的非物质文化遗产这三者之间的

---

[1]　James AR Nafziger, 'The Underlying Constitutionalism of the Law Governing Archaeological and Other Cultural Heritage', Willamette L Rev 30(1994), pp. 581-608 at pp. 590-596(提及联邦主义和自由意志主义的原则,司法审查,对外交事务的固有权力,以及对印第安人待遇的宪法推论,作为美国文化遗产法的宪法基础)。

[2]　Nafziger, 'The Underlying Constitutionalism', pp. 598-600.

关系。

"文化多样性"、"多元文化主义"和"跨文化主义"①已成为当代宪政主义最具吸引力的几个话题。各国越发认识到,尊重文化多样性并不违背国家统一原则。即使其中的确存在威胁国家统一的因素,②现代宪法也为保护文化独特性制定了战略。这为现代国民社会的多元文化特征得到法律承认开辟了道路。

每个国家在种族构成和政治组织上不尽相同,因此它们在宪法层面上承认跨文化主义和多元文化主义的形式不同。③ 民间社会免不了成为将相关讨论带入大众视野的主要角色,那些不承认跨文化主义或多元文化主义的国家往往由特定文化群体主导,因此对"他者"的需求视而不见。④ 在一个更为马基雅维利式的版本中,这些主导的文化群体可能更为狡诈,根本不愿意与其他可能改变自己舒适现状的群体共享权利。

威尔·金里卡(Will Kymlicka)对所谓的"自由多元文化主义"的基础进行了讨论。他认为,虽然土著群体和其他少数群体(被称为"亚群体或少数民族")有共同需求,但它们提出的主张在类型上存在差异。共同原则否定了国家只拥有单一民族群体的观念,否定了国家建设政策中的同化政策,承认了历史上长久存在的不公正性。⑤ 然而,在比较针对这两种不同"类型"的多元文化主义所采取的政策时,他提出了两者之间的差异。在涉及土地权利和(土著人民)习惯法时,以及在少数群体的国际人格得到承认的情况下

---

① 这里的"跨文化主义"指的是超越"多元文化主义"的一步,因为它超越了国家对多元文化理想的渴望,成为事实(这就是所谓的"跨文化主义"的标签)。最近的一些宪法,特别是 2009 年玻利维亚宪法,采用了跨文化的论调。See Will Kymlicka, 'Multicultural States and Intercultural Citizens', Theory and Research in Education 1(2)(2003), pp. 147-169.

② 联合国开发计划署,《2004 年人类发展报告:当今多样化世界中的文化自由》,pp. 3-4。

③ 关于欧洲少数民族保护的宪法实践调查,参阅 Julie Ringelheim, 'Minority Protection and Constitutional Recognition of Difference: Reflections on the Diversity of European Approaches', in A. Verstichel, A. Alen, B. De Witte, and P. Lemmens(eds), The Framework Convention for the Protection of National Minorities: A Useful Pan-European Instrument? (Intersentia, 2008), pp. 33-50.

④ I borrow this expression, and its uses towards indigenous peoples, from Paul Keal, European Conquest and the Rights of Indigenous Peoples—The Moral Backwardness of International Society(Cambridge University Press, 2003).

⑤ Will Kymlicka, Multicultural Odysseys(2007), pp. 65-66.

（例如在国际组织），差异尤其显著。①

　　所有案例的核心都在于，宪法越发将多元文化主义视作实现社会和平而进行政治斗争的重要组成部分。随着多元文化主义得到承认，为了安抚饱受压迫的少数群体，多民族国家更加重视它们的主张，并为构建"更光明""全新"的未来铺平道路，基本都是如此。可见，非物质文化遗产成为向少数群体表达善意的重要手段，通过保护这些少数群体的文化，抑或是保护赋予它们独特性的事物，国家致力于收集证明这种多元文化主义合理性的依据，但最近有所忽视。这些少数群体大都希望得到承认，并被视为一个"合法的"他者，而不是一个"落后的""可耻的"他者。这至少是他们实现目标的第一步。

　　然而，在宪法层面实现对少数群体文化的承认并不容易，如同多民族国家由于独裁时期的结束而需要起草新的宪法，或仅仅是将此建设添加进其社会变革的蓝图一样，都仍在建设中。在这个意义上，最具代表性的例子是拉丁美洲宪政主义对土著性和多元文化主义的承认。下面专门讨论拉丁美洲宪政主义。

　　拉丁美洲宪政主义的案例②主要如下：

_____

①　Kymlicka, Multicultural Odysseys, pp. 67-71. 更具体地说，基姆利卡（Kymlicka）提到的对土著人民的政策如下：（a）承认土地权利或所有权；（b）承认自治权；（c）坚持历史条约和/或签署新条约；（d）承认文化权利，涉及语言和传统经济做法，如狩猎和捕鱼；（e）承认习惯法；（f）保证在中央政府的代表权或协商权；（g）宪法或立法确认土著人民的特殊地位；（h）支持或批准关于土著权利的国际文书；（i）为土著社区成员制订平权行动方案。基姆利卡（Kymlicka）表示可以认为采取六项或六项以上这些政策的国家已经"果断地转向多元文化方针"，而采取其中三至五项政策的国家已经作出了适度但重大的转变，而采取其中不到三项政策的国家几乎没有朝着多元文化的方向转变。在取代少数民族问题上，考虑到以下因素：（a）联邦或准联邦领土自治；（b）地区或国家的官方语言地位；（c）保证在中央政府或宪法法院的代表权；（d）为少数民族语言学校/大学/媒体提供公共资金；（e）宪法或议会对"多元民族主义"的肯定；（f）为某些目的根据国际人格，包括参加国际机构、签署条约或拥有单独的奥林匹克运动队的权利。尽管少数民族和土著民族之间的区别似乎是直观的，但当人们在决定土著民族或少数民族是否已转向多元文化主义时，考虑到基姆利卡所考虑的因素时，这种区别在许多方面似乎模糊了。例如，对语言权利的承认、对多元文化主义的肯定和自治权，对这两类群体都是共同的。正如我们将在玻利维亚和厄瓜多尔最近的例子中看到的那样，官方语言的地位也已成为一种土著要求，这可以被认为进一步接近这两类。此外，承认习惯法很可能符合给予联邦或准联邦自治的概念，因为联邦制意味着承认建立一个与国家相对独立和自治的法律秩序的能力，这与承认习惯土著法相当。关于这最后一个特征的核心区别可能是，对联邦状态的承认在领土上适用，而习惯法根据个人身份（即属于土著群体）适用。

②　本节的较早和较长版本已在其他地方发布。See Lucas Lixinski, ' Constitutionalism and the Other: Multiculturalism and Indigeneity in Selected Latin American Countries ' , Anuario Iberoamericano de Justicia Constitucional 14(2010) , pp. 235-265.

拉丁美洲为研究有关多元文化主义的宪法变革提供了理想方案。拉丁美洲是世界上很大一部分土著人民的家园,曾深受欧洲文化、经济和政治精英统治。拉丁美洲的许多国家都面临着捍卫土著利益的新兴社会运动。几个世纪以来,殖民国家和随后的政治精英一直以绝对无知、维系权力或建立国家(被认为需要统一、团结的人民作为基础)的名义忽视土著利益。

拉丁美洲宪政主义中有关多元文化的问题发展迟缓的一个原因是,这个洲的大多数国家都经历过 20 世纪 60 年代和 80 年代的军事独裁统治(除了哥斯达黎加,因为内战后,哥斯达黎加于 1948 年废除了军队,因此没有受到军事政府的"迫害")。这些军事政权一般都会宣扬建立平等主义社会,因此它们必须消除政治分歧。土著事业的发展中包含政治分歧,从而导致这些运动在很大程度上受到忽视甚至遭到镇压(例如,在危地马拉内战中,惨遭杀害或失踪的人口大多数是土著人民,其中许多人与土著事业有联系)。因此,在拉丁美洲,土著权利的发展停滞了三十年,止步不前,甚至有像危地马拉一样反而倒退的情况出现。危地马拉于 1945 年颁布的宪法中承认了危地马拉社会是由多元文化构成的,并采取措施赋予土著人民自治权。然而,为了建立统一社会,这部宪法在军事政变后遭到了废除。①

拉丁美洲国家有关少数群体和土著人民的宪法制度几乎是一致的。拉丁美洲为了多元文化主义得到宪法的承认作出了许多努力,其中很大一部分似乎集中于土著人民身上。旨在保护土著人民的宪法策略记录了拉丁美洲宪政主义对多元文化主义的贡献。② 即使是在少数群体众多的国家,法律也视土著人民为少数群体。例如哥伦比亚(afrocolombianos)、厄瓜多尔(afroecuatorianos)、巴西(quilombolas)和洪都拉斯(garífunas)的非裔

① Ordóñez Cifuentes, José Emilio Rolando, ' Las Demandas Constitucionales en Guatemala y México', Revista de Derechos Humanos 1(2003), pp. 169-188 at pp. 169-170.

② See for instance Donna Lee Van Cott, The Friendly Liquidation of the Past: The Politics of Diversity in Latin America(University of Pittsburgh Press, 2000) (reviewed by Carlson, Kirsten Matou, ' Notice: Premature Predictions of Multiculturalism?', Mich L Rev 100(2002), pp. 1470-1487).

社区。① 一般来说,他们享有大部分土著人民的权利,即使他们不是"正式的"土著人民,因为他们并不是这片土地的原始居民。他们曾受到欧洲的统治,正是欧洲殖民者强行将他们带到了拉丁美洲。

拉丁美洲的宪法对土著人民的承认程度不尽相同。有些宪法,如乌拉圭的宪法,毫不提及土著人民。还有些宪法试图推进同化政策(幸运的是,在拉丁美洲,这种宪法的数量正在减少)。其他的(大多数)宪法通过将土著社区与"主流社会"隔离开来,或是通过将土著社区纳入主流社会并赋予其特别的政治参与权,或给予他们不同程度的法律自治和自我管理,促进对文化独特性的各种形式的保护。

西班牙和葡萄牙殖民统治时期,整个拉丁美洲都推行了同化政策。独立宪政主义的早期阶段,同化主义仍然是若干国家的主要策略。在新独立的拉丁美洲国家,由于早期统治者的疏忽,同化主义仍然大行其道。这个论点的原始版本是:殖民时期过后,接替西班牙和葡萄牙当局的拉丁美洲国家精英几乎并未改变当时的状况,因为在殖民时期,他们已经是享有特权的社会群体了。直截了当地说,这些精英根本不关心多元文化主义,对文化多样性元素的存在视而不见。这就是为什么早期拉丁美洲的宪法缺乏对文化多样性的承认。

除了消极对待不同于统治精英的人们的生活方式,早期的拉丁美洲还积极关注实现文化的同质和统一,将文化的同质和统一视为建立统一政体所需的元素,并认为这能支持国家建设,证明其努力的合理性。这导致了几项同化政策的产生。宪法郑重地对"统一和不可分割性"以及"全国人民

---

① 关于非裔哥伦比亚人、基隆博拉人和非裔厄瓜多尔人社区,得克萨斯大学法学院伯纳德和奥萨雷·拉波波特人权和司法中心开展的工作值得注意。该中心在这两个国家进行的实地考察所产生的报告可在 < http://www.utexas.edu/law/academics/centers/humanrights/publications/ > (2012年11月29日)查阅。2009年1月玻利维亚新宪法是承认非洲人后裔权利的一个显著例子。其第32条规定:"非裔玻利维亚人民享有宪法承认的土著民族和原始农民及人民的所有经济、社会、政治和文化权利。"2008年的厄瓜多尔宪法也很引人注目,第58条规定:"为了加强非洲裔厄瓜多尔人民的身份、文化、传统和权利,宪法、法律和条约、盟约、宣言和其他国际人权文书确认了他们的集体权利。"在巴西,并没有完全的待遇对等,因为非裔黑人社区并不被认为与社会的其余部分完全分离,其个体成员也不受联邦政府的监护。然而,在许多情况下,对土地所有权的处理大致相同,都是类比地将土著土地划分规则应用到黑人社区。

的平等"等声明予以支持,促成了"忽视少数群体"的宪法框架。①

　　墨西哥是最后几个正式摆脱同化主义的国家之一。在法律面前人人平等的原则之下,墨西哥的土著人口一直被视为这个国家整体的一部分。② 墨西哥的同化主义正是归因于此。于是其国家建设很自然地忽略了土著保护。这是墨西哥和其他大多数拉美国家的一次典型退步。它们一方面努力证明自己独立的国家地位,另一方面防止过度的领土分裂,所以追求单一的民族身份,这就需要对体现宪法价值的平等性持有绝对化和形式化的理解。

　　20 世纪 90 年代后期,墨西哥同时经历了由萨帕塔运动③引发的改革和长期的宪法改革。宪法改革的目的有很多,比如推广土著权利,以及为了北美自由贸易协定(NAFTA)而制定墨西哥法律体系。④ 2001 年,墨西哥又进行了改革,包括旨在赋予土著人民一定程度自治权的规定。⑤ 2003 年,墨西哥发布了级别低于宪法的《土著人民语言权利普通法》和一些相应的州级法律。

---

　　①　顺便说一句,"平等"是法国宪法对文化多样性的态度背后的原因,而法国宪法基本上否认这一点。如果共和国建立在自由、平等和博爱的基础上,"平等"必然意味着没有人应该受到特殊待遇,法律面前人人平等。由于法国启蒙运动对导致几个拉丁美洲国家独立运动的革命思想产生了重大影响,因此也对早期拉丁美洲宪政产生了重大影响,许多宪法拒绝承认土著人民是"独立的阶级",这是可以理解的。这种形式上的平等哲学结构是法国对《公民权利和政治权利国际公约》持保留意见的原因,不将第27条(关于少数群体保护)适用于其领土,甚至不适用于法国海外属地(包括土著人民明显居住的几个太平洋岛屿)。这项保留将在第五章再次提出。关于法国对多元文化主义的态度,参阅 Cécile Laborde, 'The Culture(s) of the Republic: Nationalism and Multiculturalism in French Republican Thought', Political Theory 29(2001), pp. 716-735.

　　②　Kevin J Worthen, 'The Grand Experiment: Evaluating Indian Law in the "New World"', Tulsa J Comp & Intl L 5(1998), pp. 299-334 at p. 329; and Francisco López Bárcenas, 'Territorios, Tierras y Recursos Naturales de los Pueblos Indígenas en México', in Jorge Alberto Gonzáles Galván(ed), Constitución y Derechos Indígenas(Universidad Nacional Autónoma de México, 2002), pp. 121-143.

　　③　On the Zapatista movement's contribution to constitutional reform and indigenous recognition in Mexico, see Gilberto López y Rivas, 'Las Autonomías Indígenas', in Jorge Alberto Gonzáles Galván(ed), Constitución y Derechos Indígenas(Universidad Nacional Autónoma de México, 2002), pp. 113-120. On the evolution of constitutional recognition of indigeneity in Mexico generally, see Diego Valadés, 'Los Derechos de los Indígenas y la Renovación Constitucional en México', in Jorge Alberto Gonzáles Galván(ed), Constitución y Derechos Indígenas(Universidad Nacional Autónoma de México, 2002), pp. 13-20.

　　④　Jorge A Vargas, 'Mexico's Legal Revolution: An Appraisal of Its Recent Constitutional Changes, 1988-1995', Ga J Intl & Comp L 25(1996), pp. 497-559.

　　⑤　On this reform, see José Luis Cuevas Gayosso, 'La autonomía de los derechos de los pueblos indígenas en la constitución mexicana(reforma 2001). Análisis y propuestas para su ejercicio formal y real', paper presented at the XIV Congreso Latinoamericano de Derecho Romano, Universidad de Buenos Aires, 15-17 November 2004(on file with the author).

　　值得庆幸的是,拉丁美洲的宪法和所有涉及土著人民的法律均不再采用同化模式。包含大量土著群体的拉丁美洲通过主动承认土著人民的自治权或通过将土著人民排除在社会以外的方式,(试图)给予土著人民一定形式的保护。

　　有些国家在对土著人民的承认上已经取得了进展。巴西就是其中一个特殊的例子。1988 年的巴西宪法承认了土著的社会组织、习俗、语言、信仰和传统。① 在此之前的宪法只承认土地权,② 而 1988 年的宪法承认了要将土著身份作为一个整体进行保护。多数拉丁美洲国家的宪法条款具有独立性并且在许多方面"自动执行",而巴西与它们不同。巴西有一套关于土著权利的法律,低于宪法级别但非常全面。这套法律的执行无须顾及宪法条款。《巴西印第安人权利法》(Estatuto do Índio)规定土著人属于"无能力的人"(incapazes),基本给予他们与 16 岁以下未成年人相同的法律自主权,并认为他们不能自由表达自己的意愿。③ 这反映出社会对土著人民的观念和偏见。④ 只要土著人能证明自己已经成功"融入国家社区",他们就可以改变自

---

　　① 有关规定如下:"第 231 条。印第安人的社会组织、习俗、语言、信仰和传统,以及他们传统占据的土地上的原始头衔,都得到承认,这是联邦的作用,以界定他们,并保护和尊重他们的所有财产。印第安人传统上占有的土地是指那些永久居住的土地、那些用于经济活动的土地、那些对保护福祉所必需的环境资源所必需的土地、那些根据其用途、习俗和传统对其物质和文化再生产所必需的土地。印第安人传统上占有的土地注定是他们永久拥有的土地,印第安人有权独享土地上的财富,其中有河流和湖泊。根据法律规定,只有在听取受影响社区的意见并确保这些社区有利于参与开采的利益之后,才能在全国代表大会授权的情况下,享受水资源,包括能源资源,研究和开采土著土地内的矿产资源。本条所指的土地不能出售或处置,其权利不受时效限制。除非全国代表大会作出决定,在发生危及人民的灾难或流行病时,或为了保护国家主权,在全国代表大会审议后,禁止将土著群体从其土地上迁移出去,任何情况下,在风险停止后立即返回。处理本条所指土地的占有,或开发土地、河流和湖泊的自然资源的所有行为均无效,除非根据共同立法的假设,根据补充立法规定的,不产生无效性。以及对工会的补偿权或诉讼权的消灭,但根据法律,与善意职业产生的改善有关的权利除外。……第 232 条。印第安人、土著社区和组织是提起诉讼以维护其权益的合法当事方,要求检察官(里约热内卢·普利科部长)干预诉讼的所有阶段。"

　　② For a survey of these provisions, see Sérgio Leitão, Os Direitos Constitucionais dos Povos Indígenas(UNAM, 2003).

　　③ 1916 年的《巴西民法典》也明确将土著人列入这一类,为了反映这一立法,很可能印度法也认为土著人在法律上没有行为能力。2002 年新的民法典没有对土著人进行任何此类分类,只是在第 5 条(单款)中指出,特别立法应处理土著人的法律行为能力问题。第 5 条提到的是那些被认为"相对没有能力"的人,因此它在某种程度上说明了巴西法律范围内的一场争取土著人更大解放的运动。

　　④ Lisa Valenta, 'Disconnect: The 1988 Brazilian Constitution, Customary International Law, and Indigenous Land Rights in Northern Brazil', Tex Intl LJ 38(2003), pp. 643-662 at p. 647.

己的地位,并获得完全的法律能力。[①]

在巴西,土著权益由国家印第安人基金会(Fundação Nacional do Índio-FUNAI)管理。国家印第安人基金会是由联邦政府设立的一个机构,[②]在政府、司法机构和整个巴西社会是土著利益的代表。然而,这个基金会备受批评,因为它主要由官僚组成,给予土著人民的参与机会很少,甚至还追求同化目标。[③]

也许正是由于宪法与执行法律这两个层面保护水平的差异,巴西才会处在这个尴尬的中间位置,宪法提倡承认模式,而级别低于宪法的法律旨在建立同化模式。这些级别低于宪法的法律至今仍然指导着负责制定和执行政府政策的官僚行动。2009 年 8 月,巴西司法部提交了关于土著权利的新法律提案。这个提案摒弃了同化模式,完全接受了承认模式,目前立法机关

---

① 《巴西印第安人权利法》("Estatuto do Índio"),1973 年 12 月 19 日第 6.001 号法令。有关规定如下:"第 7 条,尚未纳入国家公报的印第安人和土著社区受本法建立的监护制度的管辖。然而,在可能的范围内,普通监护法的原则和规则适用于本法所确立的监护制度,独立于对法律抵押中的不动产以及[信用担保]实行监护。这项监护是工会的职责,工会将通过联邦援助野蛮人的主管机构来行使这项职责。第 8 条,在没有主管的监护机构的协助下,在尚未融入社会的印第安人和任何不属于土著社区的人中实施的行为无效。本条规则不适用于印度人对实际行为的认识和了解,只要该行为对印度人无害……第 9 条,任何印度人都可以要求主管法官从本法规定的监护制度中解脱出来,使之完全有能力行使法律行为,只要满足以下要求:Ⅰ. 最低年龄 21 岁;Ⅱ. 掌握葡萄牙语;Ⅲ. 在国家范围内从事有益活动;Ⅳ 对国家公社的使用和习俗的合理理解。法官将在简易程序上作出裁决,并在印度监护机构和公共律师听取意见后作出裁决,让步的判决将转录到民事登记处。第 10 条,一旦满足上一条的要求,并通过利害关系方的书面请求,援助机构将能够通过正式声明,向印第安人提供不再存在任何能力限制的综合条件,只要经过合法认可,该法已在民事登记处登记。第 11 条,通过共和国总统的一项法令,可以宣布土著社区及其成员的解放,即依法建立的监护制度;只要小组大多数成员提出要求,并在联邦主管机构进行的调查中证明,这个社区完全融入了国家公社。为了本条的效力,请求方将要求满足第 9 条所列的要求。"See also Siegfried Wiessner,'Rights and Status of Indigenous Peoples:A Global Comparative and International Legal Analysis', Harv Human Rights J 12 (1999), pp. 57-128 at p. 75.

② 1967 年 12 月 5 日第 5.371 号法令,授权成立"国家印第安人基金会"。相关规定如下:"第 1 条。根据民法,被称为'国家印第安基金会',联邦政府被授权在私法中创建一个有自己的遗产和法律人格的基金会,其目标是:Ⅰ. 设立指令,保证土著政策的履行;基于以下原则:(a)尊重土著人、部落机构和社区;(b)保证对他们居住的土地的永久拥有权和对其中所有自然资源的专属使用权;(c)维护印第安人的生物和文化平衡,与国家社会的联系;(d)保障印第安人的自发同化,使其社会经济发展过程不受突然变化的影响。Ⅱ. 管理土著遗产,以便保护、增加和加强遗产。Ⅲ. 促进对印第安人和土著社会群体的科学评估、分析和研究。……Ⅴ. 促进印第安人的适当基础教育,使其逐步融入国家社会。Ⅵ. 通过宣传手段,提高对土著事业的集体利益。Ⅶ. 在保留区和有关土著保护的事项上行使政治权力。基金会将以普通民事立法或特别立法确立的形式,行使印度监护制度固有的代表权或法律援助权。"

③ Wiessner,'Rights and Status of Indigenous Peoples', p. 75.

正对其进行审议。①

此外,这种差异也许可以用宪法条款的起源来解释。宪法起草的过程中,承认土著身份的势头并不是由民间社会或有组织性的土著运动创造的(巴西的土著运动至今意义仍然不大),而是源于 20 世纪 80 年代初美洲人权委员会在一个关于雅诺马米土著群体的案例中对巴西的谴责给其带来的国际压力。② 这个案例清楚地表明,巴西的土著人民缺乏足够的保护,因为 1988 年宪法的颁布是为了与独裁的过去完全决裂。在这之前的一段时期内,雅诺马米人深受迫害,宪法条款也在起草和完善之中。但是,由于没有强有力的民间社会运动来落实新宪法的后续执行,根据旧宪法制定的《巴西印第安人权利法》尚未修订或替换,进而无法反映新宪法希望看到的变化。新宪法的执行落入了旧法案建立的官僚机构手中,而这个官僚机构似乎对扩大保护以响应宪法变化并不感兴趣。自下而上压力的缺乏也许并不能完全解释巴西宪法为什么没能为土著人民提供更多保护,但至少有助于阐明其中的缘由。③

这种模式在许多方面都类似于殖民主义针对土著人民制定"仁慈监管的官方政策"的观点。④ 殖民者一旦意识到无法任由土著人民"作为国王的自由臣民独立生活",需要对他们进行监管并将他们控制在一定的界限内,便会采用这种观点。⑤ 这种做法是对单一民族国家的恢复而非挑战,对于促进多元文化主义是一种不太理想的模式。事实上,多元文化主义并没有得到促进,或者说至少多元文化主义的模式没有得到促进。在多元文化主义的模式中,一个政体中的不同文化之间存在相互作用。虽然有些社区选择与主流社会隔离开来,但在此模式中,这种选择并不是由社区自身作出的,

---

① Brazilian Ministry of Justice, National Commission of Indigenous Policy, Indigenous Peoples Statute—Proposal of the National Commission of Indigenous Policy, available at < http://www.funai.gov.br/ultimas/noticias/2_semester_2009/agosto/imagens/Estatuto.pdf > (accessed 29 November 2012).

② IACHR, Case 7.615, 5 March 1985. For a commentary to this case, see Gail Goodwin Gomez, 'Indigenous Rights and the Case of the Yanomami Indians in Brazil', in Cynthia Price Cohen (ed), The Human Rights of Indigenous Peoples (Transnational Publishers, 1998), pp. 185-200.

③ Discussing the importance of civilsociety in the advancement of indigenous claims in Chile and the United States, see Kevin J Worthen, 'The Role of Indigenous Groups in Constitutional Democracies: A Lesson from Chile and the United States', in Cynthia Price Cohen (ed), The Human Rights of Indigenous Peoples (Transnational Publishers, 1998), pp. 235-270.

④ I borrow this expression from Guillermo Floris Margadant, 'Official Mexican Attitudes toward the Indians: An Historical Essay', Tul L Rev 54 (1980), pp. 964-986 at p. 968.

⑤ For an explanation of this model, see Worthen, 'The Grand Experiment', p. 301.

而是由一个家长式的国家代替他们作出的。

　　土著人民的法律能力（更准确地说，土著人民缺乏法律能力）是这种模式区别于其他模式的决定性因素。这种模式还包括某些方面的排除，例如地域排除，但至少在原则上，排除性不是这种模式所独有的。为土著人民居住地划定界限是保护制度的重要特征之一。这两种模式都采取了这种做法。

　　这种做法帮助人们回忆起殖民模式的情形。殖民模式保留了土著社区的生活方式，但是以剥夺土著社区享有其他社区所享有的利益为代价。[1] 根据相关法律，土著人民有两种选择，要么融入巴西的主流社会，要么保持被孤立的状态。[2] 该法规并未考虑到希望在保持其土著性的同时仍能与社会中的其他人互动的土著人民，因此这种模式并不完善。尽管巴西政府为降低这种排除性做了诸多努力，但它在实践中仍然存在。所以说，有必要找到替代方案，让土著社区享受平等的权利，并使其差异得到尊重。[3]

　　另一方面，通过承认土著群体来为其提供保护是拉丁美洲越来越多新宪法采用的模式。这种模式借鉴了适用于土著人民的自决原则的现代结

---

[1]　Angel R Oquendo, 'Indigeneity and the State: Comparative Critiques: Indigenous Self-Determination in Latin America', Fla J Intl L 17 (2005), pp. 625-646 at p. 626.

[2]　《巴西印第安人权利法》（"Estatuto doÍndio"），1973 年 12 月 19 日第 6.001 号法令，第 2 条和第 4 条。"第 2 条。为了保护土著社区和维护他们的权利，联邦、各州和各市以及各自间接行政当局的机关有责任在其职权范围内：Ⅰ. 在可能的情况下，向印第安人提供共同立法的好处；Ⅱ. 向尚未纳入国家社会的印第安人和土著社区提供援助；Ⅲ. 通过给印第安人发展的手段，尊重他们所固有的条件；Ⅳ. 确保印第安人有可能自由选择他们的生活方式和生存方式；Ⅴ. 保证印第安人在其栖息地的自愿永久性，给予他们发展和进步的资源；Ⅵ. 在印第安人融入国家社区的过程中，尊重土著社区的凝聚力、其文化价值观、传统、用途和习俗；Ⅶ. 尽可能与印第安人合作，执行旨在造福土著社区的方案和项目；Ⅷ. 考虑到印第安人生活条件的改善和融入发展进程，利用印第安人的主动性和个人素质进行合作；Ⅸ. 根据宪法，保证印第安人和土著社区永久拥有他们居住的土地，并承认自然财富的专有用益权和在这些土地上存在的所有公用事业；Ⅹ. 通过立法保证印第安人充分行使公民权利和政治权利。第 4 条。印度人被认为是：Ⅰ. 孤立的，当他们生活在未知的群体中，或通过随机接触国家交流的元素而很少有模糊的报告时；Ⅱ. 正在逐步融合，在与外国群体断断续续或永久接触时，他们保存了一个更大或更小的部分为他们的本地生活条件，但接受一些实践和存在方式共同的其他部门的国家交流，他们越来越依赖自己的生存；Ⅲ. 统一，被纳入国家社会并在充分行使其公民权利时得到承认，即使他们保留了其文化特有的用途、习俗和传统。"

[3]　Oquendo, 'Indigeneity and the State', p. 626.

构,其意义在于给予土著群体某种程度上的承认和自治权。① 它创造了所谓的"偏离公民身份制度",赋予土著人民不同于普通个体的特殊地位。②

这种承认有两种不同的途径,它们不一定相互排斥。一方面,存在"排除性承认"。这种方式一般通过承认习惯法,或者甚至通过为土著社区制定可替代的平行司法制度,在普通法律制度的实施中允许将土著人民作为例外。更确切地说,"排除性承认"包括对土著人民有能力制定(有时甚至执行)自身法律制度的承认。③

"排除性承认"中,除了这种较为"传统"的方式外,还包括通过建立(半)自治领土单位,将政府权力下放到现有的土著群体。然而,拉丁美洲并未采取这种策略,反而是美国和加拿大利用了这种方法,因此这里不作深入探讨。④

另一种途径是"包容性承认"。这种方式给予土著人民特殊的奖励和权利,鼓励他们参与公众决策和立法,要么通过立法机构、市议会及其他同等机构的配额,要么仅通过重新划分选区,让土著人民有机会选举自己的代表,甚至是最高行政机关的代表。⑤ 这种做法逐渐赋予土著人民权力,提高土著问题受关注的程度。玻利维亚是成功应用这一形式的典型案例。玻利维亚颁布 2009 年宪法之前,逐步的选举改革为土著人民能更多地参与政治生活铺平了道路。该国诞生历史上第一位土著总统埃沃·莫拉莱斯时,选举改革达到了顶峰。

厄瓜多尔采取了承认模式。其 2008 年宪法呈现出十分有趣的特征。总

---

① For an analysis of the right to self-determination as applied to minorities and indigenous peoples, see Patrick Macklem, 'The Wrong Vocabulary of Right: Minority Rights and the Boundaries of Political Community', University of Toronto Legal Studies Series Research Paper No XX-05 (2005); and Patrick Macklem, 'Militant Democracy, Legal Pluralism and the Paradox of Self-Determination', University of Toronto Legal Studies Research Paper No 05-03 (2003).

② Van Cott, The Friendly Liquidation, p. 10.

③ Worthen, 'The Grand Experiment', pp. 324-327 (1998); and Bartolomé Clavero, 'Derechos Indígenas y Constituciones Latinoamericanas', in Mikel Berraondo (ed), Pueblos Indígenas y Derechos Humanos (Universidad de Deusto, 2006), pp. 313-338 at pp. 329-334.

④ For a rather thorough exploration of this perspective, see Worthen, 'The Grand Experiment', pp. 315-317.

⑤ Raquel Yrigoyen Fajardo, 'Hitos del reconocimiento del pluralismo jurídico y el derecho indígena en las políticas indigenistas y el constitucionalismo andino', in Mikel Berraondo (ed), Pueblos Indígenas y Derechos Humanos (Universidad de Deusto, 2006), pp. 537-567 at p. 557; and Worthen, 'The Grand Experiment', pp. 319-324.

的来说,厄瓜多尔的承认模式侧重于排除性策略,非常重视司法中传统土著法律制度的自治权。通过 1998 年的宪法改革,厄瓜多尔第一次在宪法中赋予土著人民权利承担者的地位。[①] 就 2008 年宪法颁布之前的厄瓜多尔体系而言,要承认法律多元化,就必须承认:土著人民权利承担者的地位;土著人民的权威机构;土著群体有解决内部冲突和选举自己权威机构的规则和程序;土著人民有能力处理各个土著社区内发生的任何争议,并根据社区自己的规则和程序执行解决方案。[②]

　　新的 2008 年宪法承认了厄瓜多尔的多元民族组成,继续肯定了土著人民享有的诸多集体权利,同时明确了土著价值观是其宪法价值观的精髓。[③]

　　然而,2009 年 1 月经过国民公投通过的新玻利维亚宪法才是美洲在保护土著权利方面最具革命性的进步。新玻利维亚宪法第 1 条就宣布了玻利维亚是"统一的多民族社群主义法治国家",并肯定了"国家一体化进程中政治、经济、法律、文化和语言的多元化"是国家建立的基础。[④] 这些条款反映出,在许多承认土著权利的拉丁美洲宪法中,统一与多元化之间存在着紧张局势。

---

　　① 前厄瓜多尔宪法的有关规定如下:"第 191 条,行使司法权是司法机关的职责。建立管辖统一。根据法律,应设立和平法官,负责公平解决个人、社区或邻居的争端。依法承认仲裁、调解和其他替代性纠纷解决机制。土著人民当局应行使司法职能,在不违反宪法和法律的情况下,根据其习惯法或习惯法适用于解决内部争端的准则和程序。另一项法令应使这些归属与国家司法系统的归属相一致。"2008 年厄瓜多尔宪法中的同等规定如下:"第 171 条,土著社区、民众和民族的当局应根据其祖传传统和本国法律,在其领土内行使管辖职能,保证妇女的参与和决定。当局应适用专门解决其内部争端的准则和程序,这些准则和程序不得违反宪法和国际文书所承认的人权。国家应保证公共当局和机构尊重土著管辖权的决定。这些决定将接受合宪性检查。法律应建立土著和普通法域之间的协调与合作机制。"

　　② Raúl Llasag Fernández, 'Jurisdicción y competencia en el derecho indígena o consuetudinario', Anuario de Derecho Constitucional Latinoamericano (2006), pp. 749-778 at p. 752. Agustín Grijalva, 'The Status of Traditional Indian Justice in Ecuador', Tribal LJ 2 (2001-02), 1-20; and Esther Sánchez Botero, 'Los Derechos Indígenas en las Constituciones de Colombia y Ecuador', in Jorge Alberto Gonzáles Galván (ed), Constitución y Derechos Indígenas (Universidad Nacional Autónoma de México, 2002), pp. 69-88.

　　③ 相关规定如下:"第 83 条,以下是所有厄瓜多尔人的义务和责任,但不影响宪法和法律规定的其他惯例和责任:……2. Ama killa, ama llulla, ama shwa. 不要懒惰,不要说谎,不要偷窃。……10. 促进多样性和文化间关系的统一和平等。……14. 尊重和承认民族、社会、代际、性别认同和取向差异。……(重点强调)"

　　④ 该规定全文如下:"第 1 条,玻利维亚是一个法治、自由、独立、主权、民主、文化间、分权和自治的统一的多民族社会国家。玻利维亚的国家一体化进程建立在多元性和政治、经济、法律、文化和语言多元性的基础上。(重点强调)"

但新玻利维亚宪法更进了一步。它宣布将几种土著语言和西班牙语一起作为国家的官方语言,①还宣布用土著名来命名本质上是土著价值观的国家价值。② 这些条款确实具有革命性,因为它们使土著人民得以离开宪法秩序的边缘位置,并将其置于中心位置。③ 土著人民不再仅仅是被"仁慈的国家"承认的弱势方;相反,他们是拥有权力的主体(他们曾受殖民统治,应当得到补偿)和政体的核心部分。

新玻利维亚宪法中还有几个条款也有助于强化这一观念。例如,在有关基本权利的部分,土著人民有权选择在国家签发的所有官方身份证明文件中拥有土著身份(土著人民所属群体的身份),④也有保持绝缘状态的权利。⑤ 本书有关文化的章节中提到了文化多样性是新型多民族社群主义国家建立的基础,⑥并介绍了一些与保护物质和非物质土著文化遗产有关

---

① 相关规定是:"第 5 条,1. 国家的官方语言为西班牙语,土著人民和原始农民国家的所有语言。which are aymara, araona, baure, bésiro, canichana, cavineño, cayubaba, chácobo, chimán, ese ejja, guaraní, guarasu'we, guarayu, itonama, leco, machajuyai-kallawaya, machineri, maropa, mojeño-trinitario, mojeño-ignaciano, moré, mosetén, movima, pacawara, puquina, quechua, sirionó, tacana, tapiete, toromona, uru-chipaya, weenhayek, yaminawa, yuki, yuracaré y zamuco. 2. 多民族政府和部门政府必须至少使用两种正式语言。其中一个必须是西班牙语,另一个将根据全体人民或有关领土的使用、便利、情况、需要和偏好作出决定。其他自治政府必须使用与其领土相对应的语言,其中一种必须是西班牙语。"

② 相关规定是:"第 8 条,1. 国家将下列道德原则作为多元社会的伦理道德原则:ama qhilla, ama llulla, ama suwa(do not be weak, do not be a liar nor be a thief), suma qamaña(good living), ñandereko(harmonious living), teko kavi(good life), ivi maraei(land with no evil) and qhapaj ñan(noble way of life). 2. 国家的价值观是团结、平等、包容、尊严、自由、互惠、尊重、互补、和谐、透明、平衡、机会平等、参与、共同福祉、责任、社会正义、产品分配和再分配中的社会和性别平等,以及社会福利,良好生活。"

③ López Bárcenas, 'Autonomías indígenas en América', 439(indicating this to be an important element for the construction of real indigenous autonomy).

④ 规定如下:"第 30 条,1. 一个农民原住民或民族是人类集体,享有共同的文化身份、语言、历史传统、制度、属地和世界观,其存在是在西班牙殖民侵略之前。2. 在国家统一的框架内,根据本宪法,农民原住民族和民族享有下列权利:……3. 每一成员的文化身份,如果她或他愿意的话,与玻利维亚公民身份一起登记在具有法律效力的身份证、护照或其他身份证件中。……"

⑤ 规定如下:"第 31 条,1. 对处于灭绝危险、自愿孤立、不接触的农民原始土著民族,在其个人和集体生活方式上予以保护和尊重。2. 与世隔绝、未经接触的土著民族和人民有权在这种情况下,依法划定和巩固其所占领和居住的领土。"

⑥ 规定如下:"第 98 条,1. 文化多样性是社群主义多元国家的重要基础。跨文化是所有民族和国家之间和谐、平衡的凝聚和共存的工具。跨文化将尊重差异,并将发生在平等的条件。2. 国家将坚定不移地保留农民原始土著文化的存在,及其知识、智慧、价值、精神和世界观。3. 国家的基本责任是发展、保护和扩散国家现有的文化。"

的条款。①

　　本书还有一个有趣的章节,关于"原始农民土著管辖权"。这一章概述了土著人民特有的平行司法管理制度,宣称只要这些司法制度尊重受到宪法保护的基本人权,那么它们就是有效的。② 这些平行制度的实施由几种情况引发,且均要求与土著或农民社区有"特殊联系"。③ 如果有必要,国家将保证这些制度判决的执行,还将颁布《管辖区划分法案》(Ley de Deslinde Jurisdiccional)以确定这种联系的特殊性。④

　　随着拉丁美洲和其他地方的宪法逐渐适应文化差异,它们也认识到了保护非物质文化遗产的重要性。从这个意义上说,2009 年《玻利维亚宪法》是一部非凡的文书,是第一个赋予非物质文化遗产宪法保护的法律之一(第101 条)。但大部分保护非物质文化遗产的法律仍然是低于宪法的法律。下面几节就将对低于宪法层面的回应展开讨论,首先从国内知识产权的措施开始。

---

　　① 有关规定如下:"第 99 条,1. 玻利维亚人民的文化遗产是不可剥夺的,不能对其施加任何法律负担。它所产生的经济资源将受到法规的管制,以优先处理其养护、保护和促进问题。2. 国家依法保障文化遗产的清查、保护、恢复、振兴、丰富、推广和传播。3. 根据法律,玻利维亚人民的自然、考古、古生物、历史和文献财富,以及来自宗教仪式和民间传说的财富,是玻利维亚人民的文化遗产。第 100 条,1. 它是农民原始土著民族和民族的遗产,包括世界观、神话、口述历史、舞蹈、文化习俗、传统知识和技术。这一遗产是国家表达和认同的一部分。2. 国家将通过知识产权登记保护知识和智慧,保护农民原土著民族和人民以及文化间和非裔玻利维亚社区的无形权利。第 101 条,民间艺术和产业的表现形式,在其非物质的组成部分,将受到国家的特殊保护。此外,这种保护将扩大到被宣布为人类文化遗产的地点和活动,包括物质或非物质的部分。第 102 条,国家将在法律规定的条件下,对艺术作品和作者、艺术家、作曲家、发明家和科学家发现的知识产权,包括个人和集体的知识产权进行登记和保护。"

　　② 相关规定如下:"第 190 条,1. 农民原土著民族和人民通过自己的职权行使管辖权和职权,适用自己的原则、文化价值观、规范和程序。2. 农民原有的土著管辖权尊重生命权、辩护权和本宪法规定的其他权利和保障。"

　　③ 相关规定如下:"第 191 条,Ⅰ. 农民原始土著管辖权是建立在一个或多个农民原始土著民族的成员之间的一种特殊纽带之上的。Ⅱ. 农民原有的土著管辖权将在以下个人、物质和领土范围内行使:1. 农民原籍土著民族或民族的成员,无论何时以索赔人或答辩人、申诉人、被告人或上诉人的身份出现,均受本管辖;2. 该管辖区将根据管辖区划分法的规定分析农民的原始土著问题;3. 这一管辖权适用于在农民原土著人民管辖范围内发生或产生影响的法律关系或事实。"

　　④ 有关规定如下:"第 192 条,Ⅰ. 所有公共当局或个人将遵守农民原土著管辖区的决定。Ⅱ. 为执行农民原土著管辖权的决定,其当局可请求国家主管机构的支持。Ⅲ. 国家促进和加强农民原住正义。《管辖区划分法案》应确定农民原土著管辖区、普通管辖区、农业环境管辖区和所有宪法承认的管辖区之间的协调与合作机制。"

第二节　知识产权回应

知识产权(IP)回应通常并不针对非物质文化遗产。有些国家并没有为非物质文化遗产制定专门的保护体系,而是将现有的知识产权制度用于保护传统文化表现形式和非物质文化遗产表现形式。

这些解决方案及其可行性/适用性将在第六章中进行详细分析。这里我们只需要知道,对于知识产权的使用还存在着一些异议,其中最突出的一个论点是,非物质文化遗产权利一般是社区权利,而知识产权包含个人权利。有些国家已经开始利用知识产权工具,尤其是澳大利亚和印度尼西亚。[①] 澳大利亚在此类解决方案的应用上处于领先水平,下面将进行详细介绍。

与其他利用知识产权解决方案保护非物质文化遗产的国家一样,澳大利亚也没有专门用于保护非物质文化遗产的法律。[②] 有关文化遗产的法律一般是联邦级或州级法律,而联邦级法律的效力通常大于州级法律。澳大利亚在利用知识产权处理非物质文化遗产方面经验卓著。自从马勃(Mabo)案成为先例后,[③]澳大利亚法院已经承认土著居民和海峡岛民享有澳大利亚法律规定的习惯权利。经过"地毯案",尽管澳大利亚法院认识到需要建立特殊制度来保护民间文学艺术,但它还是选择利用知识产权机制予以保护,例如商标、工业设计、原产地名称以及地毯案中的版权。

与大多数国家一样,在澳大利亚,遗产保护也是一个高度政治化的话题。这一点自然会对有关非物质文化遗产的立法造成障碍。这种政治化也许有助于解释利用知识产权机制保护非物质文化遗产的原因。知识产权法律框架是已有的,而且将其应用于传统社区制作的艺术品的难度不大。此

---

① PV Valsala G Kutty, National Experiences with the Protection of Expressions of Folklore/Traditional Cultural Expressions (WIPO, 2002) , pp. 31-32.

② See Stephen Harris, ' Cultural Heritage Protection in Australia—Legislation and Some Comments ' , Proceedings of the ICOMOS 13th General Assembly—Madrid, 2002: Strategies for the World's Cultural Heritage, Preservation in a Globalized World, Principles, Practices, Perspectives, available at < http://www. international. icomos. org/publications/ga_madrid. htm > (accessed 29 November 2012).

③ 马勃诉昆士兰案(1992 年)。关于此案的进一步资料,见 Keal, European Conquest and the Rights of Indigenous Peoples, p. 124.

外,更重要的是,它略微需要"技术性",因而属于"非政治性"法律领域。这在无意间对紧张冲突提出了要求,要么事先在其他领域进行协商,要么完全不予以考虑。[①]

知识产权法的应用并不完全符合土著人民对文化表现形式所有权的理解,但同时,土著人民也只将土著法作为案件"背景事实情况"的一部分,并没有将其作为澳大利亚法院会采用的法律体系。[②] 在有关非物质文化遗产的案件中,法院利用知识产权机制时几乎没有遇到什么问题。在任何此类案件中,知识产权机制都是拒绝裁决结果的首选应对方案。

因此,知识产权机制提供了现成的、以前可用的、免费的(至少在版权方面)框架。在这个框架中,非物质文化遗产问题能得到协商和解决(可论证)。从表面上看,这种解决方案的吸引力非常大。但是,如果考虑到在原始社区关系中非物质文化遗产的性质,那么这种类型的解决方案是有很大问题的。这里仅作简要说明,第六章会详细解释这一点。考虑到这些障碍,有几个国家已经着眼于不同的特殊解决方案,下面一节将进行详细介绍。

第三节　特殊制度

非物质文化遗产保护的特殊解决方案是针对特定群体的特殊需求而为其量身定制的解决方案。特殊解决方案在处理土著和少数民族群体的问题时,对他们的习惯法更为敏感,也仍然在尝试帮助其成为主流的法律形式。该模式的明显优势在于,至少在理论上,这些量身定制的解决方案能克服对利用知识产权机制的反对意见。同时,他们建立了一个对第三方产生普遍影响的框架。如果没有这个框架,第三方在盗用某一特定群体的非物质文化遗产时就没有任何法律上的阻碍。

---

① See generally Kathy Bowrey, ' Indigenous Culture, Knowledge and Intellectual Property: The Need for a New Category of Rights?', in Kathy Bowrey, Michael Handler, and Dianne Nicoll(eds), Emerging Challenges in Intellectual Property(Oxford University Press, 2011), pp. 46-67; and Kathy Bowrey, ' International Trade in Indigenous Cultural Heritage: An Australian Perspective ', in Christoph Beat Graber, Karolina Kuprecht, and Jessica Lai(eds), International Trade in Indigenous Cultural Heritage: Legal and Policy Issues (Edward Elgar, 2012), pp. 396-438.

② John Bulun Bulun v R & T Textiles Pty Ltd(1998)41 IPR 513.

　　然而,这种类型的解决方案可能相当昂贵,因为需要建立执行/监督机构,还需要进行确保将文化特性考虑在内的所有必要研究。成本是执行特殊制度的抑制因素之一。

　　有几个国家已经实施了这种制度,包括玻利维亚和巴拿马。玻利维亚就此问题制定的法律是该领域最早的几项法律之一(我们在第二章中讨论过,这些法律在成立联合国教科文组织之前发挥着先驱作用,所以这一点不足为奇)。1977 年法令对民间艺术、文学、音乐和舞蹈的使用作出规定。①该法令为其中有利于国家的部分建立了产权(工艺品除外)。我们可以将这些产权视作将这些遗产表现形式置于公共领域的手段,因为该法令没有制定有关支付任何类型使用费的规定。

　　该法令要求尊重并考虑到相关艺术所属社区出于商业和非商业目的的习惯法。该法令还规定,对这些艺术任何形式的使用都必须得到政府机构的授权。由于要尊重社区的习惯法,我们可以得出结论:社区授权也是使用其艺术的必要条件。

　　该法令专门为工艺品创建了一个登记系统,制作了一个真实性印章,还规定不印有该印章的工艺品禁止离开这个国家。该法令还规定这些工艺品有工业设计权,尽管权限时间较短(更新周期为五年,与更新周期为十年的国际法不同)。

　　该法令还设立了一个保护民间文学艺术并促进其发展的委员会(Comité para la Conservación, Protección y Difusión del Folklore)。该委员会负责组织旨在提高对民间文学艺术认识的活动和节日。非常有趣的是,该委员会还负责寻找与邻国艺术社团的联系,以防止玻利维亚的民间歌曲在邻国被注册版权。

　　因此,该法律将对非物质文化遗产表现形式的控制权交给了社区,并给予社区政府帮助,来确保社区在授权方面不被欺骗和忽视。这种双层保障体系似乎非常有效。然而,该法令通常无法使社区通过开发其艺术而获得最终经济利益。下面,我们将试图用巴拿马的案例解决这个问题。

　　巴拿马有一项非常复杂的法律。这项法律为保护非物质文化遗产制定了一种特殊制度。巴拿马制定了"有关土著社区集体权利的特殊知识产权

---

　　① Bolivia, ' Decreto Supremo No 12626 del 9 de junio de 1977—Normas sobre Patrimonio Etnográfico, Música Folklórica, Danzas Folklóricas, Literatura Folklórica y Arte Popular ', UNESCO, Database of National Cultural Heritage Laws.

制度的法律,以保护文化身份和传统知识"。① 在执行法令的支持下,②巴拿马实施土著社区习惯法。这些社区通过社区大会或传统土著当局表达它们对管理自己遗产的看法。根据法律,社区大会和传统土著当局是民间文学艺术权利的所有者。③ 这反映了一个有关文化遗产的观念,即人际关系高于经济权利。④

该法律为土著人民的知识和艺术创作创造了独有的、集体的和永久的权利。该法律的制定受到了"莫拉"(Mola)的启发。莫拉工艺是来自巴拿马库纳土著社区的一种特殊工艺。⑤ 有人认为第20号法律是巴拿马制度特有的产物,因为它虽然保护了土著人民的利益,却没有考虑到其他弱势的传统社区的利益,更不用说国家社会的利益。⑥ 然而,正如我们在讨论拉丁美洲宪政主义时所谈到的,这一特征并非巴拿马独有,而是拉丁美洲法律制度的共同特征,是为了弥补过去土著人民受到的不公正待遇,制定保护制度将所有文化差异(以及保护它所需要的特殊法律措施)归入土著性及其保护中。因此,宪法基本忽视了其他的传统社区,例如农民(campesino)社区。

土著斗争存在于整个拉丁美洲。对农民社区的忽视在一定程度上可归因于巴拿马土著斗争的另一个特征,一方面,土著社区之间有政治冲突;另一方面,农民社区和其他传统社区之间有政治冲突。事实上,在斗争中,这两个群体是土地的争夺者。这意味着它们在所有其他政治问题上都有分歧,包括艺术作品的保护。这种冲突导致了立法机构内部存在分歧。支持其中一方和另一方的立法者往往无法达成共识并采取协调统一的行动。⑦

第20号法律的颁布是一系列旨在保护"莫拉"立法行为的高潮。"莫拉"是一种纺织工艺,用不起眼的线将几何图案的布块缝在一起,营造出美丽而令人印象深刻的视觉效果。库纳女性参与日常活动时所穿的衬衫正面

---

① Law No 20 of 26 June 2000. A complete translation is available in the article by Irma De Obaldia, 'Western Intellectual Property and Indigenous Cultures:The Case of the Panamanian Indigenous Intellectual Property Law',BU Intl LJ 23(2005),pp. 337-394 at pp. 390-394.

② Executive Decree No 12 of 20 March 2001.

③ WIPO,Comparative Summary of Sui Generis Legislation for the Protection of Traditional Cultural Expressions,WIPO/GRTKF/IC/5/INF/3,Annex,p. 5.

④ See generally,for all,Silke von Lewinski,'The Protection of Folklore',Cardozo J Intl & Comp L 11(2003),pp. 747-768 at pp. 765-766. p. 747.

⑤ Obaldia,'Western Intellectual Property and Indigenous Cultures',pp. 338-339.

⑥ Obaldia,'Western Intellectual Property and Indigenous Cultures',p. 341.

⑦ Obaldia,'Western Intellectual Property and Indigenous Cultures',pp. 361-362.

就缝满了"莫拉"布块。这里值得注意的是,只有女性参与"莫拉"的制作。在这项工艺背后的神话中,男性阻止女性掌握和控制这项工艺。[1] 所以说,这项工艺的性别因素十分明显。利用第20号法律对莫拉工艺进行保护时会出现失衡情况。对此,这种性别因素负有部分责任。

第20号法律建立了类似于知识产权的注册和保护制度,但两者本质上并不相同。首先,该制度规定社区对其创作拥有集体权利。而且在政府和第三方面前代表这些利益时,土著社区可以用习惯法来决定代理问题。根据这项法律,任何非物质文化遗产的表现形式都可以注册。

这项法律的主要目标是保护土著社区的集体权利和知识产权,通过这些权利产品的商业化促进经济发展。通过这些目标的推进,巴拿马法律摆脱了传统的知识产权政策目标(即保护为社会带来利益以及为个人艺术家带来回报的创造);相反,巴拿马法律促进特定社会群体的发展。[2] 法律保护的主体仅限于具有商业潜力的遗产表现形式这个事实也进一步巩固了促进发展这个目标。[3]

在政府面前,注册遗产表现形式与注册任何其他知识产权的方式相同。但只有大会或传统土著当局才能进行注册,并且注册仅适用于集体权利。这意味着传统土著当局最终将控制社区的权利。[4] 这些权利是受到保障的,因为法律还赋予了社区针对非土著人民的权利,以避免第三方盗用。[5] 社区也负责执行权利,这是另一个与普通知识产权法律不同的地方。在普通知识产权法律中,负责处理侵权事件的一般是国家,而非权利所有人。[6] 这种执法机制一部分是通过工艺品真实性的证明标志倡议创建的。[7] 遗产表现形式的注册过程并不需要律师参与,目的是为使权利更易获取。[8]

该制度所规定的权利也例外地适用于教育用途和民间舞蹈团体。后者只要表演者中有土著成员或已取得相关土著团体的授权,便享有这些权利。此外,该法律允许采用许可证制度。对于第20号法律生效前在国家工艺总

---

① Obaldia, 'Western Intellectual Property and Indigenous Cultures', pp. 356-359.

② Obaldia, 'Western Intellectual Property and Indigenous Cultures', p. 365.

③ Obaldia, 'Western Intellectual Property and Indigenous Cultures', pp. 367-368.

④ Obaldia, 'Western Intellectual Property and Indigenous Cultures', p. 366.

⑤ Obaldia, 'Western Intellectual Property and Indigenous Cultures', pp. 367-368.

⑥ Obaldia, 'Western Intellectual Property and Indigenous Cultures', p. 369.

⑦ Obaldia, 'Western Intellectual Property and Indigenous Cultures', p. 371.

⑧ Obaldia, 'Western Intellectual Property and Indigenous Cultures', p. 366.

局注册为工匠的非土著工匠来说,如果要制作与土著工艺品类似的作品,他们必须取得许可证。①

第 20 号法律的实施比最初的想象更为艰难,遇到的障碍更多。在撰写本书时,似乎只有一种遗产表现形式根据该法律得以注册,即该法律制定的动力——"莫拉"。所以,这项法律所能涵盖的范围实际上可以说非常有限。

即便在"莫拉"的个案中,包含性别维度的集体权利方面也存在许多问题。如前所述,"莫拉"是一种专门由女性制作的工艺品,而且根据其背后的神话,男性最初是反对发展该工艺的。然而,根据第 20 号法律,莫拉工艺开发的权利是由传统土著当局进行管理的,而根据库纳土著习惯法,传统土著当局是由男性主导的。所以,虽然女性是"莫拉"的制作者,但她们的想法最终遭到了忽视。这导致了尴尬的结果,库纳女性的个人权利与部落对莫拉所拥有的集体权利之间发生了冲突。一些库纳女性违反土著当局的决定,开始教非库纳人学这种工艺。她们以较低的价格在邻国哥斯达黎加出售自己生产的莫拉,并没有遵守土著当局规定的程序。这个程序的目的包括控制产品质量,更重要的是控制"莫拉"的数量。最终,库纳女性和库纳大会主席之间召开了一次会议。会议似乎对这种情况作出了处理,并且双方就集体权利达成了妥协。②

上面也提到过,关于"莫拉"的另一个问题是,第 20 号法律似乎没有考虑到巴拿马社会中其他群体的利益。③ 这为库纳工艺创建了一个提供超级保护的避难所,阻止了思想的流动和艺术的传播,使其无法成为社会共同知识库的一部分。考虑到"莫拉"制作中采用的技术是受法国贴花技术启发的,库纳人随后用"莫拉"来代替或将莫拉添加入其身体绘画传统,④那么库纳社区以其创造出该工艺为理由提出的索要专属所有权的主张不一定成立。保护他们对该技术的专用权意味着将遗产视为孤立的,这公然挑战了文化流动的观念。此外,如果要将第 20 号法律用于其他形式的艺术,长期内可能导致巴拿马土著文化僵化,阻止这种文化及其技术和艺术的发展。

---

① Obaldia, 'Western Intellectual Property and Indigenous Cultures', p. 369.
② Obaldia, 'Western Intellectual Property and Indigenous Cultures', pp. 371-374.
③ Obaldia, 'Western Intellectual Property and Indigenous Cultures', p. 375.
④ Obaldia, 'Western Intellectual Property and Indigenous Cultures', p. 357.

巴拿马的经验和特殊制度的引入通常来看是非常有希望的,但仍不是对保护非物质文化遗产的充分回应。首先,必须更有效地考虑到更大的社会主张,避免文化的产权化有利于某一特定群体而损害整个社会。其次,即使是受益的社区内,当有关代理的习惯法与实际从事艺术创作的社区民众之间发生利益冲突时,还可能出现许多问题(更不用说由规范"莫拉"跨境贸易的需要而衍生出的问题,这似乎超出了巴拿马法律的权限范围)。第七章将更详细地讨论这些问题。巴拿马的经验是对这些问题的重要性和实际意义的一个重要提醒。

除了我们已经讨论过的两种"合法"保护形式外,许多国家选择通过更温和、更灵活的政策方案来解决非物质文化遗产的保护问题。有些国家的举措响应了覆盖范围有限的教科文组织《保护非物质文化遗产公约》。接下来,我们来看看其中的一些举措如何在实践中发挥作用。

第四节 政策层面的回应

在保护非物质文化遗产方面,有些国家主要采取政策层面的措施,出于以下几个原因。一个原因是,避免在为非物质文化遗产创造产权时遇到困难。如前面几节所述(第六章和第七章中会进行详细讨论),这可能是一个非常复杂的过程,因为要在众多利益相关者之间进行调解。

另一个原因可能是,通过避免"法律"保护,任何企图阻止保护的行为所产生的政治化和两极化程度要降到最低。这一策略是上述调解通常产生效果的一部分,也是一种自身的调解,尤其是在涉及身份的政治权力时。[①] 政策解决方案可以是持续多年的,也可以是短期的(也就是说,一开始的解决方案可能是非政治的,人们习惯了这个方案后,国家如果采取更强有力的保护措施,便不会受到太大的争议)。

最后,各国还可以选择不仅仅基于对其他遗产价值的偏好来提供更强有力的法律制度。国家可以选择依法将非物质文化遗产视为另一个文化领

---

① On the political power of identity and the protection of the ways of life of crofters in Scotland as an ICH concern, see Cynthia A Lohman, 'Crofting: Securing the Future of the Scottish Highlands through Legislative Challenge and Cultural Legacy', Transnational L & Contemporary Problems 16(2007), pp. 663-704.

域,而不是保护可能因遗产表现形式而产生的经济利益。在这种情况下,国家的主要利益不在于社会某些群体创造权利和提出遗产主张,而只是为了确保每个人都能分享这一遗产。通过这种方式,遗产自动成为共享资源。为了实现这一理想,各国花大力气进行教育、宣传以及提高认识。

这些策略在很大程度上符合 2003 年教科文组织《保护非物质文化遗产公约》的原则(第二章中详细分析过)。许多最近通过立法保护非物质文化遗产的国家在成为该文书的缔约方时采取的正是这些策略。

罗马尼亚是立法响应 2003 年联合国教科文组织《保护非物质文化遗产公约》的例子之一。罗马尼亚于 2007 年 1 月通过了《关于保护非物质文化遗产》的法律。① 该法令中“非物质文化遗产”的定义与《保护非物质文化遗产公约》中的定义非常相似。它规定,保护措施应旨在保护此类遗产以及促进其发展。此外,它还对文化和宗教事务部有关非物质文化遗产保护的若干义务作出了规定。

有趣的是,该法令在很大程度上将公司实体排除在保护范围之外。它规定工艺领域的保护权利仅适用于自然人或家族企业(只能将第三方作为学徒雇用)。它还制作了一个“独特的传统标志”,印于符合法律要求的产品上,作为通过开发非物质文化遗产促进经济发展的一种手段。该标志的使用由文化和宗教事务部授权。这个部门还将对各个区域的民族标志进行盘点。

该法令最终为非物质文化遗产创建了档案和清单,还建立了国家保护非物质文化遗产委员会。对于未经授权使用独特标志的人,无论是自然人还是法人,都将受到刑事处罚和罚款。

这项罗马尼亚法令制订了各种旨在保护非物质文化遗产的政策方案。其他国家,尤其是亚洲国家,也根据具体物质条件采取了此类举措。

一、老挝

老挝的非物质文化遗产保护有一个特征,人们对于保护对象的认知仍然比较松散。这种定义的缺乏实际上是老挝人类地理学中一个更大的系统性问题的一部分。无论是政府,还是任何国际或非政府机构都没有一份完

---

① Romania, 'Ordinance No 19 of 31 January 2007 on the immaterial cultural heritage protection', UNESCO Database of National Cultural Heritage Laws.

整的老挝民族志地图。①

　　还有一个重要因素,老挝的发展依赖于国外援助和国外旅游业。这两股力量能在大体上塑造文化。有人认为这在老挝是一个致命的问题,因为这两股力量公开而深刻地修改了老挝的传统,以迎合外国游客的喜好。② 然而,不止一位评论员认为,老挝的少数民族文化仍然在自发地繁荣发展,因此必须受到保护。③

　　老挝的核心关注点之一是少数民族语言的保护。根据(不完整的)政府数据,老挝有 47 种语言。④ 老挝在编目这些语言及其体现的文化方面积极地付出了一些努力,但仍有很长的路要走。⑤ 老挝宪法明确规定,"对不同民族施行团结与平等政策"。⑥ 1983 年,政府成立了老挝文化研究所,作为信息和文化部的一部分。⑦

　　另一个关注点是纺织品的保护。纺织品被认为是老挝非物质文化遗产表现形式中的精髓。老挝文化甚至被称为"织物文化"。在老挝,纺织品代表了各个文化群体,讲述从世俗到脱俗的故事,从而为理解不同社会制度提供了工具。⑧ 在对不同群体使用的不同面料和图案进行编目以及赋予其超

---

① Gábor Vargyas, 'The Bru: A Minority Straddling Laos and Viet Nam', in Yves Goudineau(ed), Laos and Ethnic Minority Cultures: Promoting Heritage(UNESCO Publishing,2003), pp. 159-162 at p. 161; Jacques Lemoine, 'Creating an Ethnographical Data Bank in the Lao PDR', in Yves Goudineau(ed), Laos and Ethnic Minority Cultures: Promoting Heritage(UNESCO Publishing,2003), pp. 275-282; and Thongphet Kingsada, 'Some Vulnerable Languages in the Lao PDR', in Yves Goudineau(ed), Laos and Ethnic Minority Cultures: Promoting Heritage(UNESCO Publishing,2003), pp. 43-44.

② Georges Condominas, 'Safeguarding and Promoting the Intangible Cultural Heritage of Lao Minority Groups', in Yves Goudineau(ed), Laos and Ethnic Minority Cultures: Promoting Heritage(UNESCO Publishing,2003), p. 21.

③ Yves Goudineau, 'Managing the Intangible Cultural Heritage', in Yves Goudineau(ed), Laos and Ethnic Minority Cultures: Promoting Heritage(UNESCO Publishing,2003), p. 33.

④ See a map of these groups and languages in Yves Goudineau(ed), Laos and Ethnic Minority Cultures: Promoting Heritage(UNESCO Publishing 2003), pp. 14-15.

⑤ See eg Phéng Lasoukanh, 'Overview of the Ko Ethnic Group', in Yves Goudineau(ed), Laos and Ethnic Minority Cultures: Promoting Heritage(UNESCO Publishing,2003), pp. 181-184.

⑥ This quote from the first chapter of the Lao PDR Constitution can be found in Houmphan Rattanavong, 'A Multi-Ethnic Culture', in Yves Goudineau(ed), Laos and Ethnic Minority Cultures: Promoting Heritage(UNESCO Publishing,2003), p. 28.

⑦ Rattanavong, 'A Multi-Ethnic Culture', p. 29.

⑧ H Leedom Lefferts Jr, 'Textiles for the Preservation of the Lao Intangible Cultural Heritage', in Yves Goudineau(ed), Laos and Ethnic Minority Cultures: Promoting Heritage(UNESCO Publishing,2003), p. 90.

出服装本身的社会意义和背景方面,老挝已经付出了相当多的努力。① 受到同等程度保护的还有建筑、②音乐和乐器,③尽管它们在老挝文化中不那么重要。

老挝少数民族文化的编目工作仍在进行中,并且在很大程度上依赖于外国援助。④ 政府也在朝这个方向努力,协调国际行动。⑤ 因此,老挝的案例发挥重要的提醒作用,告诉人们非物质文化遗产政策不仅有助于达成非物质文化遗产保护目标,还有助于通过获取有关国家的人类地理知识构建国家的基础。

二、越南

越南虽然是老挝的邻国,面临着许多与老挝相同的问题,但两者在制定非物质文化遗产保护框架方面却有着不同的经验。例如,越南有专门用于保护非物质文化遗产的法律。2001 年,越南国会通过了《文化遗产法》。该法律有一整章关于非物质文化遗产的内容。这一章规定,国家应该通过政策来鼓励文学、艺术、口头传统和民间文学艺术作品的收集、汇编和保存,并

① See for instance Lytou Bouapao,'Traditional Hmong Weaving and Embroidery', in Yves Goudineau(ed), Laos and Ethnic Minority Cultures: Promoting Heritage(UNESCO Publishing, 2003), pp. 119-127.

② Sophie Clément and Pierre Clément,'Architecture as an Expression of Minority Culture', in Yves Goudineau(ed), Laos and Ethnic Minority Cultures: Promoting Heritage(UNESCO Publishing, 2003), p. 138 (认为建筑通过其美学和功能特征,是非物质遗产的一种典型表现形式)。

③ Bouthèng Souksavat,'The Tunglung: An Alak Musical Instrument', in Yves Goudineau(ed), Laos and Ethnic Minority Cultures: Promoting Heritage(UNESCO Publishing, 2003), pp. 133-136; and Suksavang Simana and Elisabeth Preisig,'"Kmhumu" Music and Musical Instruments', in Yves Goudineau(ed), Laos and Ethnic Minority Cultures: Promoting Heritage(UNESCO Publishing, 2003), pp. 123-132.

④ Bouabane Vorakhoun,'Survey of Preservation and Promotion of Minority Cultures in the Lao PDR', in Yves Goudineau(ed), Laos and Ethnic Minority Cultures: Promoting Heritage(UNESCO Publishing, 2003), p. 249; and Yoshikuni Yanagi,'Research on Textile Traditions', in Yves Goudineau(ed), Laos and Ethnic Minority Cultures: Promoting Heritage(UNESCO Publishing, 2003), pp. 261-264.

⑤ Lemoine,'Creating an Ethnographical Data Bank'. For a view from a governmental officialsummarizing governmental efforts, see Siho Bannavong,'The Lao Front for National Construction and Minority Cultural Heritage', in Yves Goudineau (ed), Laos and Ethnic Minority Cultures: Promoting Heritage(UNESCO Publishing, 2003), pp. 255-261; and Kamtay Siphandone,'5th Party Congress—Directive on Cultural Activities in the New Era: Ninth Meeting of the Administrative Commission of the Party Central Committee', in Yves Goudineau(ed), Laos and Ethnic Minority Cultures: Promoting Heritage(UNESCO Publishing, 2003), p. 290(把非物质文化遗产称为"国家安全的基础")。

通过在国内和国际文化交流中传播。①

　　该法律的实施法令通过确定保护非物质文化遗产的手段强化国家政策的导向要求。保护手段包括盘点全国范围内的非物质文化遗产、举行提高公众认识的活动、鼓励后辈传承工艺、支持归档行动等。此外,该法律规定必须以可持续的方式保护非物质文化遗产,还为此制定了一个类似于日本保护非物质和口头遗产的"活宝藏倡议"计划②,这在上文比较罗马尼亚举措时讨论过。

　　在越南,文化和信息部负责推广保护非物质文化遗产的行动,审查相关法律的实施情况,解决《文化遗产法》实施中的任何争端。文化和信息部下属的几个机构合作保护非物质文化遗产,包括一个特定的非物质文化遗产委员会、音乐学研究所以及文化和信息研究所。后两个机构已经合作建立起了一个非物质文化遗产数据库。③

　　目前,越南在保护非物质文化遗产方面面临的一个主要挑战也是国家对非物质文化遗产的定义。和老挝一样,越南的文化多样性也十分显著,越南大约有 54 种语言和众多民族。④ 还有一点也和老挝一样,越南的旅游业规模庞大,占该国 GDP 的很大一部分。因此,旅游业所发挥的力量相当大。为了更好地迎合游客的口味,旅游业甚至改变了越南传统文化和少数民族文化的表现形式。这得益于越南的现代化以及外部的文化流动。这种流动也大大改变了该国的非物质文化遗产。例如,越南传统音乐进行了改良,为了适应能在世界上大多数管弦乐队中找到乐器,也是为了获得更广泛的观众。如今越南传统音乐的教学就是用改良后的乐器进行的。随着时间推移,年青的一代只能接触到非物质文化遗产的"现代化"版本,或者说改良版本。⑤一些评论家表示,这种演变是经济发展带来的不良后果。而其他人则认为,捍卫少数民族文化的最佳方式正是让这些少数民族向现代世界开放并接受

---

① Nguyen Kim Dung, Intangible Cultural Heritage Safeguarding System in Vietnam, available at < http://www. unesco. org/culture/ich/doc/src/00174-EN. pdf > (accessed 29 November 2012).

② Dung, Intangible Cultural Heritage.

③ Dung, Intangible Cultural Heritage.

④ Dang Nghiêm, Van, 'Preservation and Development of the Cultural Heritage', in Oscar Salemink (ed), Viet Nam's Cultural Diversity: Approaches to Preservation(UNESCO Publishing, 2001), pp. 34-35.

⑤ See in this sense Tô Ngoc Thanh, 'Protecting the Intangible Cultural Heritage of Minority Groups in Viet Nam', in Yves Goudineau(ed), Laos and Ethnic Minority Cultures: Promoting Heritage(UNESCO Publishing, 2003), p. 220. 他用一个特别有趣的比喻来解释这个过程。用作者的话来说:"……用一个比喻:传统文化的整体是一团很多吨重的金子。我们从质量上取几公斤,做成一个西方设计的戒指。我们把这些戒指送给年青的一代,说它们构成了整个民族的文化传统。年青的一代对这块巨大的黄金一无所知,因为它将深深地沉入过去,甚至被年青的一代误认为它只是一块普通粘土而毁掉。"

改革,同时保留其文化的基本价值。[①] 就这一点来说,巴厘岛的经验很有意思。在巴厘岛,为了迎合游客的口味,传统舞蹈形式得到改编,逐渐进入寺庙和巴厘人的主流文化生活。这使濒临消亡的传统文化重新焕发活力。[②] 所以,我们不能忽略重新包装和经济激励对保护现存文化的重要性和积极作用。

越南目前正在努力对其文化进行编目,并且正致力于编写史诗[③]、舞蹈[④]、音乐[⑤]等遗产表现形式。然而,参与盘点的人注意到这种方法是被动的,因为它只允许遗产以"文本"的形式存在。[⑥] 越南需要采取协调一致的行动来促进构成非物质文化遗产的文化习俗的延续。事实上,越南已经采取了这种行动。这些举措大部分集中在对后辈进行有关少数民族语言的教育上。[⑦] 其他举措也已付诸实施,例如提高认识(甚至是将非物质文化遗产印在邮票上)等。[⑧]

越南和老挝的例子告诉我们,政策倡议,即使缺乏法律上的"咬合"约束,也可以非常有效地保护非物质文化遗产,甚至还能实现其他更大的目标,例如促进多民族国家的稳定,甚至有助于吸引外国援助,帮助资源贫乏

[①]　Van,'Preservation and Development',p. 57.

[②]　Grant Evans,'Tourism and Minorities',in Oscar Salemink(ed),Viet Nam's Cultural Diversity: Approaches to Preservation(UNESCO Publishing,2001),pp. 277-280 at p. 279.

[③]　Phang Dang Nhât,'The Timeless Epics of the Ethnic Minorities of Viet Nam',in Oscar Salemink (ed),Viet Nam's Cultural Diversity:Approaches to Preservation(UNESCO Publishing,2001),pp. 85-104.

[④]　Osamu Yamaguti,'Harmony in Cultural Projects:Revitalization of the Music and Dance of the Vietnamese Minorities',in Oscar Salemink(ed),Viet Nam's Cultural Diversity: Approaches to Preservation (UNESCO Publishing,2001),pp. 229-232.

[⑤]　Trân Van Khê,'Safeguarding and Promoting the Traditional Musical Heritage of Minority Groups in Viet Nam',in Oscar Salemink(ed),Viet Nam's Cultural Diversity: Approaches to Preservation(UNESCO Publishing,2001),pp. 105-110.

[⑥]　Tô Ngoc Thanh,'The Intangible Culture of the Vietnamese Minorities:Questions and Answers',in Oscar Salemink(ed),Viet Nam's Cultural Diversity: Approaches to Preservation(UNESCO Publishing, 2001),p. 123.

[⑦]　Oscar Salemink,'Who Decides Who Preserves What? Cultural Preservation and Cultural Representation',in Oscar Salemink(ed),Viet Nam's Cultural Diversity: Approaches to Preservation(UNESCO Publishing,2001),pp. 210-212;and Gábor Vargyas,'Intangible Culture of the Bru:Preservation,Promotion and Reassertion of Values',in Oscar Salemink(ed),Viet Nam's Cultural Diversity:Approaches to Preservation(UNESCO Publishing,2001),pp. 203-204.

[⑧]　William Dessaint,'Intangible Cultural Heritage:Tibeto-Burmese Peoples and Minority Groups in Viet Nam',in Oscar Salemink(ed),Viet Nam's Cultural Diversity: Approaches to Preservation(UNESCO Publishing,2001),pp. 252-253.

的国家完成民族志地图的绘制。不同的目标可以通过采取不同类型的行动来达成,其中包括采用多种策略方式。下一节中将分析这方面的一些例子。

第五节　零散式/多元式/非特定式回应

这一组国家非常多元化。其中一例是南非,南非没有专门用于保护非物质文化遗产的法律。然而,非物质因素渗透于该国所有文化遗产法律的应用中,尤其是在以某种方式对该国种族隔离记忆产生影响的项目中。所有建筑发展的案例都会对其产生影响,因此必须考虑到,在非物质性本身充满矛盾或冲突的理解之间存在着微妙平衡:对社会某些群体而言象征恬静生活方式的事物,对另一些群体而言或许是压迫和苦难的象征。因此,在一个新兴国家,无形价值的保护在各个层面上都存在很大问题。[1]

另一个有趣的例子是爱尔兰,它将保护景观的环境法作为解决非物质文化遗产问题的手段。[2] 有些国家混合使用知识产权工具和特殊制度;有些国家至今尚未制定具体的框架,而是依赖于可间接用于保护非物质文化遗产的多种不同类型的法律;还有些国家目前正在起草专门的法律,并试图选择一条道路。巴西就属于最后一类。

一、巴西

直到近日,巴西就非物质文化遗产保护采取的法律措施还屈指可数。[3]巴西是一个极其多元化的大国,幅员辽阔,每个地区都拥有非常独特的遗产。1988 年的巴西联邦宪法仅在第 215 条和第 216 条中宣布了保护文化遗

---

① For the South African experience, especially with regard to development and housing projects, see Karel Anthonie Bakker, 'Preserving Intangible Heritage Resources: Examples from South Africa', Proceedings of the ICOMOS 14th General Assembly and Scientific Symposium: Place, Memory, Meaning: Preserving Intangible Values in Monuments and Sites, available at < http://www. international. icomos. org/victoriafalls2003/papers. htm > (accessed 29 November 2012).

② Joseph C Pettygrove, 'Canyons, Castles and Controversies: A Comparison of Preservation Laws in the United States and Ireland', Regent J Intl L 4(2006), pp. 47-99.

③ 巴西司法部门也多次避免处理这一问题,见南里奥格兰德州上诉法院最近的一个案件(民事上诉编号 70001422948)。在这起案件中,一名珠宝设计师起诉一家珠宝公司盗用了她基于本土民间传说的设计。在任何时候都没有提到土著人民在使用其非物质遗产方面的利益,尽管设计师不是土著人。本案可在法院网站上查阅,网址为 < http://www. tjrs. jus. br > (2013 年 1 月 22 日查阅)。

产和文化的必要性。第 216 条同时包含了（就巴西文化遗产而言）物质和非物质要素。① 这意味着，对上面分析的拉丁美洲宪法全景来说，巴西是一个很好的补充。

在保护非物质文化遗产方面，民间团体的工作进行得有条不紊。1951年，第一届巴西民间文学研讨会期间，民间团体编写了巴西民间文学宪章。② 从那以后，民间团体在该国非物质文化遗产保护的发展中一直发挥着积极的作用，即持续参与相关联邦法律的执行。③

2000 年，巴西通过了一项制定巴西非物质文化遗产名录的法令。④ 这项联邦法令复制了当时已有的建筑遗产的名录制度（tombamento）。该法令旨在保护知识、庆典、节日、艺术表现形式和文化空间。每一类别都有一本单独的名录，用于登记受到认可的非物质文化遗产表现形式。管理当局还保留了为可能出现的新类别创建新名录的权利。⑤

将遗产列入这些名录需要经过一个特定程序，由文化部长、与文化部有关联的机构、国家级和市级文化部门或民间社会团体提出申请。⑥ 值得一提的是，民间团体可以直接提出申请。尽管这项法令是在 2003 年联合国教科文组织的《保护非物质文化遗产公约》之前实施的，但它与国际倡议相比，似乎更为先进。

申请提出后，国家历史和艺术遗产研究所将在 30 天内就是否应该登记

---

① 本文正文如下："第 216 条。巴西文化遗产包括物质性和非物质性资产，分别或作为一个整体，这些资产涉及构成巴西社会的各个群体的身份、行动和记忆，其中包括：I 表现形式；II 创造、制造和生活方式；III 科学、艺术和技术创造；IV 用于艺术和文化表现的作品、物品、文件、建筑物和其他空间；V 城市综合体和具有历史、自然、艺术、考古、古生物、生态和科学价值的遗址。政府应与社区合作，通过清点、登记、警戒、纪念碑保护法令、征用和其他形式的预防和保护，促进和保护巴西文化遗产。政府有责任依法管理政府文件的保管工作，并将其提供给可能需要咨询的任何人。法律应制定鼓励文化资产和价值观的生产和知识。破坏和威胁文化遗产的，依法处罚。所有带有对古代逃亡奴隶社区的历史回忆的文件和遗址都作为国家遗产受到保护。各州和联邦区可将其净税收程序的百分之五分配给州培养文化基金，但禁止使用这些基金支付：I 工资和社会税费用；II 债务利息；III 与所支持的投资或活动没有直接联系的任何其他当期费用。"See also Rodrigo Vieira Costa, A Dimensão Constitucional do Patrimônio Cultural: O Tombamento e o Registro Sob a ótica dos Direitos Culturais(Lumen Juris, 2011).

② 第十四届研讨会已于 2004 年 10 月在巴西中部举行，每年都会就非物质文化遗产政策提出建议，并在一定程度上独立于政府的行动予以执行。

③ See Cristina Leme Lopes, ' La Protection Juridique du Patrimoine Culturel Immatériel: Le Cas Brésilien ', Mémoire presented for a Master's Degree at the Universities of Paris I and II(2008), p. 72.

④ 2000 年 8 月 4 日第 3.551 号法令。

⑤ Carlos Frederico Marés de Souza Filho, Bens Culturais e sua Proteção Jurídica(2008), pp. 80-81.

⑥ Souza Filho, Bens Culturais, p. 81.

该遗产表现形式给出意见。遗产被列入其中一本名录后,更新周期为 10 年,为了确保名录中的非物质文化遗产表现形式是活文化的一部分。有趣的是,该法令并未要求以任何形式记录或固定非物质文化遗产表现形式,只需要对其实践及其文化和社会背景的描述。① 截至 2008 年,这些名录中已经登记了 14 种遗产表现形式,还有 15 种正在等待批准。②

1997 年,巴西地方政府开始研究非物质文化遗产及其保护的可能性。③ 巴西是一个联邦国家,因此在文化事务中采用了权力下放原则。④ 这种进步的做法非常受欢迎。2000 年,联邦法令 3.551 通过后,一些国家纷纷效仿,并就此问题颁布了自己的法律。⑤

除了上文提到的名录机制以外,巴西还在寻求一些其他替代方案。其中之一是通过知识产权机制为非物质文化遗产提供保护。然而,巴西知识产权法并没有考虑到这个问题,而是将"民族和传统知识"排除在适用范围之外。⑥ 但目前,巴西正在考虑一项法案(或称立法草案),可能会改变这种情况。

该法案于 2007 年提出,将版权法保护的范围延伸到非物质文化遗产以及从事此类传统活动的团体和社区。值得一提的进展是,该法案试图创建群体知识产权。⑦ 该法案强化了名录系统,创建了由社区自己管理的知识产权制度,而且这些制度不受知识产权常有的时效制约。该法案试图调解群体权利与个人权利之间的冲突,仍然保证对掌握社区传统知识并拥有创新作品的个人权利保护。该法案保证了社区的道德权利,并规定社区通过版税得到的任何款项应用于投资社区本身,尤其是用于旨在保护社区非物质文化遗产的项目。本文撰写期间,该法案正在等待公开听证。听证会过后将提交立法委员会进行表决。

然而,这绝不是本文撰写期间巴西有待通过的保护非物质文化遗产的

---

① Souza Filho,Bens Culturais,pp. 81-82.

② See Lopes,'La Protection Juridique',p. 77.

③ Souza Filho,Bens Culturais,pp. 52-53.

④ Souza Filho,Bens Culturais,pp. 107-111.

⑤ Souza Filho,Bens Culturais,p. 53. 在教科文组织的协助下,编写了国家一级立法汇编。See Maria Laura Viveiros de Castro Cavalcanti and Maria Cecilia Londres Fonseca,Patrimônio Imaterial no Brasil:Legislação e Políticas Estaduais(UNESCO Publishing,2008).

⑥ Federal Law No 9. 610,of 1998,Article 45,II. See also Sherylle Mills,'Indigenous Music and the Law:An Analysis of National and International Legislation',Ybk for Traditional Music(1996),pp. 72-74.

⑦ 2007 年 3 月 21 日第 518 号法案,见 < http://www2. camara. gov. br/agencia/noticias/125093. html > (2012 年 11 月 29 日查阅)。For a commentary on this bill,see Lopes,'La Protection Juridique',pp. 94-97.

唯一法案。相反,有大量相关法案正在磋商之中。其中一项法案就是上文讨论巴西保护土著权利的举措时提到的印第安人权利法案。该法案包含保护土著社区非物质文化遗产的条款。

另一项法案将文化激励法令(根据起草者的名字命名为《雷鲁奈法令》)的适用范围从高雅文化项目扩大到传统地区音乐的项目。[1] 如果能成为法律,那么该法案或许能大大提高传统音乐的知名度,洗去区域和传统音乐被视为"二等艺术""低级文化"的污名。

还有一项旨在建立"文化保护单位"的法案。这些"文化保护单位"对于那些参与了"民族文明进程"并因此有权对其祖先生活的领域采取保护措施的人们来说,大致相当于对其非物质文化遗产保护至关重要的"文化保护区"。随着这些"文化保护区"的建立,该法案的注释表示对这些群体非物质文化遗产的保护有望迈出第一步。该法案是根据若干原则决定建立这些"文化保护区"的,包括众多经济、社会和文化权利,以及可持续发展和代际公平原则。待国家历史和艺术遗产研究所提供专家意见后,受益社区将参与到其领域划界过程的每一步。一旦划界完成,该社区就要建立一个社区议会。社区议会将在国家和其他公共机构当中作为社区的代表。该法案还对"文化保护区"内的非物质文化遗产保护项目施行税收减免待遇。[2]

最新一项相关法案涉及一个特定的传统社区——筏夫社区(jangadei-ro)。帆木筏(jangada)是巴西东北沿海某地区使用的传统型木筏。使用帆木筏的群体已经创造出一种非常特殊的生活方式和文化。该法案旨在保护这种生活方式以及与之相关的物质和非物质文化遗产。该法案决定,在对这种遗产的保护中,首先应该盘点和登记对该社区来说具有历史、文化和艺术价值的项目。此外,该法案还促进了对筏夫群体生活方式研究,作为保护其非物质文化遗产的手段之一。[3]

大量法案法令表明,巴西正在尝试从许多不同角度来解决非物质文化遗产保护的问题。考虑到目前已生效的法律,再加上民间团体的参与,使提

---

[1]　2008 年 4 月 9 日第 3238 号法案,见 < http://www2. camara. gov. br/agencia/noticias/124796. html >(2012 年 11 月 29 日查阅)。

[2]　2008 年 3 月 18 日第 3056 号法案,见 < http://www2. camara. gov. br/agencia/noticias/EDU-CACAO-E-CULTURA/139542-COMISSAO-APROVA-criaco-DE-UNIDADES-depresservaco-CULTURAL. html >(2012 年 11 月 29 日访问)。

[3]　2010 年 2 月 4 日第 6741 号法案,见 < http://www2. camara. gov. br/agencia/noticias/145247. html >(2012 年 11 月 29 日查阅)。

高认识成为巴西在保护本国非物质文化遗产方面发挥的重要作用。目前正在讨论的其他法律提案将这种保护扩展到更"合法"的保护形式,为负责这种非物质文化遗产的社区和个人创造权利。这些正在讨论的大量法案一般是相辅相成的,而不是排他的。它们提供了几种不同的方法,来处理巴西社会中拥有非物质文化遗产的不同群体。这可以避免非物质文化遗产完全土著化。

巴西对于立法保护非物质文化遗产似乎热情高涨,承诺颇多,而其他国家却未必如此。美国就有一种非常独特的非物质文化遗产保护方法。虽然美国对制定专门保护非物质文化遗产的法律有所抗拒,但它利用了其他有关文化遗产和基本权利的法律。这是下一个我们要分析的案例。

二、美国

美国对非物质文化遗产有一个非常特殊的零散式保护框架。如上所述,美国宪法并未具体提及文化遗产,但根据宪法原则,文化遗产保护仍具有宪法基础。除此之外,美国是一个联邦国家。这一点自然对联邦政府管理文化事务的能力有影响。美国最高法院裁定,在文化遗产保护中,使用作为国家特权的警力是合法的。[①]

根据第三章中欧盟的例子和上面巴西的例子,人们自然希望权力下放政策在美国文化遗产法规的制定中也能发挥作用,因为文化问题是更接近当地层面的问题。[②] 然而,分析保护非物质文化遗产的州级法律并不是本章的目的所在。因此,这里我将分析联邦法律在非物质文化遗产保护方面的潜力。

在美国,非物质文化遗产受到的法律关注相对较少。除了知识产权法

---

① James K Reap, 'Selected Legislative, Administrative and Management Approaches for Protecting the Setting of Heritage Places in the United States', Proceedings of the ICOMOS 15th General Assembly and Scientific Symposium: Monuments and Sites in their Setting—Conserving Cultural Heritage in Changing Townscapes and Landscapes, < http://www. international. icomos. org/xian2005/papers. htm > (accessed 29 November 2012) (citing Penn Central Transportation Co v New York City, 438 US 106(1978)).

② 关于地方各级政府和政府参与非物质文化遗产保护的重要性, see Harriet Deacon, Luvuyo Dondolo, Mbulelo Mrubata, and Sandra Prosalendis, The Subtle Power of Intangible Heritage: Legal and Financial Instruments for Safeguarding Intangible Heritage(Human Sciences Research Council, 2004), 4 and 43, also published Proceedings of the ICOMOS 14th General Assembly and Scientific Symposium: Place, Memory, Meaning: Preserving Intangible Values in Monuments and Sites, available at < http:// www. international. icomos. org/victoriafalls2003/papers. htm > (accessed 29 November 2012).

(将在第六章中进行详细分析)和关于美国文化过度财产化的批评之外,①联邦法律对非物质文化遗产产生的另一种方式是社会影响评估(SIA)。社会影响评估和环境影响评估都是大型开发项目需要完成的。② 大多数社会影响评估是在国家环境政策法案的庇护下完成的,例如评估渔业政策对土著人民传统生活方式的影响。另一项重要的环境工具是《濒危物种保护法》。它对非物质文化遗产的影响与社会影响评估大致相同,通过传统生活方式反映环境问题。③

社会影响评估受到指导方针的约束。这些指导方针要求所有受到影响的公众和人群参与其中。指导方针还要求为审查中的发展项目的每一步都寻找替代方案,并且解决所有可能产生的社会影响。还要求制订缓和计划,同时估计间接和累积影响。这些指导方针虽然是确保考虑到大型项目中非物质文化遗产方面的重要手段,但受到的关注并不多。相反,"社会经济影响"这种通用标题给出了更广泛、更粗略的社会图景。④

另一项重要的立法是《美国民俗保护法案》。为了盘点美国非物质文化遗产,该法案建立了美国民俗生活中心。⑤ 1980 年,美国民俗生活中心发布了一份报告,要求对美国保护非物质文化遗产的需求作出评估。评估结果是,建议在执行有关文化资源和文化遗产的法律时将非物质文化遗产考虑在内。⑥

还有许多其他法律机制可用于保护非物质文化遗产元素。其中包括《宗教自由恢复法案》⑦《国家历史保护法案》⑧《联邦档案法案》⑨等。

随后,美国提出了一个复杂的、零散式的非物质文化遗产保护方案。一方面,联邦制模式使得联邦政府很难就比起联邦层面来说更接近地方层面的议题制定相关法律。国家甚至可能更需要确保优先实施地方监管,因为

---

①　On this topic, with specific regard to US Law, see Susan Scafidi, Who Owns Culture? Appropriation and Authenticity in American Law(Rutgers University Press,2005).

②　Thomas F King, Cultural Resources Laws and Practice(AltaMira Press,2008), p. 288.

③　Dean B Suagee, 'The Cultural Heritage of American Indian Tribes and the Preservation of Biological Diversity', Ariz St LJ 31(1999), pp. 515-21.

④　King, Cultural Resources Laws, pp. 290-293.

⑤　King, Cultural Resources Laws, p. 289.

⑥　King, Cultural Resources Laws, p. 289.

⑦　King, Cultural Resources Laws, pp. 295-296.

⑧　Suagee, 'The Cultural Heritage of American Indian Tribes', pp. 521-527.

⑨　King, Cultural Resources Laws, pp. 314-317.

这有助于当地合作伙伴参与保护工作,从而维持使非物质文化遗产保持活力的文化环境。[1] 另一方面,现行的联邦法律十分松散,所以每项法律中只有一小部分可用。在美国,环境立法的联邦化已经取得了一定程度上的成功。环境(可通过商业条款成为联邦立法的对象)、传统或土著文化(和所有土著问题一样都是联邦问题)和非物质文化遗产三者之间的关系开辟了一个小小的后门,通过这个后门非物质文化遗产能得到些许联邦层面的保护。

还有其他一些国家已经尝试通过多种渠道保护非物质文化遗产,而不必面对美国所面临的权力下放政策产生的障碍(巴西在某种程度上也面临这种障碍)。菲律宾正是其中一例。

三、菲律宾

菲律宾宪法承认保护传统文化对促进民族身份的重要性,尤其是土著传统文化、习俗和制度。[2] 1997 年,菲律宾通过《土著人民权利法》,[3]主要特征是将"财产所有权从个人转到社区"。[4] 通过《土著人民权利法》,菲律宾提出了一种非常特殊的解决方案,即同时使用特殊制度和知识产权机制。

编织篓之于菲律宾正如纺织品之于老挝,它们是社会角色和群体隶属关系的标志,因此是应该受到保护的非物质文化遗产中的重要元素。[5] 法律规定,第三方在使用土著社区的非物质文化遗产前,必须事先告知该土著社区并征得其自主同意。这是"土著社区所有成员根据习惯法和惯例所达成的共识"。[6] 对于保护版权法规中的非物质文化遗产,这项国家方案虽然提供了知识产权机制,但仍然优先考虑特殊制度。换句话说,该方案就是将知识产权解决方案用于土著领域,将其转化为集体权利。如果这些机制由于某种原因无法融入受影响社区的世界观,那么该方案将针对每个案例制订一个特殊解决方案,并与社区进行磋商。

---

[1] Reap, 'Selected Legislative, Administrative and Management Approaches'.

[2] Esteban T Magannon, 'Philippine Indigenous Cultural Communities: A Historical Perspective', in Oscar Salemink (ed), Viet Nam's Cultural Diversity: Approaches to Preservation (UNESCO Publishing, 2001), p. 146.

[3] For a short commentary, see Henri-Philippe Sambuc, La Protection Internationale des Savoirs Traditionnels: La Nouvelle Frontière de la Propriété Intellectuelle (l'Harmattan, 2003), p. 68.

[4] Kutty, National Experiences, p. 27.

[5] Kutty, National Experiences, p. 24.

[6] Kutty, National Experiences, p. 27.

因此,许多国家采用了从许多不同角度处理非物质文化遗产保护问题的解决方案。还有一些国家仍试图制定围绕非物质文化遗产财产化的法律,如菲律宾。这些问题对知识产权的优势和劣势都很敏感,因此通常会有特殊解决方案。包括美国在内的其他国家尚未就此问题立法,但其他领域的法律可延伸用于保护非物质文化遗产。在美国和巴西,联邦制也发挥着一定的作用(因为在促进非物质文化遗产发展时,最好考虑权力下放原则)。巴西仍在努力寻找非物质文化遗产的保护方式,但它似乎愿意采取措施来解决保护过程中所有利益相关方关心的问题。

第六节　国家层面、区域层面和国际(制度)层面回应的多样性

人们希望通过非物质文化遗产实现的目标有多少,非物质文化遗产保护国家层面的回应就有多少。有些国家用非物质文化遗产来获取自我认知,例如老挝。老挝一直在吸引外国对其极为丰富的非物质文化遗产的投资和援助,以帮助完成民族志地图的绘制。有些国家更多地将非物质文化遗产视为吸引游客和促进发展的因素,例如越南。还有些国家倾向于只对非物质文化遗产所在社区有利的发展,而不顾广大民众的利益,例如巴拿马。

当然,本章提供的分类并不严密。被归为采用同一类解决方案的国家通常也采用其他领域的机制。例如玻利维亚和罗马尼亚,尽管本章将玻利维亚归为采用特殊制度的国家一类,将罗马尼亚归为采用政策层面措施的国家一类,但它们的立法中都包含知识产权机制。

归根结底,我们应该将所有保护非物质文化遗产的国家所建立的保护制度都视为多元化的。但这种想法会对其发展产生阻碍。本章之所以进行分类,是因为在某个国家,某种解决方案相较于其他解决方案更为突出。但这种分类实际上并不严格,这提醒人们,不仅要在国际和区域层面寻求多种解决方案(第二章和第三章中讨论过),也要在国家和地方层面进行探索。

因此,制度回应应该是各个层面的共同努力,国际(全球)层面、区域层面、国家层面和地方层面。民间团体是非物质文化遗产所有者的代表,应该始终参与其中。遗憾的是,当某种遗产从地方走向国际时,遗产政治已经阻

止了社区和个人真实而有意义地参与其中,而这些社区和个人其实才是最重要的利益相关者。

　　这些层面提出的解决方案类型差异很大,但还是有一些常见的模式。下一章将用实际案例而非制度框架来分析非物质文化遗产的保护。

第二部分

保护非物质文化遗产的
实质性措施

第五章
国际人权与非物质文化遗产

　　保护文化遗产，尤其是非物质文化遗产，在众多理由中，尤其与保护文化身份的必要性息息相关。如果保护非物质文化遗产是为了人类，那么保护非物质文化遗产的所有者、监护社区及其成员便自然是有必要的。这就需要保护他们的生活方式，以确保他们继续从事保护宝贵文化遗产的活动。

　　文化身份是人权保护的一个方面，虽然所有相关文书都没有明确提及这一方面的权利。文化身份权是指与一个人的生活方式及其与周围（自然或社会）环境关系相关的权利。

　　通过保护与文化身份有关的人权，人们也可以保护非物质文化遗产。本章的目的是讨论这种关系，那么，如何将与文化身份有关的人权保护作为保护非物质文化遗产的有效手段？

　　本章的基调反映了这一目标。前面几章（以及随后几章）更倾向于批评某些法律和制度，展示某种法律的缺陷是如何阻碍非物质文化遗产保护的，而本章有选择地侧重于可发挥积极作用的保护非物质文化遗产（文化身份）某一方面的手段和工具。本章中，我不会过多地讨论遗产给享受人权造成的阻碍（即所谓的遗产的"人权例外"），也不会过多地探讨遗产权。虽然这两种讨论本身也很重要，但我认为，在讨论国际人权法律实践的可能性时没有必要讨论这两点，因为它们更多地关注话语而不是行动。本章更多地侧重于通过裁定文化身份权而进行的人权实践。

　　本章结构如下：第一部分，我将分析人权与非物质文化遗产之间的桥梁，研究人权如何成为保护非物质文化遗产的可能性原则之一，而且还尤为引人注目。然后，我将讨论在这个背景下使用人权工具可能遇到的障碍。第二部分，我将概述制度化的人权机制如何利用不针对文化身份的条款保护文化身份的各个方面，以及其在何种程度上与非物质文化遗产问题相关。最后，我将列举一些使用人权工具的限制因素。

第一节 非物质文化遗产与人权之间的桥梁

尽管有很多理由能证明保护非物质文化遗产是合理的,但我目前之所以重点关注文化身份(以及人权),是因为人权保护是国际法律话语中最引人注目且经常引用的一大依据,这一点将在下文进行讨论。

一、将(非物质)文化遗产与人权联系起来

保护文化身份是保护非物质文化遗产最常引用的理由,而保护文化身份是一个人权目标,在某种意义上,尊严是人权保护的核心。[①]

保护人权是 2003 年联合国教科文组织《保护非物质文化遗产公约》得以制定的一个明确理论依据。该文书的一位评论员表示,该公约使用"保护(safeguarding)"这个术语是为了将人权问题作为整体来体现。[②] 从这个意义上说,保护文化身份意味着保护文化身份权,以及保护某种文化的独特方面。

此外,宗教情感在有关非物质文化遗产的辩论中也发挥着重要作用,因为涉及某些监护社区的神圣观念的案件往往最有争议。[③] 宗教感情自然是一种人权问题,即使只与非物质文化遗产的一部分有关,也有助于加强非物质文化遗产与人权之间的联系。

然而,非物质文化遗产与人权之间的这座桥梁并不是清晰和无可争议的。下面我将概述在保护遗产利益中使用人权工具会遇到的一些障碍。本章将主要讨论人权与非物质文化遗产之间的积极关系,[④]即人权条款可以正面用于保护非物质文化遗产所表现出的文化独特性。

---

① Katja S Ziegler, 'Cultural Heritage and Human Rights', Social Sciences Resource Network(accessed 29 November 2012), http://ssrn.com/abstract = 1002620. and Carol Weisbrod, Emblems of Pluralism: Cultural Differences and the State(Princeton University Press, 2002), pp. 178-202(discussing how identity is formed from a cultural context).

② Janet Blake, Commentary on the UNESCO 2003 Convention on the Safeguarding of the Intangible Cultural Heritage, Institute for Art and Law, 2006, p. 35.

③ Derek Gillman, The Idea of Cultural Heritage, Institute for Art and Law, 2006, p. 13.

④ 已经有一些关于少数群体权利的文献采取了类似的方法,探讨如何利用国际裁决机构和准裁决机构(特别是人权机构)来建立一种面向少数群体保护的"国际司法话语"。For this, see Gaetano Pentassuglia, Minority Groups and Judicial Discourse in International Law: A Comparative Perspective(Martinus Nijhoff, 2009).

二、应用人权框架遇到的障碍

将人权工具用于非物质文化遗产的反对意见与非物质文化遗产的性质和人权的界限有关。我将就这些意见进行讨论,并试图对其作出回应,以支持我在本章中提出的主张:人权可用于保护非物质文化遗产。

有些人之所以反对用人权工具保护非物质文化遗产,是因为他们认为这意味着接受了保护非物质文化遗产的单一理念,而忽略了其他证明非物质文化遗产重要性的诸多原因。然而,我并没有说过人权是保护非物质文化遗产的唯一工具。相反,我认为人权是另一个值得探索的选择,但还有其他的保护手段在保护其他利益的同时也能有效地保护非物质文化遗产。

此外,关于人权制度界限的反对意见分两个方面:第一个方面,人们普遍认为将文化遗产问题纳入人权制度是对人权制度的一种拓展,使人权制度在原本不打算干预的领域行使权限(突出的例子是环境事务,还有通常由国家进行裁决的文化事务)。对此可作出以下回应,这并不是人权制度第一次通过对其文书进行“发展性解释”而将其职权范围扩大到保护其他权利。其中一个例子是环境保护,欧洲人权法院(ECtHR)通过对有关私人和家庭生活权利的条款(《欧洲人权公约》第 8 条)[1]进行扩大解释,实现了对环境的保护。还有许多其他方面的例子,包括社会权利、国际人道法、女性权利、投资者权利等,这里仅列举了几例。[2]

第二个方面涉及人权边界与人权结构的叙述,涉及个人与群体权益之间的紧张关系。[3] 2003 年联合国教科文组织的《保护非物质文化遗产公约》似乎明确优先考虑群体利益,因为在该公约中,非物质文化遗产是指“社区、群体和个人(在某些情况下)承认是其文化遗产的一部分”的实践。该公约

---

① López Ostra 诉西班牙(第 16798/90 号申请),1994 年 12 月 9 日的判决。关于欧洲人权法院如何通过系统解释扩大其管辖权的概述,see Vassilis P Tzevelekos, 'The Use of Article 31 (3) (c) of the VCLT in the Case Law of the ECtHR:An Effective Anti-Fragmentation Tool or a Selective Loophole for the Reinforcement of Human Rights Teleology? Between Evolution and Systemic Integration', Mich J of Intl L 31 (2010), pp. 621-690.

② For an evolution towards the protection of these areas of adjudication in the Inter-American System, see Lucas Lixinski, 'Treaty Interpretation by the Inter-American Court of Human Rights:Expansionism at the Service of the Unity of International Law', EJIL 21 (3) (2010), pp. 585-604.

③ On this connection, see Francesco Francioni, 'Culture, Heritage and Human Rights:An Introduction', in Francesco Francioni and Martin Scheinin (eds), Cultural Human Rights, Martinus Nijhoff, 2008, pp. 1-15.

将个人放在最后,并且注明了仅"在某些情况下",似乎清楚地表明了个人在非物质文化遗产语境中是一个次要角色。[①] 这反映了一个人类学共识,非物质文化遗产属于集体而非身份可辨识的个人。这似乎也是为了摆脱给早期国际遗产文书造成负担的个人主义,在某种程度上回归到国际联盟少数群体保护制度的群体视角。[②]

个人权利和群体权利之间的紧张关系同时存在于学界和裁决中。至于后者,在司法和准司法职能的行使中,人权机制应该仅针对个人诉求,而非群体诉求(禁止"群众诉讼")。但在人权裁决中始终存在"群众诉讼"的紧张冲突,因为为了解决个人案件,通常有必要采取一些措施,这些措施会对其社区产生影响,也会为与受害者情况类似的其他人带来益处。这至少是美洲国家间人权法院(IACtHR)在赔偿案件的审判中确定"其他形式的赔偿"时采用的方法。[③]

有一个相关论点继续对国际人权裁决中群体权利主张是否具有可诉性提出质疑。国际人权文书中为数不多的有关集体权利的一项条款是有关自决权的条款,即《公民权利和政治权利国际公约》(ICCPR)和《经济、社会及文化权利国际公约》(ICESCR)的第 1 条。对人权事务委员会涉及《公民权利和政治权利国际公约》第 1 条的案件审判的调查结果显示,该委员会一再宣布该条款所保护的权利的不可诉性,最多只能将这些诉求转为该公约保

---

① Blake, Commentary.

② For this history, see Ana Vrdoljak, International Law, Museums and the Return of Cultural Objects, Cambridge University Press, 2006.

③ 在审咨委之前的几起案件中已经这样做,其中确定了若干措施,以确保今后不再发生类似的违法行为。These include police training programmes(I/A Court HR, Case of López-Álvarez v Honduras. Merits, Reparations, and Costs. Judgment of 1 February 2006. Series C No 141), the construction of memorials(I/A Court HR, Case of the 'Mapiripán Massacre' v Colombia. Merits, Reparations, and Costs. Judgment of 15 September 2005. Series C No 134), medical centres(I/A Court HR, Case of the Plan de Sánchez Massacre v Guatemala. Merits. Judgment of 29 April 2004. Series C No 105), the creation of scholarship funds(I/A Court HR Case of Myrna Mack-Chang v Guatemala. Merits, Reparations, and Costs. Judgment of 25 November 2003. Series C No 101)and even the modification of internal legislation incompatible with obligations under the American Convention(I/A Court HR, Case of 'The Last Temptation of Christ'(Olmedo-Bustos et al)v Chile. Merits, Reparations, and Costs. Judgment of 5 February 2001. Series C No 73). The latter hypothesis derives from a specific obligation under the American Convention that requires a State Party to have its legislation in accordance with the standards of the Convention(Art 2). For more on the jurisprudence of the IACtHR on reparations, see Sergio García Ramírez, 'La Jurisprudencia de la Corte Interamericana de Derechos Humanos en Materia de Reparaciones', in La Corte Interamericana de Derechos Humanos:Un Cuarto de Siglo 1979-2004(Corte Interamericana de Derechos Humanos, 2005), pp. 1-85.

护的其他个人权利的诉求。[1]

这些审判的紧张冲突反映出更为细微的学术辩论。虽然对这种辩论的详细介绍超出了本章的范围,但还是有必要对辩论的一部分进行概述,借鉴其中可以启发当前讨论的要素。

从批评的角度上看,可以从根本上进行论证,用个人人权保护文化遗产意味着接受以个人权利为中心的自由人权框架,以及接受集体权益归根结底是个人权益的观点。群体权利观念的拥护者认为,将群体权利瓦解为个人权利会将社会关系的复杂结构简化为个人的总和,[2]或使得某些权利不能单独行使,因此必须要有集体权利。[3] 这些说法都有道理,但我们一定不能忘记,集体权利也可以被视作个人权利的集体维度。这一观点避免了创建完全独立的群体权利类别的必要性。前一个论点从哲学和历史的角度来解释,权利的目标是保护个人免受压迫群体的侵害。因此,保护群体权利必然会对群体利益和与其对立的群体中个人的利益之间最终产生的冲突产生质疑。[4] 有些群体权利长期被作为个人权利来保护,而且在国际法律实践中,将群体权利转化为个人权利似乎不是太大的问题,[5]尤其是考虑到保护少数

[1]　例如,见人权事务委员会的决定:Human Rights Committee, Communication No 547/1993, Apirana Mahuika et al v New Zealand, UN Doc CCPR/C/70/D/547/1993, 15 November 2000(concerning Maori fisheries); Human Rights Committee, Communication No 413/1990, A B et al v Italy, UN Doc CCPR/C/40/D/413/1990, 5 November 1990(concerning the German minority in South Tirol), to name but two examples. The Human Rights Committee has, however, on at least one occasion transformed claims under the right to self-determination(Art 1) into claims under the right to minority protection(Art 27), in what seems to be an application of the principle of iura novit curia. See Human Rights Committee, Communication No 167/1984, Lubicon Lake Band v Canada, UN Doc CCPR/C/38/D/167/1984, 10 May 1990, para 13. 4.

[2]　Darlene M Johnston, 'Native Rights as Collective Rights: A Question of Group Self-Preservation', 2 Canadian Journal of Law and Jurisprudence 19(1989), reprinted in Will Kymlicka(ed), The Rights of Minority Cultures(Oxford University Press, 1995), pp. 180-182(arguing that communitarianism can be an alternative to a rights-based ethics).

[3]　Yoram Dinstein, 'Collective Human Rights of Peoples and Minorities', ICLQ 25(1976), p. 115.

[4]　Michael Hartney, 'Some Confusions Concerning Collective Rights', 4 Canadian Journal of Law and Jurisprudence 293(1991), reprinted in Will Kymlicka(ed), The Rights of Minority Cultures(Oxford University Press, 1995), p. 203.

[5]　Hartney, 'Some Confusions', 219; Johnston, 'Native Rights as Collective Rights', 185(mentioning an argument according to which collective rights are meaningless and individual rights collectively asserted are a common phenomenon); and Chandran Kukathas, 'Are There Any Cultural Rights?', 20 Political Theory 105(1992), reprinted in Will Kymlicka(ed), The Rights of Minority Cultures(Oxford University Press, 1995), p. 230.

群体的文书倾向于使用个人权利的语言时。① 此外,如果群体建立的基础是为了促进个人福祉,那么群体利益必须转化为个人利益。②

另一个可能的论点是,为了达成对群体需求的某种理解,个人利益会被压制。这种自由个人主义论点认为,群体确实是存在的,但是这是作为个人的联合而存在的,群体利益不应该凌驾于个人利益之上,③个人利益是保护群体利益的必要条件,这一立场甚至得到了群体权利倡导者的拥护。④ 有些自由个人主义者认为社区没有自我保护的权利,我不同意这一观点。⑤ 但他们关于冲突的说法是有根据的,个人权利和群体权利之间的冲突实际上是个人作为一个拥有独特文化的社区成员的权利和个人作为政治共同体成员的权利之间的冲突。⑥

此外,目前关于个人在社会中角色的辩论不再将他们与其所在的群体分离开来,而是探讨个体在群体中的生活如何塑造他们的个性、志向和最终的权利诉求。⑦ 也就是说,现在有关个人人权的细微观点必然会考虑到个人的群体起源维度,将个人作为"社会中的个人",而不仅仅是个人。⑧

考虑到这个框架可以解决许多案件,我坚信个人人权可以在填补群体权利的"裁决空白"方面发挥重要作用,即使只是作为临时修复。一位教科文组织《保护非物质文化遗产公约》的评论员表示,在非物质文化遗产的具体语境下,虽然集体文化权利的概念似乎来自此,但这种解释是错误的,因为其中明确提到的普遍人权标准显然是基于个人人权提出来的。⑨

另一种观点进一步强化了这种解释。这种观点将"个人权利和群体权

---

① 从这个意义上说,见《公民权利和政治权利国际公约》第 27 条以及欧洲理事会《保护少数民族框架公约》。关于后者,令人感兴趣的是,在导致通过本公约的最初建议中采用了群体权利的措辞,而在最后案文中放弃了这种措辞,改为个人权利。For a commentary on this evolution, see Miodrag A Jovanović, ‘Recognizing Minority Identities Through Collective Rights’, Human Rights Q 27 (2005), pp. 628-629.

② Hartney, ‘Some Confusions’, p. 208.

③ Kukathas, ‘Are There Any Cultural Rights?’, p. 237.

④ Jovanović, ‘Recognizing Minority Identities’, p. 646.

⑤ 虽然我不认为社区享有自我保护的权利,但我认为个人有权追求对其所属社区的保护。这实际上可能是非物质文化遗产保护背后的核心问题之一。For an argument in favour of the right to self-preservation, see Johnston, ‘Native Rights as Collective Rights’, p. 186.

⑥ Kukathas, ‘Are There Any Cultural Rights?’, pp. 240-241.

⑦ Gillman, The Idea of Cultural Heritage, p. 19.

⑧ Gillman, The Idea of Cultural Heritage, p. 4.

⑨ Blake, Commentary, p. 35.

利"的紧张关系与有关受到遗产保护的利益的讨论联系在一起。参与此辩论的一位评论员表示,①从群体角度看待遗产有助于保护利害攸关的国家利益,但也许并不能总为遗产提供保护,②或者可能以牺牲他人遗产为代价来保护遗产。③ 另一方面,从个人权利的角度来看待遗产为将遗产视为"全球或人类共同遗产"开辟了道路,赋予遗产真正的国际化特征,提高了保护遗产的积极性,因为它成为了每个人身份(现在和未来)的一部分,而不仅仅是某个群体身份的一部分。从一定程度上来说,这似乎是联合国教科文组织《保护非物质文化遗产公约》所采取的立场。该《公约》中,个人主义似乎是建立"人类共同遗产"理念的关键。这种理念在文化遗产领域证明了国际主义的合理性(第一章中讨论过)。但是该《公约》也避免提及个人,只是在提到"社区"时才作为补充提及。在某种程度上,该《公约》不再将群体等同于"民族国家",而是给予那些应该受到权利保护的小型团体组织更多的可能性。但这种做法也存在缺陷(第二章中强调过)。

基于保护文化遗产是为了"代际公平"的论点(即保护遗产是为了子孙后代的观点)似乎对群体权利的观点有利,因为保护尚不存在的个体是不可能的。④ 代际公平成为保护文化遗产尤其是非物质文化遗产的重要原则之一。支持将文化遗产作为"人类共同关注"的主要观点之一是:子孙后代有权享有文化遗产,如果不采取协调一致的全球行动,子孙后代的权利则无法得到保障。而且,代际角度是非物质文化遗产概念的一部分,因为非物质文化遗产必须是世代相传的活文化。因此,为了子孙后代的集体观点是设计保护非物质文化遗产的法律机制时需要考虑的重要因素。然而,虽然保护子孙后代的利益是非物质文化遗产保护的目标之一,但它绝不是反对使用个人权利的有力论据。个人权利甚至能间接保护后代的利益,因为对当前个人权利的保护必然能为未来提供保障。

另一个论点不仅拥护了群体权利,还尤其适合于遗产辩论,将群体与个体总和区别开来的正是遗产。通过共同遗产,可以单独区分群体及其成员。

---

① Gillman, The Idea of Cultural Heritage, pp. 1-3.

② For this account, see Gillman, The Idea of Cultural Heritage, pp. 4-5.

③ David Lowenthal, The Heritage Crusade and the Spoils of History (Cambridge University Press, 1998), pp. 230-241; and Gillman, The Idea of Cultural Heritage, p. 52.

④ Jovanović, 'Recognizing Minority Identities', p. 635.

因此,正是遗产使集体利益无法瓦解为其成员的利益。[①] 在我看来,这个论点毋庸置疑。然而,有一种方式能够使得文化保护在对个人有意义的同时能表达群体文化。关于跨文化主义的辩论就是这样一个例子。由于多元文化主义是文化包容的官方国家政策,跨文化主义表达了单独转化多元文化价值观的方式。[②] 此外,鉴于本章主要关注的是裁决,国际人权司法实践在将群体诉求以足够微妙的方式转化为个人诉求方面似乎没有遇到什么问题,而遗产阻止了将群体瓦解为个体总和的观点也站住了脚,那么现在我们希望看到的则是,不只是将个人作为个体来看待。

所有反对用人权保护非物质文化遗产的意见中,在我看来只有群体权利论点令人信服。但这个论点并不具有压倒性,无法证明在任何情况下都不能使用人权。而且,如果想赋予遗产诉求"普遍的重要性",那么使用这个论点时必须谨慎。因此,由于非物质文化遗产与构成一个人身份的生活方式有关,所以人权可以且应该用于保护非物质文化遗产。下一节中,我将探讨利用人权机制保护非物质文化遗产的可行性。

第二节 使用人权保护非物质文化遗产

首先,我们必须对文化遗产与人权之间的关系进行探讨。第一,国际人权法律体系中并未出现关于"文化遗产"的内容。这一点很容易解释,因为人权机制保护"文化"甚至保护"生活方式",但人权文书并未提及"遗产",因为"遗产"这个术语传统上指的是物质资产,而非没有实体的意识形态(这是对人权的一种可能的描述)。然而,即使这些特征是文化遗产的重要元素,它们也只是其中的一部分。如果保护文化遗产的一个可能的目标是保护文化和生活方式,那么人权机制是一个中间步骤,在其条约规定的任务范围内发挥作用。

其次,就可以调用的现有人权来说,最明显的选择是参与文化的权利。

---

① Jovanović, 'Recognizing Minority Identities', 633 (citing Patrick Thornberry, International Law and the Rights of Minorities(Clarendon Press,1991), p. 57).

② Will Kymlicka, 'Multicultural States and Intercultural Citizens', Theory and Research in Education 1(2)(2003), pp. 147-169.

该权利受《世界人权宣言》①和《经济、社会及文化权利国际公约》的保护。②《世界人权宣言》和《经济、社会及文化权利国际公约》是保护文化的两个最重要的通用文书。

就文化遗产法与人权之间的联系而言,有关文化遗产的文献通常将文化遗产与社会和经济权利联系起来,尤其是享受文化和文化生活的权利。③事实上,联合国经济、社会及文化权利委员会(负责实施《经济、社会及文化权利国际公约》)最近发布的一般性评论重点关注参与文化生活的权利,将文化遗产的获取作为这一权利的重要组成部分。④ 由于没有国际机构对经济、社会和文化权利进行裁决,而且这些权利的体制框架并不像公民权利和政治权利那样发达,所以我将重点讨论公民权利和政治权利。⑤

使用公民权利和政治权利框架有诸多好处。第一,人权话语提供了一种极具吸引力的、强有力的词藻,将一些观点与人权结合起来,甚至在人权方面建立起相关讨论,尤其是考虑到国家自然地将国际人权文书视为其法律的相关来源的情况,这并不一定出现在其他领域。第二,人权框架已经建立起来并且随时可用,成员众多,这意味着国家更有可能成为这些机制之一的缔约方,从而创建论坛。第三,许多机构有权听取个人申诉,为受害者提供能直接处理其问题的场所。第四,与其他国际司法或准司法机关相比,裁决人权的机构相对而言更有效力,因为各国似乎非常重视遵守人权决策。第五,使用人权机制可以阻止文化遗产的商品化,因为人权机构对文化的评估倾向于将文化视为"开放的""流动的"建筑,而不是可被编目的东西。

最后,也是保护文化的关键,许多机构都愿意通过"普通"或"开放式"条

---

① 《世界人权宣言》(下称"UDHR"),1948 年 12 月 10 日大会第 217 A(Ⅲ)号决议通过和宣布。有关规定如下:"第二十七条:(1)人人有权自由参加社会的文化生活,享受艺术,分享科学进步及其带来的好处。……"

② 《经济、社会、文化权利国际公约》,1966 年 12 月 16 日大会第 2200A(XXI)号决议通过并开放供签署、批准和加入。生效日期:1976 年 1 月 3 日。截至 2012 年 11 月的缔约国:160 个。相关规定如下:"第 15 条:1. 本公约缔约国承认人人有权:(a)参加文化生活;……"

③ See eg Janet Blake, 'On Defining the Cultural Heritage', ICLQ 49(2000), p. 61-85 at p. 75-83.

④ 经济、社会、文化权利委员会,第 21 号一般性意见:人人有权参与文化生活(《经济、社会、文化权利国际公约》第 15 条第 1 款(a)项),2009 年 12 月 21 日,第 49—54 段。

⑤ 必须指出,2008 年 12 月 10 日批准了《经济、社会、文化权利国际公约任择议定书》,赋予经济、社会、文化权利委员会审理个人申诉的权限。然而,本议定书在编写之时尚未生效,因此,委员会是否能够在享有文化生活权的基础上解决文化遗产争端仍不清楚。

款来扩大它们所监督的权利范围。① 下面,我将重点分析最后一个特征,以及三个机构的判例法。这三个提供了典型案例的机构分别是:联合国人权事务委员会(UNCHR)、欧洲人权法院(ECtHR)和美洲国家间人权法院(IACtHR)。

一、受保护的权利:选定的判例法

有关该主题的文献提到了使用公民权利和政治权利的可能性,②例如言论自由、③宗教自由、④私人和家庭生活⑤、结社自由⑥等权利。我将分析不同的管辖机构在这些权利的背景下如何对待文化生活的保护。

(一)有关少数群体保护的具体条款

《公民权利和政治权利国际公约》第 27 条是保护文化特性的国际人权文书中的主要条款。⑦《公民权利和政治权利国际公约》建立的联合国人权事务委员会通过其任择议定书获得了分析个人请愿的权限。⑧ 人权事务委员会已经批准了应用该《公约》第 27 条的一般性评论。在此评论中,人权事务委员会强调了该条款有关文化和维持某种生活方式的应用范围。⑨ 人权事务委员会的法律体系是这一评论的来源,但其法律体系比评论中的描述

---

① José E Alvarez, International Organizations as Law-Makers(Oxford University Press, 2006), p. 474-483(论欧美人权公约监督机构在制定其监督文书的内容和范围方面的影响); and Tzevelekos, ' The Use of Article 31(3)(c) of the VCLT'.

② See eg Michael F Brown, Who Owns Native Culture? (Harvard University Press, 2004).

③ 有关国际文书的规定如下:《世界人权宣言》第 19 条;《公民权利和政治权利国际公约》第 19 条;《欧洲人权公约》第 10 条;《非洲人权公约》第 13 条。

④ 有关国际文书的规定如下:《世界人权宣言》第 18 条;《公民权利和政治权利国际公约》第 18 条;《欧洲人权公约》第 9 条;《非洲人权公约》第 12 条。

⑤ 有关国际文书的规定如下:《世界人权宣言》第 12 条;《公民权利和政治权利国际公约》第 17 条;《欧洲人权公约》第 8 条;《非洲人权公约》第 11 条。

⑥ 有关国际文书的规定如下:《世界人权宣言》第 20 条;《公民权利和政治权利国际公约》第 21—22 条;《欧洲人权公约》第 11 条;《非洲人权公约》第 15—16 条。

⑦ 《公民权利和政治权利国际公约》,1966 年 12 月 16 日大会第 2200A(XXI)号决议通过并开放供签署、批准和加入。生效日期:1976 年 3 月 23 日。截至 2012 年 11 月的缔约国数目:167 个。"第 27 条:在那些存在着种族的、宗教的或语言的少数人的国家中,不应剥夺属于这些少数人与他们的其他成员在社区中享有自己的文化、宣扬和实践他们自己的宗教或使用他们自己的语言的权利。"

⑧ 《公民权利和政治权利国际公约任择议定书》,1966 年 12 月 16 日大会第 2200A(XXI)号决议通过并开放供签署、批准和加入。生效日期:1976 年 3 月 23 日。截至 2012 年 11 月的缔约国数目:114 个。相关规定如下:"第 1 条:成为本议定书缔约国的《公约》缔约国承认委员会有权接受和审议其管辖范围内声称是该缔约国侵犯《公约》所载任何权利行为受害者的个人的来文。如果来文涉及非本议定书缔约国的《公约》缔约国,委员会将不予受理。"

⑨ General Comment No 23, The rights of minorities(art 27), 8 April 1994, para 3. 2.

更加细微,至少是在寻求与文化遗产的联系方面。

1977 年(人权事务委员会在个人申诉机制下首次作出决议的年份)至本书撰写期间,人权事务委员会决议的案件中,有 17 起涉及《公民权利和政治权利国际公约》第 27 条。除此之外,还有 10 起被宣布为不能采纳的案件。① 原因均是尚有可用的当地解决方式。因为法国对《公民权利和政治权利国际公约》第 27 条有所保留,所以涉及法国的 6 起案件存在潜在的紧张冲突。其保留声明,"公共法律的基本原则禁止基于出身、种族或宗教对公民进行区分,而法国并没有少数群体,……因此第 27 条不适用于法国"。② 这是对平等的一种相当形式化的理解,与当前对人权裁决中平等和非歧视的解读不一致。

剩下 7 起案件中,人权事务委员会裁定,其中 5 起案件中缔约国未侵犯《公民权利和政治权利国际公约》规定的权利,③仅 2 起中的缔约国(均为加拿大)侵犯了该《公约》规定的权利。④ 对这些案例进行分析将有助于阐明人

① 人权事务委员会,第 942/2000 号来文,Jarle Jonassen 诉挪威,联合国文件 CCPR/C/76/D/942/2000,2002 年 11 月 12 日;人权事务委员会,第 557/1993 号来文,X 诉澳大利亚,联合国文件 CCPR/C/57/D/557/1993,1996 年 8 月 1 日;人权事务委员会,第 431/1990 号来文,O Sara 等人诉芬兰,联合国文件 CCPR/C/50/D/431/1990,1994 年 3 月 24 日;人权事务委员会,第 359/1989 号来文,RL 等人诉加拿大,联合国文件 CCPR/C/43/D/358/1989,1990 年 11 月 28 日;人权事务委员会,第 220/1987 号来文,TK 诉法国,联合国文件 CCPR/C/37/D/220/1987,1989 年 12 月 8 日;人权事务委员会,第 222/1987 号来文,我国香港特区诉法国,联合国文件 CCPR/C/37/D/222/1987,1989 年 12 月 8 日;人权事务委员会,第 262/1987 号来文,RT 诉法国,联合国文件 CCPR/C/35/D/262/1987,1989 年 4 月 3 日;人权事务委员会,第 324 和 325/1988 号来文,JB 和我国香港特区诉法国,联合国文件 CCPR/C/34/D/324/1988,1988 年 10 月 26 日;人权事务委员会,第 228/1987 号来文,CLD 诉法国,联合国文件 CCPR/C/33/D/228/1987,1988 年 7 月 26 日;人权事务委员会,第 243/1987 号来文,SR 诉法国,联合国文件 CCPR/C/31/D/243/1987,1987 年 11 月 5 日。

② 联合国人权事务高级专员办事处,《公民权利和政治权利国际公约》的声明和保留,见 < http://treaties. un. org/Pages/ViewDetails. aspx? src = TREATY& mtdsg _ no = IV-4& chapter = 4& lang = en > (2012 年 11 月 29 日访问)。

③ 人权事务委员会,第 879/1999 号来文,乔治·霍华德诉加拿大,联合国文件 CCPR/C/84/D/879/1999,2005 年 8 月 4 日;人权事务委员会,第 1023/2001 号来文,Jouni Länsman,Eino Länsman 和 Muotkatunturi 牧民委员会诉芬兰,联合国文件 CCPR/C/83/D/1023/2001,2005 年 4 月 15 日;人权事务委员会,第 671/1995 号来文,Jouni E Länsman 等人诉芬兰,联合国文件 CCPR/C/58/D/671/1995,1996 年 11 月 22 日;人权事务委员会,第 511/1992 号来文,Ilmari Länsman 等人诉芬兰,联合国文件 CCPR/C/52/D/511/1992,1994 年 11 月 8 日;人权事务委员会,第 197/1985 号来文,伊凡·基托克诉瑞典,联合国文件 CCPR/C/33/D/197/1985,1988 年 8 月 10 日。

④ 人权事务委员会,第 167/1984 号来文,Lubicon Lake Band 诉加拿大,联合国文件 CCPR/C/38/D/167/1984,1990 年 5 月 10 日;人权事务委员会,第 24/1977 号来文,桑德拉·洛夫莱斯诉加拿大,联合国文件 CCPR/C/13/D/24/1977,1981 年 7 月 30 日。

权事务委员会根据《公约》第 27 条在裁决案件时采用的标准。

第一个涉及第 27 条的案件是桑德拉·洛夫莱斯(Sandra Lovelace)诉加拿大案。桑德拉·洛夫莱斯是一个土著女性,丈夫是部落外的白人。根据当时的加拿大法律,如果土著女性与白人结婚,那么她就失去了土著身份。但这条法律并不适用于土著男子与白人女性结婚的情况。① 人权事务委员会表示,如果要对第 27 条保护的权利进行限制,需要给出一个合理客观的解释。② 桑德拉·洛夫莱斯受到的判决对于保护部落身份来说既不合理也不必要,因此不符合《公民权利和政治权利国际公约》第 27 条。③ 人权事务委员会在之后的案件中表示,此案的判决意味着对少数群体成员的限制必须有合理客观的理由,并且要证明这么做对于整个少数群体的持续存在和福祉来说是必要的。④ 因此,社区的持续性似乎是一种国家利益,所以第 27 条所保护的个人权利必须加以检验。

在伊凡·基托克(Ivan Kitok)诉瑞典案中,人权事务委员会建议对涉及第 27 条的案件进行比例测试。伊凡·基托克是一位萨米驯鹿饲养者,已经超过三年多时间没有从事驯鹿饲养工作了,根据瑞典法律(旨在减少驯鹿牧民的数量)他已经失去了继续从事该职业的资格。⑤ 委员会对瑞典立法进行了分析并得出结论,认为其对驯鹿放牧的限制并未违反第 27 条。⑥ 此限制的立法理由是改善萨米人的生活条件,增强未来驯鹿饲养的可持续性。⑦ 人权事务委员会表示,基托克的实践受第 27 条保护,而且在某些情况下可以保护土著经济实践。⑧ 但委员会支持该条瑞典法律,因为这条法律背后的(经济和生态)目的是合理的。然而,委员会仍然持续密切关注法律的比例性。⑨ 在某种程度上,人权事务委员会为第 27 条创建了一个类似于对其他更传统

---

① 人权事务委员会,第 24/1977 号来文,桑德拉·洛夫莱斯诉加拿大,联合国文件 CCPR/C/13/D/24/1977,1981 年 7 月 30 日,第 1 段。

② 桑德拉·洛夫莱斯诉加拿大案,第 16 段。

③ 桑德拉·洛夫莱斯诉加拿大案,第 17 段。

④ 人权事务委员会,第 197/1985 号来文,伊凡·基托克诉瑞典,联合国文件 CCPR/C/33/D/197/1985,1988 年 8 月 10 日,第 9.8 段。

⑤ 伊凡·基托克诉瑞典案,第 2.1 段。

⑥ 伊凡·基托克诉瑞典案,第 9.5 段。

⑦ 伊凡·基托克诉瑞典案,第 4.2 段。

⑧ 人权事务委员会后来重申了这一点,第 167/1984 号来文,Lubicon Lake Band 诉加拿大案,联合国文件 CCPR/C/38/D/167/1984,1990 年 5 月 10 日。

⑨ 人权事务委员会,第 197/1985 号来文,伊凡·基托克诉瑞典,联合国文件 CCPR/C/33/D/197/1985,1988 年 8 月 10 日,第 9.6 段。

的自由权(表达、宗教、团体)的"测试"。

在兰斯曼(Länsman)诉芬兰的一系列案件中,①委员会完善了与第 27 条有关的方法。这一系列案件涉及芬兰的伐木许可证制度对拉普兰驯鹿饲养者生活方式和储备的影响。在所有这一系列案件中,并没有违反《公民权利和政治权利国际公约》的情况,但人权事务委员会在其审判中仍然取得了实质性进展。

第一个案件中,委员会表示,确定是否违反第 27 条的标准取决于对少数群体成员生活方式进行干预所造成的影响。② 该案件虽然接受了"衡量影响"的测试,但拒绝了自由裁量边际理论。委员会认为,对生活方式的"有限影响"并不违反该《公约》。③

人权事务委员会作出该决议的十个月后,同一申请人又提出了新的申诉,因为这时情况已经恶化了,已经对萨米人的生活产生了足够大的影响,足以构成对第 27 条的违反。④ 尽管在上一个案件中,人权事务委员会拒绝了自由裁量边际理论,但在这个案件中,委员会表示,国家法院此次能更好地分析涉及第 27 条的诉求,人权事务委员会只须判断第 27 条是否被误解或误用。⑤ 这似乎是早先判例法遭遇的挫折,因为即使没有明确接受自由裁量边际理论,委员会也习惯于顺从国家法院。

第三个案件中,委员会改进了其在第一个案件中开发的"影响测试",并确定第 27 条涉及的案件中应该考虑的是国家对该地理区域内的长期干扰产生的"整体影响"。⑥ 在这个案件中,委员会还是没有发现有违反第 27 条的情况。

乔治·霍华德(George Howard)诉加拿大案也是一起未违反《公约》的案件。它为"整体影响"测试增添了新元素。这是涉及第 27 条的最新案件,因此是人权事务委员会处理相关问题的最高水准。这个案件中,乔治·霍华

---

① For an analysis of the first two cases in this series, see Martin Scheinin, ' The Right to Enjoy a Distinct Culture: Indigenous and Competing Uses of Land ' , in Theodore S. Orlin, Allan Rosas, and Martin Scheinin(eds) , The Jurisprudence of Human Rights Law: A Comparative Interpretive Approach(Turku Institute for Human Rights, 2000) , pp. 163-172.

② 人权事务委员会,第 511/1992 号来文,Ilmari Länsman 等诉芬兰,联合国文件 CCPR/C/52/D/511/1992,1994 年 11 月 8 日,第 9.4 段。

③ Ilmari Länsman 等诉芬兰案,第 9.5 段。

④ 人权事务委员会,第 671/1995 号来文,Jouni E. Länsman 等诉芬兰,联合国文件 CCPR/C/58/D/671/1995,1996 年 11 月 22 日,第 2.7 段。

⑤ Jouni E. Länsman 等诉芬兰案,第 10.5 段。

⑥ 人权事务委员会,第 1023/2001 号来文,Jouni Länsman、Eino Länsman 和 Muotkatunturi 牧民委员会诉芬兰案,联合国文件 CCPR/C/83/D/1023/2001,2005 年 4 月 15 日,第 10.2 段。

德属于"第一民族",他在禁渔期出海打鱼。人权事务委员会分析了对他的定罪是否违反了第 27 条规定的权利,因为捕鱼是他传统生活方式的重要组成部分。① 委员会表示,可以对生活方式的基本要素进行监管,只要此监管不等于对传统生活方式的"实际否定"。② 此外,人权事务委员会还重申,国家法院可以更好地进行任何此类评估,因为它们还没有分析过由于法院找不到违反《公约》的情况而向人权事务委员会提出的申诉。③

因此,尽管《公民权利和政治权利国际公约》的任择议定书的个人申诉机制赋予了第 27 条效力,但国家仍拥有很大的自由裁量权,而且人权事务委员会的最新决定大大削弱了该条款的效力。然而,重要的是要考虑到,即使是经济活动也能以"传统"的名义受到保护,而且个人权利似乎在很大程度上胜过社区利益。

有一则针对少数群体保护的条款是《公民权利和政治权利国际公约》的一大特点。宣布违反这一条款的案件似乎受到阻碍,这可能与群体利益的保护仍然无法与自由权利范式协调共存的观点有关(即使第 27 条描述的是个人权利)。下面我将分析如何援引更多国际人权文书共同保护的其他权利来保护文化和生活方式。

(二)平等与非歧视

《美洲人权公约》在未包含少数群体保护的条款之前,美洲国家间人权法院采用的是一种截然不同的方式。美洲国家间人权法院选择采用《美洲人权公约》中有关"确保和保障人权"的一般规定(第 1 条第 1 款)。④ 该法院规定,本条款中包含的不歧视义务是一种新的强制性法律规范,并具有普遍效应。⑤

美洲国家间人权法院审查了雅基·阿克萨(Yakye-Axa)社区诉乌拉圭案中这一义务的含义。该案件涉及将财产权归还给自古便占有该土地的土

---

① 人权事务委员会,第 879/1999 号来文,乔治·霍华德诉加拿大案,联合国文件 CCPR/C/84/D/879/1999,2005 年 8 月 4 日,第 2.2 段。

② 乔治·霍华德诉加拿大案,第 12.7 段。

③ 乔治·霍华德诉加拿大案,第 12.10 和 12.11 段。

④ 《美洲人权公约》1969 年 11 月 22 日通过,生效日期为 1978 年 7 月 18 日。截至 2012 年 11 月的缔约国数目:23 个。相关规定如下:"第 1 条:尊重权利的义务。1. 本公约缔约国承诺尊重本公约所承认的权利和自由,并确保受其管辖的所有人自由和充分行使这些权利和自由,不因种族、肤色、性别、语言、宗教、政治或其他见解、民族或社会出身、经济地位、出生或任何其他社会状况而受到任何歧视。……"

⑤ I/A Court HR, Juridical Condition and Rights of the Undocumented Migrants. Advisory Opinion OC-18 of September 17, 2003. Series A No 18, para 110.

著社区的漫长过程。①

美洲国家间人权法院表示,在土著社区背景下对国家施加的人权义务的一般范围进行的分析中,其附带意见是,受到第 1 条第 1 款有关尊重人权的一般规定保障的平等权强行要求各国采取措施以适应文化差异的义务。②这是"实质性平等"的一种建构,而不是更严格的"形式上的平等"。上面提到的法国对《公民权利和政治权利国际公约》第 27 条的保留有助于促进这种"形式上的平等"。

鉴于平等是现代人权法的基础之一,按照美洲国家间人权法院的解读,使用人权文书中包含的有关平等的一般规定似乎是一种最佳解决方案。在瑞斯特/西林(Riast/Hylling)驯鹿放牧区诉挪威案中,美洲国家间人权法院已经对这种可能性进行了处理。该法院判定,挪威同时违反了《公民权利和政治权利国际公约》第 27 条和第 2 条(与《美洲人权公约》第 1 条第 1 款相似),而这个判决颇受争议。③ 该案件由于尚有可用的当地解决方式而被宣布为不能采纳的案件。④ 然而,我们很难掌握该委员会究竟赋予了这条规范多大的效力,即使它已表示该申诉未被驳回表面上是因为其被认为是一种"群众诉讼"。⑤

虽然在没有自己的文化和生活方式保护机制的国家,利用平等权工具似乎是一个相当好的解决方案,但在大多数文书的起草中,有关平等的条款在语言表达上都有潜在缺陷。《美洲人权公约》⑥《欧洲人权公约》⑦《非

---

① I/A Court HR,Case of the Yakye Axa Indigenous Community v Paraguay. Merits,Reparations,and Costs. Judgment of 17 June 2005. Series C No 125,para 2.

② 亚克耶阿克萨社区诉巴拉圭,第 51 段。这一段值得完整引用:"51　鉴于本案涉及土著社区成员的权利,法院认为应当回顾,根据《美洲人权公约》第 24 条(平等保护的权利)和第 1 条(尊重权利的义务),各国必须在平等的基础上确保,充分行使和享受这些不受其管辖的个人的权利。然而,有必要强调,为了有效确保这些权利,各国在解释和适用其国内立法时,必须考虑到土著人民成员与一般人口区别开来并构成其文化特征的具体特点。最高法院必须运用与本案相同的推理,来评估《美洲人权公约》条款的范围和内容,因为委员会和代表们都声称国家违反了这些条款。"

③ 人权事务委员会,第 942/2000 号来文,贾勒约纳森诉挪威,联合国文件 CCPR/C/76/D/942/2000,2002 年 11 月 12 日,第 3.1 段。

④ 贾勒约纳森诉挪威案,第 9 段。

⑤ 贾勒约纳森诉挪威案,第 8.5 段。

⑥ "第 1 条　尊重权利的义务。1. 本公约缔约国承诺尊重本公约所承认的权利和自由,并确保受其管辖的所有人自由和充分行使这些权利和自由,不因种族、肤色、性别、语言、宗教、政治或其他见解、民族或社会出身、经济地位、出生或任何其他社会状况而受到任何歧视。[……]"

⑦ "第 14 条　禁止歧视。享受本公约所规定的权利和自由,不得以性别、种族、肤色、宗教、政治或其他见解、民族或社会出身、与少数民族的联系、财产等任何理由加以歧视。"这就是为什么欧洲人权委员会没有宣布单独违反第 14 条,而只是结合另一条分析违反这一规定的情况。

洲宪章》①甚至《公民权利和政治权利国际公约》（不能援引第 27 条的案件，如法国保留的情况）②中的条款均涉及该文书权利保护下的平等权，而非无所不包地保护平等权。

有关平等和非歧视的国际法律体系也未明确其禁止的歧视究竟是针对所有情况还是仅针对相关文书所保护的权利。即使相关文书包含有关平等的全面性条款（例如《公民权利和政治权利国际公约》），但法律体系对这些条款适用范围的解读可能会相当令人困惑。

联合国人权事务委员会分析了几个案件中《公民权利和政治权利国际公约》所保护的平等的含义。例如，在什林奥弥尔鲁迪·斯吉弗拉（Shirin Aumeeruddy-Cziffra）等人诉毛里求斯案中，③委员会面临的是由两项关于移民的法规引起的歧视。这种歧视改变了娶毛里求斯女性的外国男性居住地位，但嫁给毛里求斯男性的外国女性的居住地位保持不变。④ 申诉者称，这里有两组受害者：毛里求斯单身女性（如果她们想保留自己的毛里求斯国籍便不能自由地与外国人结婚）和嫁给外国男性的毛里求斯女性。⑤ 此案由 17 名未婚女性和 3 名已婚女性提交，⑥但委员会拒绝了 17 名单身女性的申请，仅关注 3 名已婚女性的权利。⑦

委员会证实了该法律是任意的，其任意性在于性别歧视。人权事务委员会避免讨论歧视的原因，并把重点放在该法律的任意性上。⑧ 委员会将《公民权利和政治权利国际公约》第 26 条与无歧视尊重权利的一般义务捆绑在一起（第 2 条）。⑨ 根据这一决定，我们不清楚第 26 条是否含有某种独

---

① "第 2 条　每一个人应有权享受本宪章所承认和保障的权利和自由，不分种族、族裔、肤色、性别、语言、宗教、政治或任何其他见解、民族和社会出身、财富、出生或其他地位。"

② "第 2.1 条　本公约各缔约国承诺尊重并确保在其领土内并受其管辖的所有个人享有本公约所承认的权利，不分种族、肤色、性别、语言、宗教、政治或其他见解、国籍或社会出身、财产、出生或其他状态。［……］"和"第 26 条　法律面前人人平等，有权不受任何歧视地得到法律的平等保护。在这方面，法律应禁止任何歧视，并保证人人享有平等和有效的保护，不受基于种族、肤色、性别、语言、宗教、政治或其他见解、民族或社会出身、财产、出生或其他身份等任何理由的歧视。"这些规定由人权事务委员会联合解释。

③　人权事务委员会，第 35/1978 号来文，Shirin Aumeeruddy-Cziffra 等人诉毛里求斯，联合国文件 CCPR/C/12/D/35/1978，1981 年 4 月 9 日。

④　Shirin Aumeeruddy-Cziffra 等人诉毛里求斯案，第 1.2 段。

⑤　Shirin Aumeeruddy-Cziffra 等人诉毛里求斯案，第 6.2 段。

⑥　Shirin Aumeeruddy-Cziffra 等人诉毛里求斯案，第 7.1 段。

⑦　Shirin Aumeeruddy-Cziffra 等人诉毛里求斯案，第 9.2.a 段。

⑧　Shirin Aumeeruddy-Cziffra 等人诉毛里求斯案，第 9.2.b.2.i.4 段。

⑨　Shirin Aumeeruddy-Cziffra 等人诉毛里求斯案，第 9.2.b.2.i.5 段。

立意义,平等是否仅仅意味着在保障权利方面的非歧视。

在 FH Zwaan-De Vries 诉荷兰案中,①委员会根据一项法律条款分析了歧视问题。该条款规定了《公民权利和政治权利国际公约》中不要求的利益。在毛里求斯的案件中,该公约要求获得利益(保护家庭)。因此,如果委员会仅在享受该公约所保护的权利方面对平等进行分析,那就意味着委员会并不对这一案件进行分析。毛里求斯案件中,国家以结婚为由拒绝给妇女发放失业救济金。② 委员会宣布第 26 条与第 2 条不尽相同,第 26 条要求国家内部法律适用的平等。③ 委员会还决定,性别歧视极大地扩大了《公民权利和政治权利国际公约》平等保护的范围。④ 该《公约》对有关平等条款的解读意味着各国要在其所有法律中实现平等对待,而不仅仅是与该《公约》人权保护有关的法律。这种解读在之后的案件中得以确认。⑤

美洲国家间人权法院等机构构建的法律本身并不足以保护文化,除非在国际人权裁决中给予平等权以人权事务委员会已给予的自主权。然而,其他文书对自主权施加的限制似乎阻止了这种全面性建设。

然而,即使较为狭义地看待平等权,我们也必须牢记美洲国家间人权法院对平等权的理解提供了一个良好的背景。在这个背景下,在有争议的其他权利的违反案件中,可以对违反程度进行衡量。这种对平等的建构成为一种辅助工具,其中必须发挥另一项权利的作用。这里的另一项权利可以是受该文书保护的任何权利。这么做是有利的,因为这开启了将生活方式保护纳入生活各个方面的可能性,而不一定是单一方面,例如家庭生活权。

(三)表达自由

雅基·阿克萨(Yakye-Axa)社区诉乌拉圭案中,美洲国家间人权法院暗示了在文书中使用有关平等的一般规定的观点。后来,这个观点在 López Álvarez 诉洪都拉斯案中得到发展。此案中,黑加勒比人(Garífuna)的领导人遭到监禁,并在拘留期间被剥夺了权利。这个案件中,该法院将先前案件[雅基·阿克萨(Yakye-Axa)社区诉乌拉圭案]中令人困惑的表达补全了意

---

① 人权事务委员会,第 182/1984 号来文,FH Zwaan De Vries 诉荷兰案,联合国文件 CCPR/C/29/D/182/1984,1987 年 4 月 9 日。

② FH Zwaan-De Vries 诉荷兰案,第 2.1 段。

③ FH Zwaan-De Vries 诉荷兰案,第 12.3 段。

④ FH Zwaan-De Vries 诉荷兰案,第 15 段。

⑤ 参见人权事务委员会,第 191/1985 号来文,卡尔·亨里克·布洛姆诉瑞典,联合国文件 CCPR/C/32/D/191/1985,1988 年 4 月 4 日。

义,第 1 条第 1 款的一般规定中确实明确包含享有文化的权利。洪都拉斯的黑加勒比人社区(非裔加勒比社区)的领导人被禁止在监狱中用黑加勒比人的语言与他的伙伴交谈。① 美洲国家间人权法院是在这个背景下对此问题进行分析的。

该法院根据表达自由权(第 13 条)、关于平等的一般规定(第 1 条第 1 款)和《美国人权公约》中关于非歧视的具体条款(第 24 条)来分析这一禁令。得出的结论是,对平等的需要要求国家履行允许囚犯用母语进行表达的义务。因此,该法院认定,阻止个人用其土著语言表达自己的措施等于侵犯了《公约》中规定的自由表达的权利。一般规定中也包含了这种观点。②

根据 2003 年联合国教科文组织《保护非物质文化遗产公约》,在此应该指出的是,要注意语言是非物质文化遗产的一个要素,③并且在过去被认为是文化群体的"基本特征"。④ 谈到语言是非物质文化遗产的一个要素时,《公约》的起草委员会明确表示,要保护对于非物质文化遗产来说至关重要的语言,而非所有语言。这种区分到底意味着什么还有待评估,但我认为这与将所有语言作为遗产的一部分来保护所需要花费的成本有关,而各国并不愿意用其他手段来保护语言。这里有一个关于"越位的"语言保护立法与计划的问题。这会给各国带来财务和政治成本。无论如何,这种对语言成为非物质文化遗产元素的资格要求会降低语言对于非物质文化遗产的重要性。⑤

若干涉及《公民权利和政治权利国际公约》第 27 条(总是连同有关表达自由的第 19 条)的关于在法国使用布列塔尼语的案件被提交到人权事务委员会。⑥ 但所有案件都被认为是不能采纳的案件。其中的许多案件涉及少

---

① I/A Court HR, Case of López-Álvarez v Honduras. Merits, Reparations, and Costs. Judgment of 1 February 2006. Series C No 141, para 54. 49.

② 洛佩斯-阿尔瓦雷斯诉洪都拉斯案,第 169 和 174 段。

③ 《保护非物质文化遗产公约》,第 2(a)条。For an example of the practical application of this aspect of ICH, see Matilda Burden, 'Museums and the Intangible Heritage:The Case Study of the Afrikaans Language Museum', Intl J of Intangible Heritage 2(2007), pp. 82-91.

④ Philip Vuciri Ramaga, 'Bases of Minority Identity', Human Rights Q 14(1992), pp. 417-418[referring to the Czechoslovak Language of Minorities Case,3 Ann Dig of Pub Intl L Cas 314(1925-1926)].

⑤ Blake, Commentary,37.

⑥ 参见人权事务委员会,第 220/1987 号来文,TK 诉法国,联合国文件 CCPR/C/37/D/220/1987,1989 年 12 月 8 日。

数群体语言,①试图在当地法院用少数群体语言代替法语进行表达。虽然他们宣称,出于未用法语将案件提交到当地法院的原因而驳回其申诉本身就是对《公民权利和政治权利国际公约》中权利的侵犯,但他们无论如何都精通法语的事实决定性地削弱了这些案件的重要性。而且,我们还能将其视为利用人权机制保护非物质文化遗产的一种负面结果,因为委员会为了国家能施行更简便、更经济的解决方案(即简单地忽视法国境内的少数民族语言)而忽视了该语言的文化意义。

　　甚至是美洲国家间人权法院在依据其一般规定解释关于表达自由的条款以便纳入文化身份的要素时,也参考了有关非歧视的条款。这么做能将其在先前的判例法中建立的平等的实质意义与有关平等的更强有力、更普遍的规定联系在一起(即使案件中尚不清楚确切的平等范围或其在该特定决策中所发挥的作用)。然而,并非所有制度都可以依赖有关表达自由权的条款。为了寻找保护文化身份的方法,国际上也尝试过利用其他权利。在这一方面,私人和家庭生活权利是一项非常有力的条款。下面会对该权利进行分析。

　　(四)私人和家庭生活的权利

　　私人生活权可以被视为人权制度中的“一揽子”权利,因为它不仅用于保护文化身份,还用于保护环境等其他方面。② 虽然该权利通常被视为一个整体,但我们要单独考虑它的两个方面:一方面是隐私权,与“独处的”监护社区的利益密切相关。从这个意义上讲,我们甚至可以谈论“文化隐私”。③

　　另一方面,“家庭生活”的引申含义是,一个人与其他人相关的生活方式,甚至是社区的生活方式(从而为个人权利增加了群体维度)。此外,可以构建一种“家庭”来包含非西化概念。这是人权事务委员会在(Francis Hopu)和(Tepoaitu Bessert)诉法国案中所采取的立场。这起案件中,一项酒店建设项目对传统土地构成了威胁,包括波利尼西亚部落的传统墓地。④ 人权事务委员会接受了请愿人的主张,即委员会应根据他们的传统来解释“家

①　在《公民权利和政治权利国际公约》第27条中,语言是少数民族的可能界定要素之一。一个语言少数的象征性案例是在欧洲人权委员会之前的比利时语言学案例。For a detailed analysis of this case,see Ramaga,‘Relativity of the Minority Concept’,p. 112.

②　López Ostra诉西班牙案(第16798/90号申请),1994年12月9日的判决。

③　Brown,Who Owns Native Culture? pp. 27-42.

④　人权事务委员会,第549/1993号来文,Francis Hopu和Tepoaiu Bessert诉法国,联合国文件 CCPR/C/60/D/549/1993/Rev/119997年12月29日,第2.2和2.5段。

庭"一词,"家庭"中包括整个部落的人口。最终,委员会判定,这个酒店建设项目会侵犯请愿者的隐私,干扰其家庭生活。①

法国对第 27 条的有所保留解释了为什么人权事务委员会决定在此案中扩大对家庭的理解范围。但这一立场遭到了一些成员国的批评,因为即使是扩大对家庭的理解范围,也不可能包含某一族群的所有成员。② 无论如何,就目前而言,只需说明《公民权利和政治权利国际公约》中有一项条款用于保护与人们生活方式相关的特征(而不是针对保护少数群体文化)。

欧洲人权法院在解释《欧洲人权公约》时,③在涉及罗马人及其文化方面的案件中采取了类似的方法。这种方法的一个例子是托马斯·李(Thomas Lee)诉英国案。④ 托马斯·李提交针对英国的申请,声称某些环境措施使他无法在选定的地点在他的大篷车中安顿下来。他宣称这违反了他所享有的尊重住宅、家庭和私人生活的权利。⑤ 作为罗姆人(也称吉卜赛人),托马斯·李拥有着游牧的生活方式,所以他多次因"非法扎营"而被起诉。为了改变这种状况,他购买了一块土地并决定永久定居。⑥ 定居一年后,由于景观保护问题以及该土地的特殊位置,他收到了驱逐令。⑦

欧洲人权法院认为该案件的问题与《欧洲人权公约》第 8 条有关,因为托马斯·李选择住在大篷车中的做法"……是他吉卜赛身份的组成部分,环境措施影响了申请人对其居所的占有,……影响了他保持自己吉卜赛身份的能力,也干扰了他基于这种传统的私生活和家庭生活"。⑧

决定了该案件属于第 8 条的范畴后,欧洲人权法院继续分析这些措施是否干扰到该条款规定的权利,结果得到了证实,确定了这些措施存在干扰⑨且涉及环境法(城市规划)。⑩ 欧洲人权法院表示,各国在处理环境问题方面

---

① Francis Hopu and Tepoaitu Bessert v France,para 10. 3.
② Francis Hopu and Tepoaitu Bessert v France,Individual dissenting opinion by Committee members David Kretzmer and Thomas Buergenthal,cosigned by Nisuke Ando and Lord Colville,para 4.
③ 《保护人权和基本自由公约》,CETS 005,1950 年 11 月 4 日开放供签署。生效日期:1953 年 9 月 3 日。截至 2012 年 11 月的缔约国:47 个。
④ 托马斯·李诉联合王国案(第 25289/1994 号申请),2001 年 1 月 18 日判决。
⑤ 托马斯·李诉联合王国案,第 3 段。
⑥ 托马斯·李诉联合王国案,第 10—11 段。
⑦ 托马斯·李诉联合王国案,第 15 段。
⑧ 托马斯·李诉联合王国案,第 75 段。
⑨ 托马斯·李诉联合王国案,第 80 段。
⑩ 托马斯·李诉联合王国案,第 84 段。

拥有很大的自由裁量权,①因此有充分的自由裁量权来维持广大人口的需求(受环境法保护)与少数群体的需求之间的平衡(在这些一般性措施的约束中主张基于文化的例外情况)。

在回应关于保护少数群体的论点时,欧洲人权法院接受了一种论点,即欧洲理事会的《保护少数民族框架公约》是对少数群体权利保护达成新共识的标志。② 但该法院认为,这种共识限制第 8 条中规定的权利(因为《欧洲人权公约》中大多数语言是开放式的)并不是为了削弱各国的自由裁量权。③因此,申请人的论点被驳回,并且发现申请人家庭生活受到的干扰属于国家职权范围内,法院将在这方面发挥"严格监督"的作用。④

基于这一推理,欧洲人权法院接受了某种文化的生活方式要素存在于隶属该文化个人私生活中的观点。尽管结果类似,但欧洲人权法院与联合国人权事务委员会的论点有显著差异。欧洲人权法院没有扩大"家庭"的概念,只说生活方式是私人生活不可或缺的一部分。这个论点比人权事务委员会的论点更有力,而且争议性更小,至少在人们接受用自由主义人权概念支持文化遗产保护的情况下(上面提到过文化遗产具有内在的集体维度)。

对"隐私""家庭"和"家庭生活"有关文化的不同构建也能为文化身份的表现形式提供很大程度上的保护。这些文书似乎足够开放,可以涵盖这一权利范围内文化的所有方面,从而为保护非物质文化遗产创造了另一个强大的工具。但是,我们尚不确定人权制度是否能维持或继续扩大私人和家庭生活权保障的范围。此外,由于非物质文化遗产还有其他涉及人权的方面需要保护,因此继续分析其他可能利用的人权保护是非常重要的。

(五)宗教自由

宗教自由为保护非物质文化遗产提供了一个特别相关的维度,因为许多与非物质文化遗产有关的问题与监护社区对神的观点以及因不尊重宗教观而受到的伤害有关。宗教是《公民权利和政治权利国际公约》第 27 条中少数群体的身份特征之一。此外,宗教自由概念中固有的群体维度有助于解决用个人权利保护群体利益的大部分问题。如果有人认为即使宗教活动往往是集体活动,但宗教自由已经作为个人权利而受到保护,那么对将个人

---

① 托马斯·李诉联合王国案,第 94 段。
② 托马斯·李诉联合王国案,第 85 和 95 段。
③ 托马斯·李诉联合王国案,第 96 段。
④ 托马斯·李诉联合王国案,第 96 段。

人权用于保护与文化遗产相关的群体利益的抵制似乎更容易克服。与宗教自由法律体系的关联分两个方面:一方面,现行的保护标准为公开宗教仪式的社会习俗创造了例外。从这个意义上说,确保宗教自由意味着创造出保护构成非物质文化遗产的某些宗教活动的私密性手段,从而建立起某种消极保护形式。另一方面,包括允许建立保护宗教活动的特殊制度,从而构成某种积极保护形式。①

一个有趣的例子就是犹太仪式协会 Cha'Are Shalom ve Tsedek 诉法国案。② 然而,此案必须参考阿罗史密斯(Arrowsmith)诉英国案。③ 阿罗史密斯案是由曾经的欧洲人权委员会裁决的,该委员会为欧洲人权法院的宗教自由法律体系制定了标准。下面,我将先对阿罗史密斯案进行分析。

帕特·阿罗史密斯是一名和平主义者,因散发反对英国士兵去北爱尔兰巡回演习的传单而被判刑。她因违反《煽动叛乱法》而遭到起诉,被判处 18 个月监禁。随后,她宣称这侵犯了她享有的《欧洲人权公约》第 9 条中的权利(信仰和宗教自由)。人权事务委员会接受了和平主义是一种信仰的观点,但它表示,这些传单不是受保护的信仰表现形式,因为:(1)这些传单中不包含和平主义观点,只有反对某场战争的观点(而非所有战争);(2)这些传单对北爱尔兰的英国政策提出了政治批评,而不是和平主义观点(更多的是政治言论,而不是信仰的传播);(3)这些传单针对的是士兵,而非所有人。

这个案件创造了"阿罗史密斯(Arrowsmith)测试",后来被重新诠释为代表了某种构成。这种构成只存在于异议者对多数人支持的行动特征描述中,而不存在于大多数人的看法中。少数群体认为,多数人的支持意味着某种实践在成为第 9 条所保护的做法之前要有其必要性因素。相关的信仰体系要求该行动几乎作为一种义务,以便受到第 9 条保护。④

宗教或信仰体系要求个人一定要以这种特定方式行事,因为它属于第 9 条的范畴。如果没有规则对实践作出要求,或者该规则存在,但只有宽松的

---

① 审查若干国家的市政立法如何规定某些宗教成员的一般例外,特别是在家庭法和继承法领域。see Henry J Steiner and Philip Alston, International Human Rights in Context—Law, Politics, Morals (Oxford University Press, 2000), p. 491-511. Unfortunately, these materials have been excluded from the third edition(2007).

② Case of Cha'Are Shalom ve Tsedek v France(Application No 27417/95), judgment 27 June 2000.

③ Arrowsmith v United Kingdom(Application No 7050/75), Comm Rep 1978,19 DR 5.

④ Arrowsmith v United Kingdom, para 2 of Commissioner Opsahl's dissenting opinion.

规则,那么该实践便不受保护。对实践的必要性进行客观证明是有必要的,仅对实践必要性进行主观评估是不够的。这个案件中,无论帕特·阿罗史密斯如何认同散发传单的必要性,她都必须拿出证据来证明这一点。"阿罗史密斯测试"为某些信仰体系提供了更强有力的案例(分层的、集中的、结构良好的传统体系),但它对其他体系构成了障碍(更具体地说,新的宗教运动)。询问各宗教的要求也成为司法系统的一项任务。

阿罗史密斯判决创造了一种反向测试,如 Leyla şahin 诉土耳其案(大法庭)中所述。① 阿罗史密斯判决对涉及第 9 条的审判流程产生了巨大影响,将宗教法纳入了第 9 条意义的核心。这个观点与 Cha'Are Shalom 案的解释有关。

犹太仪式协会 Cha'Are Shalom ve Tsedek 诉法国案中,法院面临着仪式屠宰动物的问题。除了特定情况外,法国禁止这种做法。② 动物必须以人道的方式进行屠宰,这要求它们在屠宰前处于无意识状态。而仪式屠宰则正好相反(实际上是迫使人们违反法国法律)。法国有一些具有授权卡的仪式屠宰者,授卡当局是巴黎一个团体的特定委员会。该协会本身就是犹太宗教组织的组成部分,而且其存在具有法定基础。③ 有一个极端正统的群体想采取更严格的仪式屠杀做法,但委员会拒绝了授权。④

随后,一个宗教少数群体对更大的宗教社区强加给他们的规则提出质疑,声称该规则侵犯了他们的宗教自由(第 9 条)(还违反了第 14 条规则,该规则禁止歧视),还与国家的做法联系到一起(国家拒绝干涉较大的少数群体的行为)。⑤ 这满足"阿罗史密斯测试",因为犹太教要求只消费符合犹太教教规的产品。⑥ 事实上,法院关注的并不是实际的仪式屠宰行为(法院更关注犹太洁食肉类的认证制度,以及对遵守仪式进行认证的垄断是否侵犯了宗教自由)。由于没有重点关注这种做法,法院判定其中没有干扰。⑦ 由于没有把重点放在信仰的核心实践上,而是放在了进行核心实践所必需的行政工具上,欧洲人权法院错过了发表有关仪式的声明的机会,而仪式是非物质文化遗产的重要组成部分。此案的判决也许可以说是两害相权取其

① Leyla şahin 诉土耳其(大庭)(第 44774/98 号申请),2005 年 11 月 10 日判决,第 105 段。
② Cha'Are Shalom ve Tsedek 诉法国案,第 20—21 段。
③ Cha'Are Shalom ve Tsedek 诉法国案,第 22—25 段。
④ Cha'Are Shalom ve Tsedek 诉法国案,第 27—34 段。
⑤ Cha'Are Shalom ve Tsedek 诉法国案,第 36 和 58 段。
⑥ Cha'Are Shalom ve Tsedek 诉法国案,第 13—19 段。
⑦ Cha'Are Shalom ve Tsedek 诉法国案,第 74 和 77 段。

轻。回避文化核心的做法成了保护文化的一种手段。

第9条要求国家在规范市场时区别对待宗教社区。在规范经济活动时，国家必须区别对待宗教团体和其他人群。[①] 一种看似合理观点认为，仅法国要求豁免还不够，还要与有权获得豁免的社区协商，或让社区自行决定是否得到豁免。

另外还有一个令人信服的论点，第9条要求区别对待，并将此类决策权下放给社区。然而，将权力下放给社区并没有侵犯平等权，即使是将立法权的一部分赋予国家以外的实体。这个论点允许建立一种保护宗教利益的制度。这种制度也可用于保护许多非物质文化遗产实例，尤其是在非物质文化遗产元素难以"适应"现行法律分类的情况下。保护宗教自由的法律为建立普遍适用法律的例外制度开辟了空间，允许建立满足监管社区特定需求的特殊制度。

但是，这种方法最大的缺陷是，并非所有的非物质文化遗产实践都附带宗教元素（正如"阿罗史密斯测试"所示，任何这种联系必须很强）。然而，由于非物质文化遗产中至少有很大一部分问题确实涉及宗教伤害，所以我们必须牢记宗教自由权是一个强有力的工具。

（六）其他权利

人权法中有许多权利可能用于保护非物质文化遗产的各个方面。上面我已经提到了一些最常见的权利，但还有一些值得一提的权利可用于保护遗产利益。

这些权利中包括公平审判的权利。这些权利在某种程度上也具有人权制度中"一揽子"权利的特征。[②] "公平审判权"指的是任何法律主张的内部诉讼，而不一定是与受国际文书保护的人权有关的诉讼。所以说，公平审判权提供了间接的国际补偿途径，因为考虑到监护社区与第三方之间频繁出现的权力不平衡的情况，有关非物质文化遗产的诉讼程序可能既冗长又不平衡，甚至拒绝司法。在上面提到的内部诉讼中使用语言的案例中，公平审判权也特别重要。

结社自由权也常被援引用于保护遗产。由于结社自由权保护了个人组

---

① Cha'Are Shalom ve Tsedek 诉法国案，第84段。

② 欧洲体系内有一个例子，说明如何利用公平审判权来捍卫土著人的土地要求。马丁·谢宁谈到了将《欧洲人权公约》第6条（公平审判权）作为一个"开放性"条款来推进土著权利主张的可能性。尽管谢宁在土著土地要求的背景下提到了这种可能性，但没有任何东西妨碍它用于促进文化要求。

建团体的权利,因此利用这一权利也许可以为所有社区以及非物质文化遗产实践所需的社区提供保护。

可用于保护非物质文化遗产利益的另一类权利是人身完整权。人身完整权不允许有所减损,因此属于权利层级中"最高级"的一种权利。美洲国家间人权法院在 Moiwana 社区诉苏里南案中便对人身完整权进行了探讨。此案中,美洲国家间人权法院认为,该国未能保证社区成员对其传统占用土地的所有权,所以他们无法进行自己的埋葬仪式,这侵犯了他们受《美洲人权公约》第 5 条保护的人身完整权。最终,该国为该地区划定界限并给予 Moiwana 社区土地所有权。①

在判决土著人民的其他案件中,美洲国家间人权法院利用财产权来保障土著社区的土地权利。② 土地是有些文化存在的基本要素,而且联合国教科文组织的《保护非物质文化遗产公约》对非物质文化遗产的定义中包含与其相关的"文化空间",③因此保护土著土地的诉求似乎也是保护土著文化遗产的一种可行手段。

最后,经济、社会及文化权利(ESCR)也可用于保护文化和文化身份。这些权利包括享受文化的权利,以及享受创造所带来的利益的权利。与这一系列权利相关的问题主要是缺乏完善的制度框架来保护它们。到目前为止,联合国经济、社会、文化权利委员会不接受个人投诉(尽管《经济、社会及文化权利国际公约》的任择议定书已经通过,目前正在等待进行一些必要的批准程序)。④ 此外,非洲体系作为唯一公开保护经济、社会及文化权利的区域体系,⑤也缺乏一个有效的执行体系,尽管非洲委员会和最近成立的非洲

---

① I/A Court HR,Case of the Moiwana Community v Suriname. Preliminary Objections,Merits,Reparations,and Costs. Judgment of 15 June 2005. Series C No 124,para 103.

② 见 I/A 法院 HR,马雅那(相扑)阿瓦斯廷尼社区诉尼加拉瓜案。案情、赔偿和费用。2001 年 8 月 31 日的判决。C 系列第 79 号;I/A 法院 HR,Yakye Axa 土著社区诉巴拉圭案。案情、赔偿和费用。2005 年 6 月 17 日的判决。C 系列 125 号;I/A 法院 HR,Yatama 诉尼加拉瓜案。初步反对、案情、赔偿和费用。2005 年 6 月 23 日的判决。C 系列 127 号;I/A 法院 HR,Sawhoyamaxa 土著社区诉巴拉圭案。案情、赔偿和费用。2006 年 3 月 29 日的判决。C 系列 146 号;I/A 法院 HR,萨拉马卡人民诉苏里南案。初步反对、案情、赔偿和费用。2007 年 11 月 28 日 C 系列 172 号判决。

③ 《保护非物质文化遗产公约》,第 2(a)条。

④ 截至 2012 年 11 月,已有 8 个国家批准本议定书,另有 33 个签署国。

⑤ 《非洲人权和人民权利宪章》,1981 年 6 月 27 日由非统组织文件 CAB/LEG/67/3 第 5 版通过。1986 年 10 月 21 日生效。截至 2012 年 11 月的缔约国数目:53 个(所有非洲联盟成员国)。21 ILM 59(1982 年)。第 15—18 条。

法院①有潜力成为有效的监督机构。

　　然而,经济、社会及文化权利要素在很大程度上被纳入了《民事诉讼规则》(CPR)判例法。这一点可以从美洲国家间人权法院和联合国人权事务委员会扩大对平等权的建设以及欧洲人权法院的"积极义务"原则中看出来。②

　　从广义上讲,这些权利可以用于保护文化和文化身份,然后解决有关非物质文化遗产的问题,并间接为其提供保护。现在,我们有必要考虑一下使用这些权利有哪些限制。

二、权利限制

　　本章的前一部分中,我讨论了保护非物质文化遗产时应用人权框架可能遇到的障碍。这些可称为"外部"限制。这些限制将使用人权作为一种先验,例如不愿意用个人权利框架来保障(固有的集体)遗产。这里,我要讨论的是权利本身的限制,或称"内部"限制。

　　这里要指出使用人权的若干限制。第一种一般性限制是案件所需的比例测试,涉及言论自由权、③宗教自由权、④私人和家庭生活权、集会自由权以及上面讨论的《公民权利和政治权利国际公约》中关于少数群体保护的条款(至少是人权事务委员会对条款的解释)。

　　另一种一般性限制是赋予各国保障这些权利的自由裁量权。在某种程度上,各国拥有对某些权利的自由裁量权。在涉及更"有争议"的问题时,这

---

　　① 1998 年 7 月通过的《非洲人权和人民权利宪章关于设立非洲人权和人民权利法院的议定书》,2004 年 1 月生效。截至 2012 年 11 月的缔约方数目:26 个。

　　② 关于欧洲体系中积极义务的详细分析,see Alastair R Mowbray, The Development of Positive Obligations under the European Convention on Human Rights by the European Court of Human Rights(Hart Publishing,2004)(分析生命权、禁止酷刑、自由和安全权、公平审判权、尊重私人和家庭生活权、思想、良心和宗教自由、言论自由、集会和结社自由、禁止歧视和获得有效补救的权利)。See also Frédéric Sudre, ' Les "obligations positives" dans la jurisprudence européenne des droits de l'homme ' , Revue Trimestrielle des Droits de l'homme 23(1995) , p. 365(辩称"积极义务"理论将 ESCR 的要素纳入了欧洲人权委员会的判例中)。

　　③ 这些权利也存在具体的限制。例如,当涉及表达自由的权利时,需要问的一个问题是受影响的表达是否受言论保护。

　　④ 在援引宗教自由权时,必须考虑这项权利是如何运作的,因为援引宗教自由意味着承认某一实践为宗教,这必然与宗教概念有关。

种自由裁量权会更大,因此这是一种需要重点考虑的内部限制。①

上面讨论过,有一种特殊限制具体涉及有关平等的一般规定。这种限制主要涉及保护人权的国际和区域文书中有关保护平等权的条款的自主权。如果有关平等权的条款不具备充分的自主权,那么引用该条款来保护非物质文化遗产的可能性就会大大降低。

援引公平审判权的一个限制是,该权利并不以保护案件中受到侵犯的实质性权利为目的。公平审判权的诉求构成了一种完全独立的法律问题,与国内一系列实质性案件区分开来。美洲国家间人权法院已多次证实这一点。② 该法院的说法可以解读为,通过保护公平审判权,身份诉求得到的任何"间接"保护都不是实际的,所以必然无法解决案件中的身份(因此也不能解决遗产)问题。

利用财产权时要克服的主要障碍是,诉求必须与土地有关联。由于并不是所有非物质文化遗产的表现形式都与土地有联系,而且与土地有联系的遗产主要局限于土著人民的遗产,因此财产权的引用几乎只有在保护土著遗产时才有效,而无法保护非土著监护社区。最后,援引人身完整权的限制是,案件中权利受到侵犯的程度需要达到相当高的阈值。例如美洲国家间人权法院处理的 Moiwana 社区案件。③

另一种需要考虑的利益是"他人权利"下的比例分析。我指的紧张局势是研究人员和人类学家之间科学表达权的冲突,以及科学表达权与监护社区的许多宗教和隐私问题之间发生冲突的方式。④ 这是一种贯穿于联合国教科文组织文书的紧张局势。2003 年联合国教科文组织的《保护非物质文化遗产公约》似乎给予了研究人员关注"文化隐私"的特权,因为在获得任何形式的国际认可之前,研究人员需要对非物质文化遗产进行编目和研究。

所有这些限制都有助于平衡人权在保护非物质文化遗产方面的应用,

---

① On the margin of appreciation doctrine, see Howard Charles Yourow, The Margin of Appreciation Doctrine in the Dynamics of European Human Rights Jurisprudence(Kluwer Law International, 1996).

② 人权法院,卡巴莱罗·德尔加多和桑塔纳诉哥伦比亚一案。1995 年 12 月 8 日的判决。C 系列第 22 号,第 60 段;I/A 人权法院,苏亚雷斯·罗塞罗诉厄瓜多尔案。1997 年 11 月 12 日的判决。C 系列第 35 号,第 37 段;I/A 人权法院,Cesti Hurtado 诉秘鲁一案。1999 年 9 月 29 日的判决。C 系列第 56 号,第 108 段;I/A 人权法院,费米·拉米雷斯诉危地马拉案。案情、赔偿和费用。2005 年 6 月 20 日的判决。C 系列第 126 号,第 63 段。

③ 这一高门槛在欧洲人权委员会关于酷刑的判例中也可以看到。See eg Ireland v United Kingdom(Application No 5310/71), judgment of 18 January 1978.

④ For a series of case studies on this clash, see Brown, Who Owns Native Culture? pp. 11-42.

并且可以作为论据来"安抚"这种方法的批评者。人权使用存在内部限制，这有助于提出一种与在非物质文化遗产相关案件中希望仅使用人权的观点形成鲜明对比的主张。

三、非物质文化遗产保护的人权例外

有关人权与非物质文化遗产关系的大量辩论重点关注人权如何限制非物质文化遗产的保护。换句话说，人权的限制如何与值得保护的遗产表现形式联系起来。[1] 2003 年联合国教科文组织《保护非物质文化遗产公约》中将非物质文化遗产界定为值得保护的非物质文化遗产，这个事实解释了这一概念。[2] 通过人权对非物质文化遗产施加限制的过程可以被描述为人权与非物质文化遗产之间的负面关系。

对影响人权的非物质文化遗产的反对意见与"隐形含义"的观点有关，即只要文化权利和文化独特性不侵犯其他人权，那么它们将受到保护的观点。[3] 虽然"隐形含义"的观点（更准确地说是对它的评论）似乎倾向于文化相对主义，但我认为，"隐形含义"确实可以成为对社区有用的工具。在我看来，虽然乍一看这种限制可能是保护文化的障碍，但它也可以为辩论提供特定文化习俗的信息，因为它使社区对外开放以进行文化交流，虽然有时候是强制的。因为它表明社区可以"被文明"或"改变方式"，以达到在接触其他群体的基础上更普遍接受的标准。然而，如果要提升能增加文化多样性的非物质文化遗产保护的地位，可能要允许将社区本质化，至少是在社区愿意向外界开放他们的遗产以供欣赏的情况下是允许的。这不是强加殖民道德或殖民意识，而是将人权不可动摇的核心与文化敏感的普遍主义倾向联系起来。这一点我是支持的。因此，限制遗产的人权是"文化流"中的另一股流，它不断改变并赋予遗产新的含义。

当然，对"隐形含义"的这种"积极"看法必须用以下观点来平衡。获得

---

① For a collection of essays on this topic, see Helaine Silverman and D Fairchild Ruggles(eds), Cultural Heritage and Human Rights(Springer, 2007).

② "第 2 条——定义。……为本公约的目的，将仅考虑与现有国际人权文书……兼容的非物质文化遗产。"

③ This idea is more fully articulated in Karen Engle, The Elusive Promise of Indigenous Development: Rights, Culture, Strategy(Duke University Press, 2010), pp. 133-137; and Elizabeth A Povinelli, The Cunning of Recognition: Indigenous Alterities and the Making of Australian Multiculturalism(Duke University Press, 2002).

认可和国际援助的压力,不可避免地迫使社区完全放弃它们的实践。但第七章中进一步阐述的社区参与机制可以帮助解决这一问题。

作为利用人权保护文化身份和利用某种人权来保护某种文化身份的理由,使用体制性的人权机制似乎是合乎逻辑的。但是,人权裁决和准裁决计划一般不具备分析文化权利的权力,这就是为什么它们制定了一项关注人权其他方面完备的案例法,例如私人和家庭生活权、平等和非歧视权以及宗教自由权等。

通过保护身份来保护遗产从很多方面上看都是绕道而行,但也可以理解为跳过了中间者,即跳过了身份的表现形式而直接保护身份。遗产之所以受到保护,是因为它对身份有影响,直接保护身份,遗产可作为身份的证明。

"遗产权"被公认为文化身份权的分支,是其能发挥作用的重要组成部分。"遗产权"通常被认为是一种个人权利。这种看法没有考虑到一般文化遗产基本的群体维度,尤其是非物质文化遗产。从这个意义上说,对于国际层面的非物质文化遗产保护来说,国际人权裁决是一种有用但并不完备的工具。

第六章
知识产权与非物质文化遗产

　　2003 年联合国教科文组织的《保护非物质文化遗产公约》生效之前,知识产权工具的使用是讨论非物质文化遗产保护的文献中最常见的主题之一,目前仍是一个十分常见的主题。

　　这种对知识产权(IP)的关注可能是因为有关非物质文化遗产保护的辩论首先被视为一种知识产权问题(第二章中讨论过)。此外,非物质文化遗产最常见的表现形式(舞蹈、歌曲、讲故事、手工艺)似乎很适合知识产权领域,尤其是版权领域。本章的大部分讨论将集中在版权保护和版权相关概念上。这里将其理解为知识产权保护的基础。

　　许多批评针对在非物质文化遗产领域使用知识产权。本章全文都将这种批评考虑在内。本章首先讨论知识产权保护的商品化效应,并且考虑到文化交流的需要和非物质文化遗产概念的不确定性。接下来,本章将探讨能成功用于保护非物质文化遗产表现形式的具体知识产权机制。

　　本章将根据对每种知识产权工具在各自的局限性内所受到的批评来进行研究,但也不会忽略反对非物质文化遗产专利化主张的"文化共享"和公众领域观点。这些观点将在下一节中进行深入讨论。最后一节将探讨本章的核心论点,即知识产权可以:(1)促进某些社区的经济发展[①];(2)利用有关盗用的法律防止文化伤害。但是,使用知识产权工具时应该非常谨慎,以免伤害到文化多样性所必需的文化交流。

　　我们必须始终牢记,知识产权不能直接用于保护非物质文化遗产。知识产权保护仅限于可以转化为物质对象或应用的想法、方法和体系,因此很难说它可以保护这些实物所蕴含的"非实用"的文化(或者说是不能立即在实际中应用的文化)。然而,有关这一主题的文献似乎在不断提出假设。其

---

　　① 关于遗产与经济的关系,See Xavier Greffe, Arts and Artists from an Economic Perspective (UNESCO Publishing,2002),p.137.

中我支持的一个假设是,保护非物质文化遗产实践的最终结果(即遗产表现形式的产品)间接地保护了遗产本身,为其永久化创造了条件。

第一节 知识产权工具与非物质文化遗产

本节将直接关注适用于非物质文化遗产保护的知识产权问题。第二章中已指出,有关知识产权机制的讨论要早于有关 2003 年联合国教科文组织《保护非物质文化遗产公约》的讨论。该《公约》特别提到,未来的知识产权制度是对名录机制的补充。此外,关于利用知识产权工具保护非物质文化遗产的辩论在其他论坛中从未消失过,更具体地说是世界知识产权组织(WIPO)。本书撰写时,世界知识产权组织即将完成这方面的系列文章。

本节借鉴了这一国际辩论,以及使用知识产权工具的一些国家经验(其中最著名的是澳大利亚)。除了对于特定机制的反对意见,本节还考虑到一些学术问题,其中一部分已在国际论坛上提出,有关知识产权最初的适用性。首先是对用知识产权工具保护非物质文化遗产的一般性反对意见。

一、商品化、文化交流、思想和创造力的流动

有一点必须牢记,知识产权法(尤其是版权法)保护转化成特定格式的观念,而文化遗产法则保护社区信仰、实践和价值观的表现形式。[①] 这是一个重要的区别,也大致指出了知识产权保护的一个主要缺点。

关于商品化的辩论在第一章中已经讨论过,这里就没有必要重新审视一遍了。但必须指出,将非物质文化遗产表现形式转化为知识产权法的用语和类目或许是非物质文化遗产可能受到的最极端的合法商品化形式。撇开知识产权保护要求以物质形式固定非物质文化遗产不谈(各司法管辖区甚至国际体系中都不统一,下面会讨论到),知识产权保护确实要求将遗产表现形式转化为某些参数范围内的格式,从而文化表现形式上的偏差不会太大。更具体地说,虽然知识产权保护允许非物质文化遗产元素的固定有一定的流动性,但仍然需要对基本参数作出一些规定,尤其是考虑到遗产表

---

① Susan Scafidi, Who Owns Culture? Appropriation and Authenticity in American Law (Rutgers University Press, 2005), p. 31.

现形式的真实性。这种要求对非物质文化遗产十分有害,因为从定义上看,非物质文化遗产是一种开放的且不断发展的遗产类型。

非物质文化遗产不断地变化、适应和转变是至关重要的。毕竟这种转变是正常演变的结果。非物质文化遗产只是一种文化表现形式。文化是无法被捕捉或冻结在一个静态时刻的。

非物质文化遗产表现形式的静态快照也会阻止文化交流,而且可能在其他地方成为新非物质文化遗产的前身。例如,据记载,著名的威尼斯狂欢节面具起源于马可·波罗赴现为伊朗的一次旅行中带回的类似面具。在伊朗,这些面具是波卡(Burka)的前身;在意大利,这些面具是意大利人生活中典型文化活动的标志。①

许多作者反对在整个社会使用知识产权工具。故事、歌曲和舞蹈应该形成一个共同的库,所有人在大多数情况下都能从中为创造性作品汲取灵感(文化伤害是例外,下面会分析)。然而,并不是所有人都能拥有创造性作品。创造性作品是一个人天才或天赋的产物,应该作为一份礼物来对待。②普通法系中智力创作专属垄断权的一位早期反对者也支持这个观点。英国的约瑟夫·耶茨(Joseph Yates)大法官在为一项固定的版权保护条款辩护时表示,出版行为是对公众的一份礼物。③

此外,知识产权为包含人类创造力和独创性的产品创造了有限的垄断。但如果这些垄断创造了占有某些东西的权利,并且阻止未得到许可证的人使用这些东西,那么从长远来看,最大的输家是整个社会,因为许可证费用的征收会导致整个社会产生"寒蝉效应",至少是在所有文化都基于衍生作品的情况下。

歌曲《祝你生日快乐》(Happy Birthday to You)就是一个很有说服力的例子。很少有人知道,至少在美国,这首歌是受版权保护的。由于《版权期

---

① 这是罗克珊娜·波普(Roxana Pope)在一部名为《红色长袍》(a Burka Vermelha)的纪录片中陈述的,该纪录片由卡劳斯特·古尔本基安基金会(Calouste Gulbenkian Foundation)赞助。见Fundação Calouste Gulbenkian,Newsletter(January 2009).

② Marcel Mauss,The Gift:The Form and Reason for eExchange in Archaic Societies(Routlege,1990);and Lewis Hyde,The Gift:Creativity and the Artist in the Modern World(Vintage Books,2007).

③ Mark Rose,'Nine-Tenths of the Law:The English Copyright Debates and the Rhetoric of the Public Domain',in James Boyle(ed),Collected Papers:Duke Conference on the Public Domain(Center for the Public Domain,2003),p. 79.

限延长法案》(CTEA)的颁布,①这首歌的版权要延长到 2030 年。这意味着,没有人有权利在不支付版税的情况下公开演唱《祝你生日快乐》。这种尴尬的局面加上版权所有者提起的一系列诉讼,已经导致几家餐馆被禁止表演这首歌曲或为此目的创作替代(且不那么朗朗上口的)歌曲。② 整个社会都受到了损失。

同样,另一个捍卫知识产权的观点是,阻止他人自由借用创意和创造性作品促使艺术家和其他创作者更改原创。有人对这个观点进行反驳,指出由此产生的原创作品更关注原创而非艺术。③ 威廉·莎士比亚等不朽的作家已经从早期已存在的神话中借用了大量的创作素材,④但这并不一定能得出他们是二流创作者或模仿者的结论。相反,这意味着这些作家能利用他们时代中日常文化的理念,并将这些理念提升到经典的地位。虽然他们的作品并非完全原创,但他们的印记在作品中仍然非常清晰。

尽管信息社会中有许多人批评知识产权(尤其是版权)的过度使用,但我们也不能忽视知识产权保护带来的好处。一般而言,知识产权保护确实会在一定程度上促进创造力。虽然过度的知识产权保护会扼杀创造力,但创作者也可能从中获得利益,从而为进一步创作创造条件。⑤ 正如詹姆斯·

---

① 这项法案被称为"米老鼠法案",因为它在很大程度上是华特迪士尼公司律师游说的结果,以阻止米老鼠进入公共领域。迪士尼采取了非常激进的政策,起诉所有未经授权使用米老鼠或其他迪士尼主要人物形象的人。著作权期限延长法案的合宪性受到了来自言论自由权质疑。不过,美国最高法院认为,美国宪法中保护版权权益的条款与言论自由条款相平衡,仍然有理由保证该法案的合宪性,基于这样一种观点,即宪法对版权的保护包含了"其自身的言论保护目的和保障措施",因此根据宪法制定的立法将不会受到第一修正案所规定的"严格审查"那样的高门槛。参见美国最高法院,埃尔德雷德(Eldred)诉阿什克罗夫特(Ashcroft),537 US 1(2003);Jones, Michael, 'Eldred v. Ashcroft:The Constitutionality of the Copyright Term Extension Act', Berkeley Technology LJ 19(2004), pp. 85-106;and Peter K Yu, 'International Rights Approaches to Intellectual Property:Reconceptualizing Intellectual Property Interests in a Human Rights Framework', UC Davis L Rev 40(2007), p.1099.

② Kembrew McLeod, Owning Culture:Authorship, Ownership and Intellectual Property Law(P Lang, 2001), pp.50-54.

③ Negativland, 'Two Relationships to a Cultural Public Domain', in James Boyle(ed), Collected Papers:Duke Conference on the Public Domain(Center for the Public Domain,2003), p.242.

④ 托马斯·布尔芬奇(Thomas Bulfinch)在《神话与传奇的黄金时代》一书中记录了这一点。

⑤ On this balancing, see for instance the graph presented by Jakob Cornides, 'Human Rights and Intellectual Property, Conflict or Convergence?', The J of World Intellectual Property 7(2)(2004), p.156; and Robin Gross, 'Intellectual Property Rights and the Information Commons', in Rike Frank Jorgensen (ed), Human Rights in the Global Information Society(MIT Press,2006), pp.116-117.

博伊尔所言,信息共享的关闭既危害创新,又支持创新。[1]

例如,在非物质文化遗产保护中,作为具有明显和直接经济潜力的非物质文化遗产所有者的社区应该有权获得商业开发其工艺的利益,或至少阻止第三方独享这些利益(并要求第三方签署某些利益分享协议)。[2] 社区财务利益的累积只能通过商品化来实现,而这种意义上的商品化意味着将非物质文化遗产纳入"西方"法律框架,通过知识产权给予文化货币价值。[3]

但是,说到经济利益的获取,事实是目前获得绝大部分经济利益的不是创作者和作者,而是拥有版权和负责分销受版权保护材料的公司。[4] 在非物质文化遗产表现形式的具体案例中,很难说谁将从经济开发中获益,因为首先没有多少传统社区有资源对知识产权保护进行投资(例如注册商标所需费用),或是对他们商品化的遗产进行推销。这意味着,企业合作伙伴往往会找到社区,或者社区会找到企业合作伙伴,最终企业将成为财务上的最大获益者。

比经济潜力更重要的是,知识产权法创造的垄断也可以用于防止其他人使用非物质文化遗产表现形式,尤其是在未经授权的第三方使用这种表现形式可能造成文化伤害的情况下。在这个意义上,商品化是一种赋权和控制,对于防止滥用和文化伤害来说非常重要。[5]

比起利用非物质文化遗产赚钱,一些传统社区(尤其是土著社区)更希望保护自己的生活方式,因此更有可能阻止外人使用自己的非物质文化遗

---

[1] James Boyle, 'The Second Enclosure Movement and the Construction of the Public Domain', in James Boyle(ed), Collected Papers: Duke Conference on the Public Domain(Center for the Public Domain, 2003), p. 44.

[2] McLeod, Owning Culture, 49(认为许多社区需要的不是金钱上的保护,而是通过对其创造的控制加以规范,例如宗教音乐的使用)。

[3] Johanna Gibson, 'Knowledge and Other Values—Intellectual Property and the Limitations for Traditional Knowledge', in Guido Westkamp(ed), Emerging Issues in Intellectual Property: Trade Technology and Market Freedom: Essays in Honour of Herchel Smith(Edward Elgar, 2007), pp. 309-318, pp. 312-313.

[4] Gross, 'Intellectual Property Rights', 107; and Anupam Chander and Madhavi Sunder, 'The Romance of the Public Domain', Calif L Rev 92(2004), p. 1339.

[5] Victor Tolefo Llancaqueo, 'El nuevo régimen internacional de derechos de propiedad intelectual y los derechos de los pueblos indígenas', in Mikel Berraondo(ed), Pueblos Indígenas y Derechos Humanos (Universidad de Deusto, 2006), p. 533.

产。① 但我们不能忘记,这仍然不是一种理想的情况,因为对于强加给自己的商品化,社区是两害相权取其轻,要么接受商品化,为了控制其非物质文化遗产而创造特定的社会规范;要么拒绝商品化,继续任凭第三方将其遗产商品化。②

二、知识产权的潜力和缺陷

在质疑知识产权保护是否属于人权问题方面,国际上做了许多工作。③ 若干人权文件中提到了保护智力成果的权益,包括《世界人权宣言》(UDHR)、《经济、社会及文化权利国际公约》(ICESCR)、《美洲人的权利和义务宣言》和《美洲人权公约关于经济、社会和文化权利领域的附加议定书》。④ 《世界人权宣言》中相关条款的起草历史特别表明,该条款起草的原始目的是保护作者的精神权利。⑤ 这一目的在随后的辩论中得以被重新解读,有些代表坚持认为个人人权影响精神权利对创作的控制,而其他代表将精神权利重新解释为应该受到保护的创作完整性中所包含的公众利益。⑥ 精神权利,尤其是适用于非物质文化遗产的精神权利,将在下面进行详细讨论。值得注意的是,迄今为止,许多将知识产权保护与人权联系起来的文献

①　As stated by Coenraad Visser in Hugh C Hanse, Michael Blakeney, Linda S Lourie, Paul E Salmon, and Coenraad Visser, 'Symposium: Global Intellectual Property Rights: Boundaries of Access and Enforcement: Panel II: The Law and Policy of Protecting Folklore, Traditional Knowledge, and Genetic Resources', Fordham Intell Prop Media & Ent IJ 12(2002), p. 795.

②　Robert K Paterson, and Dennis S Karjala, 'Looking Beyond Intellectual Property in Resolving Protection of the Intangible Cultural Heritage of Indigenous Peoples', Cardozo J Intl & Comp L 11(2003), pp. 634-635.

③　See for instance Daniel A Farber, 'Conflicting Visions and Contested Baselines: Intellectual Property and Free Speech in the "Digital Millennium"', Minn L Rev 89(2005), pp. 1318-1360; P Bernt Hugenholtz, 'Copyright and Freedom of Expression in Europe', in Rochelle Cooper Dreyfuss, Harry First and Diane Leenheer Zimmermann(eds), Innovation Policy in an Information Age(Oxford University Press, 2000), pp. 343-364; Laurence R Helfer, 'Toward a Human Rights Framework for Intellectual Property', UC Davis L Rev 40(2007), pp. 970-1020; Maria Green, Drafting History of the Article 15(1)(c) of the International Covenant on Economic, Social and Cultural Rights, UN Doc E/C. 12/2000/15, of 9 October 2000; Yu, 'International Rights Approaches to Intellectual Property'; and Volker Heins, 'Human Rights, Intellectual Property, and Struggles for Recognition', Human Rights Rev 9(2008), pp. 213-232.

④　Yu, 'International Rights Approaches to Intellectual Property', p. 1048.

⑤　Green, Drafting History, para 5.

⑥　Green, Drafting History, para 45.

仍然得到了精神权利概念的支持。①

　　然而,随着有关国际文书起草的辩论取得进展,这一条款意味着试图实现版权法的国际化。② 在有关起草《经济、社会及文化权利国际公约》的辩论中,联合国教科文组织的代表提出,该《公约》应该涉及对作者权利的保护,作为丰富"人类文化遗产"的一种手段。③ 教科文组织代表的立场对于将该条款纳入《经济、社会及文化权利国际公约》来说非常重要,但这并不是教科文组织在这方面发挥的唯一作用。

　　另外,有关起草《经济、社会及文化权利国际公约》的辩论进行期间,教科文组织在知识产权法领域支持的《世界版权公约》得以采用。《经济、社会及文化权利国际公约》起草历史的一位研究员表示,《世界版权公约》的采用对于建立起将知识产权作为一项人权来保护的共识起了决定性作用。④ 联合国教科文组织在早期便提及将知识产权与文化遗产联系起来这一做法非常有说服力,也可能有助于解释为什么在 2003 年《保护非物质文化遗产公约》早期起草期间将这两个领域联系起来的想法如此有活力,以及为什么知识产权机制的使用至今仍然如此重要。

　　即使在对于包含有关知识产权条款的人权文书的权威解释中也存在这种联系。经济、社会、文化权利委员会表示,人权与知识产权之间的联系有两个作用。一个作用是保护由这种保护产生的基本经济优势,并保障创作者的生计。另一个作用对我们的目的来说更加重要,一方面是保护作者与作品之间的联系,另一方面是保护人民、社区以及其他集体与其集体遗产之间的联系。⑤

　　也就是说,将版权作为人权问题来保护主要是为了保护精神权利以及作者创作所依赖的文化遗产。这种解释在当前背景下具有明显优势,因为通过文化遗产保护将知识产权保护与人权联系起来,为试图通过知识产权规范框架解决非物质文化遗产紧张局势提供了极具吸引力的理由。但这种联系还会产生其他实际效果。

---

　　① See for instance Helfer,'Toward a Human Rights Framework'; Green,'Drafting History'; and Yu,'International Rights Approaches to Intellectual Property'.

　　② Green,Drafting History,para 6.

　　③ Green,Drafting History,para 21(citing a statement by the UNESCO representative during a drafting session,at UN Doc E/CN. 4/SR. 228,para 13).

　　④ Yu,'International Rights Approaches to Intellectual Property',p. 1069.

　　⑤ As analysed by Helfer,'Toward a Human Rights Framework',pp. 995-996.

例如,人们可以更清楚地将由人权产生的垄断问题视为一项权利(知识产权保护)与其他权利(希望借鉴受保护作品的他人言论自由)的平衡。① 这个角度将两种相互竞争的利益放在同一层面上,并使人们更容易从更大的角度看待知识产权,而不仅仅将知识产权完全置于其专门法律领域的棱镜之下。

除了知识产权与表达自由权之间偶尔发生的冲突外,还有另一个可以转化知识产权利益的领域。即使从知识产权的角度来看,保护个人荣誉和声誉的权利,这在许多人权文书中是一项自主权利,但它也是知识产权中道德权利的一部分。这种联系很可能与一个事实有关,在一些普通法国家中,道德权利的保护仍然是借助与个人声誉有关的侵权行为的条款,而不是通过保护作者声誉的特定条款,这一类别与其他任何个体类别截然不同。②

某些观点认为,这个分析框架是有利的,但它不是本章的重点。这个分析框架将成为由众多知识产权观点和关于商品化与文化流动的辩论组成的背景的一部分,但它不会是决定性的一部分。我将重点关注具体文书规定的知识产权,即关于为保护知识产权而创建的特殊权利制度。

这个狭隘的观点引出了地方知识产权法缺乏统一标准的问题。例如,有些国家体系要求,为了受到版权保护,作品必须以物质手段固定下来,而其他国家则没有这样的强制性要求。这种强制性要求影响利用知识产权工具保护非物质文化遗产,因为遗产表现形式往往没有在传统社区中被记录或固定。它们只是简单地作为人们所经历的正常社会和文化生活的一部分,或由其他人将其记录。本章将通过主要关注知识产权保护的国际标准来解决这种不一致的问题以及国家体系中的其他问题,无论它们的缺陷有

---

① See eg Scafidi, Who Owns Culture?, 138; Farber, 'Conflicting Visions'; and Hugenholtz, 'Copyright and Freedom of Expression in Europe'. In the constitutional context, see Yochai Benkler, 'Through the Looking Glass: Alice and the Constitutional Foundations of the Public Domain', in James Boyle (ed), Collected Papers: Duke Conference on the Public Domain (Center for the Public Domain, 2003), pp. 173-224; William W Van Alstyne, 'Reconciling what the First Amendment Forbids with what the Copyright Clause Permits: A Summary Explanation and Review', in James Boyle (ed), Collected Papers: Duke Conference on the Public Domain (2003), pp. 225-238; and Michael Halewood, 'Indigenous and Local Knowledge in International Law: A Preface to Sui Generis Intellectual Property Protection', McGill LJ 44 (1999), pp. 992-993.

② 美国一个著名的例外是视觉艺术家权利法案(VARA)。关于它适用于某种形式的"城市非物质文化遗产"(壁画)的简短评论,参阅 Ann Garfinkle, The Legal and Ethical Consideration of Mural Conservation: Issues and Debates (The Getty Conservation Institute, 2003).

多大。① 当这些标准不起作用时,本章会尝试在普通法和民法标准之间作出妥协。普通法和民法是在知识产权领域最突出的两个法律体系(在很大程度上被其他国家所效仿)。

对于知识产权的使用有两种主要的一般性反对意见。第一种反对意见涉及非物质文化遗产的本质。"非物质"意味着"无形",因此任何提供法律保护的企图都是徒然的,因为它缺乏具体的保护对象。或者,像上面所强调的,它将导致商品化。因此,只有有形的物质资产能受到保护,而非整体的表现形式。这些指的是可以被编目和记录的具体作品。②

另一种反对意见对我们的分析更为重要,知识产权机制无法实施,因为许多监护社区对于"财产(property)"和所有物有一种不同的概念。在这个概念中,这些社区周围的一切都是由他们的神灵所赐予,而且成为所有事物主人的企图都会对神灵造成严重冒犯。例如,如果这种社区的一个成员用黏土做了一个雕像,那么这个雕像仍然被认为是黏土。黏土可能被认为属于神,或可能就是神本身。艺术家投入的劳动力和对原材料的改造并没有对这个雕像产生任何附加价值,否则将意味着人的手可以改造神。大多数时候,将不成型黏土转变为雕像的做法只是一种宗教义务。从这个意义上说,这种转变的能力再次成为一种礼物,因此不能被盗用或货币化。

将"财产"的法律理解强加于社区意味着迫使社区从根本上改变自己,以便在法律范畴内为自己辩护,尽管这对它们的信仰体系来说并不一定自然。用罗斯玛丽·J. 库姆贝(Rosemary J Coombe)的话说,"对商标或版权考虑和知识产权主张的本土关注简单化,并没有反映出本土愿望的全部层面,并将殖民地的司法范畴强加于后殖民地的斗争中,从而再现了殖民地的文化暴力"。③

考虑到这两种一般性反对意见,加上前几节中提到的反对意见,我们很有必要探讨一下利用知识产权保护非物质文化遗产的可能性。如果相关社

---

① 对国际知识产权法的批判性解读,凸显出"对知识产权知识管理框架日益全球化的关注,以及对统一标准和程序规则的尝试,是如何误解单个国家和利益相关者在社会和经济需求方面的根本差异的"。参阅 Jane E Anderson, Law, Knowledge, Culture: The Production of Indigenous Knowledge in Intellectual Property Law(Edward Elgar, 2009), p. 178.

② 除此以外,巴西民间文学艺术协会推动的巴西非物质文化遗产政策工作组也提出了这一异议。

③ Rosemary J Coombe, The Cultural Life of Intellectual Properties(Duke University Press, 2003), p. 132.

区认可私有财产,那么知识产权可以成为一种有效的工具。在某些情况下,知识产权是一种很容易取得的工具。

知识产权保护不应该依赖私人手段,而必须由法律来保护。法律保护可以作为证实假设的唯一手段,这种假设则是知识产权工作应得到报酬和保护。① 为了防止非物质文化遗产被滥用,知识产权能在公众心里制造出一个充满界限的体系作为障碍。② 知识产权机制本身会对创造力和独创性进行审查(作为获得知识产权保护的要求)。这一事实可能保护非物质文化遗产不被过度地财产化,而是以允许创造力的方式受到保护。

在分析具体的知识产权工具之前,还必须指出另一个一般性反对意见。事实上,即使知识产权机制在某些情况下可以为作为非物质文化遗产所有者的社区带来好处,但实践中却存在着系统性的抱怨,缺乏信息、法律建议和财务资源等成功保护知识产权的必要步骤。③ 尤其是当一个人无法确定某些遗产表现形式的权利所有者时,这就成了一个需要克服的大障碍。

下面几节将具体分析非物质文化遗产相关文献中提到的几种知识产权工具。我们不将专利考虑在内,因为专利更加关注的是与制药行业相关的传统知识(TK),而不是整体意义上的非物质文化遗产。虽然第一章中提到过传统知识是非物质文化遗产的一部分,但考虑到知识产权保护的目的,传统知识是非物质文化遗产中非常特殊的一部分,需要考虑的因素完全不同,超出了本章的讨论范围。④

(一)版权

提到民间文学艺术保护和知识产权时,版权可能是最明显的选择,因为两

① AL Figueira Barbosa, Sobre a Propriedade do Trabalho Intelectual—Uma Perspectiva Crítica (UFRJ,1999), pp. 42-43.

② Scafidi, Who Owns Culture?, pp. 14-15.

③ Darrell A Posey and Graham Dutfield, Beyond Intellectual Property: Toward Traditional Resource Rights for Indigenous Peoples and Local Communities(International Development Research Center,1996), p. 76.

④ On the uses of intellectual property for the protection of traditional knowledge, see WIPO Intergovernmental Committee on Intellectual Property and Genetic Resources, Traditional Knowledge and Folklore, Information on National Experiences with the Intellectual Property Protection of Traditional Knowledge, Doc WIPO/GRTKF/IC/5/INF/2, of 4 April 2003; WIPO Intergovernmental Committee on Intellectual Property and Genetic Resources, Traditional Knowledge and Folklore, Comparative Summary of Existing National Sui Generis Measures and Laws for the Protection of Traditional Knowledge, Doc WIPO/GRTKF/IC/5/INF/4, of 20 June 2003; and WIPO Intergovernmental Committee on Intellectual Property and Genetic Resources, Traditional Knowledge and Folklore, Composite Study on the Protection of Traditional Knowledge, Doc WIPO/GRTKF/IC/5/8, of 28 April 2003.

者都主要涉及艺术表现形式。采用的主要版权解决方案涉及相关权利,即执行和表演艺术家的权利。相关国际文书包括 1886 年的《伯尔尼公约》、①1961年的《罗马公约》②和 1971 年的《录音制品公约》。③

知识产权(尤其是版权)保护有两个理由。一个理由是,知识产权保护是为了保证版权所有者应得的报酬。这种基于经济激励或功利的解释常见于普通法国家。另一个理由是"道德"理由,基于对创作者的个性和作品完整性的保护。这常见于民法国家,通常被归入法国的"著作权(droit d'auteur)"标签下,而非"版权"标签下。④

上面提到过,"普遍"标准的国际文书可用于调解国家对知识产权原则解释的多样性问题。但这种调解在具体的版权领域变得更为复杂。国际上涉及版权的文书种类繁多,每个文书都有不同的意识形态取向,试图达成不同的目的。例如,联合国教科文组织支持的《世界版权公约》的起草是为了调解保护文学创作的不同方式,受法国启发的"著作权"以及普通法的版权。⑤

这两个体系之间的差异在保护非物质文化遗产方面尤为重要。从名称上可以看出,法国(或欧洲大陆)的著作权侧重于关注作为权利所有人的作者(创意"火花"或作者的浪漫天才),而版权侧重于作品(更准确地说,通过出售作品给创作者带来的经济激励)。⑥ 法国体系的这种特征主要基于与版

---

① 1886 年 9 月 9 日《保护文学和艺术作品伯尔尼公约》,1896 年 5 月 4 日在巴黎完成,1908 年 11 月 13 日在柏林修订,1914 年 3 月 20 日在伯尔尼完成,1928 年 6 月 2 日在罗马修订,1948 年 6 月 26 日在布鲁塞尔修订,1967 年 7 月 14 日在斯德哥尔摩修订,1971 年 7 月 24 日在巴黎修订,并于 1979 年 9 月 28 日修订。截至 2012 年 11 月的缔约方数目:166 个。关于《伯尔尼公约》保护传统文化表现形式的演变,see Michael Blakeney,'Protecting Traditional Cultural Expressions:The International Dimension',in Fiona Macmillan and Kathy Bowrey(eds),New Directions in Copyright Law,Vol 3(Edward Elgar,2006),pp. 3-14.

② 1961 年 10 月 26 日《保护表演者、音像制品制作者和广播组织罗马公约》。截至 2012 年 11 月的缔约方数目:91 个。

③ 1971 年 10 月 29 日《保护录音制品制作者防止未经许可复制其录音制品公约》。截至 2012 年 11 月的缔约方数目:77 个。

④ See Scafidi,Who Owns Culture?,pp. 17-18.

⑤ See for instance Ruth L Okediji,'An Enduring Legacy For the Knowledge Economy:UNESCO and the International Copyright System',in A Yusuf Abdulqawi(ed),Standard-Setting in UNESCO Volume I:Normative Action in Education,Science and Culture(Martinus Nijhoff and UNESCO Publishing,2007),p. 115.

⑥ Doris Estelle Long,'The Impact of Foreign Investment on Indigenous Culture:An Intellectual Property Perspective',NCJ Intl L & Com Reg 23(1998),pp. 267-268.

权体系冲突的自然法。版权体系更倾向于经济方法,甚至更容易接受"完全的"公共领域。①

此外,在对创作的保护中,版权体系要求将创作以有形的形式固定下来,而著作权则不然。普通法国家通常要求固定创作,因为这证明了创作的存在,但事实上,并没有有关版权的条约制度对基本的固定形式作出规定。②非物质文化遗产表现形式往往不在任何媒介中被固定下来,因为这种类型的遗产主要基于口头传播,而版权对保护非物质文化遗产施加了额外负担。

作者身份作为一个与原创性和独特性密切相关的概念。对独创性的一种可能的解读与将财产作为个人劳动成果的建构有关(部分受到洛克的启发,但在某些方面又与之背离)。这意味着作者身份与所有权之间是密不可分的。③ 一位学者从这个意义上观察到版权法的两个主要影响,尤其是对传统音乐方面。第一个影响是,版权法认为持续了几个世纪的民歌创作方式是非法的(即通过借用和复制旋律主题)。第二个影响与之密切相关,版权法"冻结了"旋律主题的发展和演变,因为这些旋律主题是作者所垄断的。④

作者身份本身也存在一个问题。然而,在某种程度上,所有创造性作品至少部分是集体创意资源的产物。对于寻找可识别作者的反对意见的存在是因为传统社区不愿指向一个作者(不论是个人作者,还是可以成为共同作者的个人)。当然,在无法回到过去追溯作者身份的情况下另当别论。

第二个反对意见是,版权保护有时限。一般来说,版权保护有效期是原始版权所有人终身及死亡后 70 年。如果原始版权所有人是公司,那么有效期是 70 年(具体取决于受保护的作品类型)。这与非物质文化遗产不一致。根据定义,非物质文化遗产是世代传承的。

目前,停滞不前的美洲自由贸易区(FTAA)的谈判代表已经将非物质文化遗产保护问题视为知识产权问题看待(从许多方面反映了《美洲土著人民权利宣言(草案)》的早期版本,第三章已作分析)。其提议的条款表达了将非物质文化遗产保护作为知识产权问题的必要性,侧重于利用版权中的精

---

① Benjamin Davidson, 'Lost in Translation: Distinguishing Between French and Anglo-American Natural Rights in Literary Property, and How Dastar Proves that the Difference Still Matters', Cornell Intl LJ 38 (2005), p. 588.

② 知识产权组织政府间委员会,《传统文化表现形式的法律保护综合分析》,2003 年 5 月 2 日 WIPO/GRTKF/IC/5/3 号文件,附件,第 127 段。

③ McLeod, Owning Culture, p. 15.

④ McLeod, Owning Culture, p. 42.

神权利语言来为非物质文化遗产提供保护。①

想要避免版权异议,并为非物质文化遗产提供边际的、但潜在有力的保护,表演者权利是一种可利用的工具。事实上,1996 年的《世界知识产权组织表演和录音制品条约》在对表演者的定义中明确包含非物质文化遗产表现形式的表演者。②

通过保护遗产表现形式的表演,而不是实际表现形式,可以避免时间的限制(因为表演的每个固定场所都有自己的期限),并且为了达到保护目的,可以更容易地确定表演者。表演者权利最重要的一个特征是,它是版权中精神权利的衍生物,是表演者保证其表演完整性所拥有的权利(可用于防止第三方的滥用和去背景化)。③

将版权法用于保护非物质文化遗产表现形式的一个最成功案例就是"地毯案"。④ 在这个案件中,一位土著艺术家创作了含有该艺术家所来自社区的神圣符号的作品。澳大利亚国立美术馆展出了这些作品,并获得该艺

---

① Anthony Carter, 'Protecting the Indigenous Past While Securing the Digital Future: The FTAA and the Protection of Expressions of Folklore', Loy Intl L Rev 1(2004), pp. 212-213.

② 1996 年 12 月 20 日《世界知识产权组织表演和录音制品条约》。截至 2012 年 11 月的缔约方数目:90 个。相关规定如下:"第 2 条:定义。就本条约而言:(a)'表演者'系指演员、歌手、音乐家、舞者和其他人,他们表演、唱歌、说教、演奏、解释或以其他方式表演文学或艺术作品或民间文学艺术表达。"

③ 《世界知识产权组织表演和录音制品条约》,第 5 条规定全文如下:"表演者的道德权利。(1)独立于表演者的经济权利,即使在该等权利转移后,表演者仍有权就其现场听觉表演或以录音机固定的表演,声称被识别为其表演的表演者,但因使用表演方式而有所遗漏,并反对对其表演进行任何有损其名誉的歪曲、毁损或其他修改者,不在此限。(2)按照第(1)款授予表演者的权利,在其去世后,须维持至该经济权利届满为止,并可由要求保护的缔约国立法所授权的人或机构行使。但是,缔约国在批准或加入本条约时,其立法未规定在前一款规定的所有权利的行使人死亡后提供保护的,可以规定在其死亡后,其中一些权利将停止维持。(3)为保障根据本条授予的权利而采取的补救办法,应由要求保护的缔约方的立法管辖。" See also Otto W Konrad, 'A Federal Regulation of Performance Art Author Moral Rights', 48 Wash & Lee L Rev 1759(1991), reprinted in Anthony D'Amato and Doris Estelle Long(eds), International Intellectual Property Anthology(1996), pp. 159-160. For a case study on the potentials of performers' rights for the protection of traditional dances and rituals, see TerriJanke, Minding Culture: Case Studies on Intellectual Property and Traditional Cultural Expressions (WIPO, 2003), p. 86; and WIPO Intergovernmental Committee, Consolidated Analysis, Annex, para 40.

④ George Milpurrurru, Banduk Marika, Tim Payunka and the Public Trustee of the Northern Territory v Indofurn Pty Ltd, Brian Alexander Bethune, Raymond King and Robert James Rylands[1994] 54 FCR 240. More detailed analyses of this case can be found in Anderson, Law, Knowledge, Culture; Janke, Minding Culture, 8; and Kathy Bowrey, 'Indigenous Culture, Knowledge and Intellectual Property: The Need for a New Category of Rights?', in Kathy Bowrey, Michael Handler, and Dianne Nicoll(eds), Emerging Challenges in Intellectual Property(Oxford University Press, 2011), pp. 57-58.

术家的许可为这些作品制作了目录。随后,一家澳大利亚公司(Indofurn Pty Ltd)复制了这些图像,在一家越南工厂下单制作了印有这些图像的地毯,并在澳大利亚作为土著艺术品出售。这么做是有问题的,不仅因为这种做法没有得到监护社区(或个人艺术家)的同意,还因为这种做法是对该社区的宗教信仰和符号的商业利用,可以说是对该社区文化的亵渎。此外,消费者还受到了欺骗。该商品的制造商和销售商声称已向土著艺术家支付了版税,但实际上并没有。该案件的诉讼针对地毯的进口商。他们声称自己已尝试获取授权但未能成功联系上该艺术家,但事实上其所言不实。

艺术家们认为,他们之所以获得绘制这些艺术品的权利,只是因为这是他们在社区内所享有的宗教权利的一部分,任何未经授权的复制都是他们违反其传统法律义务的行为。有些画作代表了相关社区的神话的重要部分,其中的知识非常有限。即便未经他们许可,这些画作被复制的事实也可能使他们受到艺术家习惯法的严厉处罚,包括驱逐处罚。

澳大利亚法院并不承认习惯法是适用于争议的一套相关规则(因为该法院只允许使用联邦法律),但它认为习惯法是判决的"事实矩阵"的一部分,在确定赔偿金额时也会考虑习惯法。该法院还规定对文化损害须支付赔偿金,这在当时的澳大利亚法律体系中闻所未闻。[①] 该法院规定赔偿金是支付给艺术家的,然后由他们来决定如何根据自己的习俗来分配。

这个案件是成功应用版权法保护遗产表现形式的一个例子。然而,我们必须考虑此案的几个特性。这些特性使得此案的成功很难在其他背景下得到复制。首先,此案中的作者很容易识别,其作品版权的归属很明确。而且,这些作品是近期的,所以还在艺术作品受到保护的时限之内。

因此,我们也不能高估了此案的价值。但此案中有一个方面对应用版权保护非物质文化遗产具有更广泛的影响。此案的被告提出的一个论点是,艺术家们的作品并不是原创,因为他们无疑是在复制神话的一部分或是在"做梦"。但是,在对实际作品进行审查以后,法官判定,艺术家的创作包含相当多的技巧和努力。因此,即使作品所代表的主题并非原创,也应该受到版权保护。换句话说,包含非物质文化遗产元素的作品仍然受到版权法保护,因为即使艺术家们从社区的非物质文化遗产中汲取灵感,但每个作品

---

① 之后在类似情况下(这次涉及在作为纪念品出售给游客的 T 恤衫上印制一幅具有神圣意义的绘画)发生的一个案件中,仅就所遭受的文化损害要求赔偿。The case, also Australian, is Bulun Bulun v R & T Textiles[1998]41 IPR 513. See Janke, Minding Culture, p. 50.

中仍然存在个人艺术家的个体印记,而这种个体印记是可以受到保护的。①

版权法的另一个重要方面是保护精神权利,其在许多情况下也是传统社区最感兴趣的方面。对于社区来说,比起利用遗产表现形式获得经济利益,保障遗产表现形式的完整权和社区对遗产表现形式的所有权更有意义。下面一节将专门讨论精神权利。

上文已经探讨了精神权利与作为人权的作者权利保护之间的联系。有人指出,许多将人权与知识产权联系起来的文献都借助道德权利的观点。一些学者在某种程度上支持利用"精神权利"来保护民间文学艺术。② 就 1886 年的《保护文学和艺术作品伯尔尼公约》而言,1957 年的斯德哥尔摩修订版增加了第 15 条第 4 款。该条款规定作品所在的国家有保护该作品的义务。然而,作品进入了公共领域。这一点将在下面进行详细分析。在这个意义上,精神权利与非物质文化遗产更加相容,因为它们能避免将非物质文化遗产商品化。③

本节不会对精神权利的性质做冗长讨论。在这里,重要的是突出精神权利的一些核心特征,以及一些保护它们的国际标准。④ 精神权利的一个重要特征是,这些权利无法转移。⑤ 这一特征与非物质文化遗产问题比较相符。此外,其中一些权利不受期限的制约。⑥ 这也是非物质文化遗产保护的一个重要特征,因为非物质文化遗产经常由于年代过于久远而无法得到其他形式知识产权的保护。

此外,这些权利的保护与普遍的社会文化价值观的保护有关,不涉及单

---

① 更多关于非物质文化遗产表现形式的原创性要求,见知识产权组织政府间委员会,综合分析,附件,第 103—112 段。

② See eg Paul Kuruk, ‘Protecting Folklore under Modern Intellectual Property Regimes: A Reappraisal of the Tensions between Individual and Communal Rights in Africa and the United States’, Am U L Rev 48 (1999), pp. 829-830; Silke von Lewinski, ‘The Protection of Folklore’ Cardozo J Intl & Comp L 11 (2003), p. 759; and Christine Haight Farley, ‘Protecting Folklore of Indigenous Peoples: Is Intellectual Property the Answer?’, Conn L Rev 30(1997), pp. 47-48.

③ David R Downes, ‘How Intellectual Property Could Be a Tool to Protect Traditional Knowledge’, Colum J Envtl L 25(2000), p. 259.

④ A lengthier discussion can be found in Lucas Lixinski, ‘O Direito Moral de Autor como Direito de Personalidade e a Universlidade de sua Proteção’, Revista Trimestral de Direito Civil 27(2006), pp. 49-79.

⑤ Henri Mazeaud, Léon Mazeaud, and Jean Mazeaud, Leçons de Droit Civil. Tome Premier(Éditions Montchrestien, 1998), p. 656.

⑥ Gilles Goubeaux, Traité de Droit Civil. Sous la direction de Jacques Ghestin(Librairie générale de droit et de jurisprudente, 1977), p. 310; Miguel Amando and Delia Lipzyc, ‘ Bienes inmateriales ’, in Diego Fernández Arroyo(ed) Derecho Internacional Privado de los Estados del Mercosur(Zavalia, 2003) p. 906; and Mazeaud, Mazeaud, and Mazeaud, Leçons, p. 656.

一作者的利益。这就是为什么作者的经济权利到期后往往由国家来保护精神权利。①

精神权利的两个主要特征是归属权和保护作品完整权。② 这两个特征均受 1886 年《保护文学和艺术作品伯尔尼公约》保护。1928 年的罗马修订版中，伯尔尼联盟各方根据意大利和波兰受法国"著作权"模式启发的提案，将第 6-2 条纳入公约。③ 但在表决时，这一条款的批准是折中的结果，因为有成员认为，即使精神权利的内容应该受到国家法律的保护，版权法中也没有必要包含有关精神权利的具体条款。④

另一项保护精神权利的国际公约是 1946 年的《美洲国家间版权公约》，该公约以区域为重点。这是国际上第一次尝试在版权体系和著作权体系之间进行调解，尽管该公约最终没有得到美国的批准。一方面，该公约避免使用"精神权利"一词，但它确实保护了作品的完整权和归属权。⑤ 另一方面，虽然《与贸易有关的知识产权协议》(TRIPS 协议)吸纳了《伯尔尼公约》的条款，但由于谈判期间美国施加的压力，并未吸纳该公约的第 6 条。

大多数司法管辖区对精神权利都提供国家保护，即使不是通过明确属于"精神权利"标签下的机制。⑥ 例如，美国利用宣传法、隐私法、合同法等工

① Gobeaux, Traité, 311; and Sigfrido Radaelli, 'Direito Moral do Autor', Revista Forense 109 (1947), pp. 23-24.

② Frederico José da Silva Ramos, 'Direitos de Autor', Revista dos Tribunais 274(1958), pp. 69-85 at p. 72; and GeriJ Yonover, 'Artistic Parody: The Precarious Balance: Moral Rights, Parody, and Fair Use', Cardozo Arts & Ent LJ 14(1996), pp. 79-122, pp. 88-89.

③ Luiz Gonzaga Silva Adolfo, 'Considerações sobre o Direito Moral do Autor', Revista da ABPI, p. 5.

④ David S Glass, 'Moral Rights and the New Copyright Law', 134 Solicitors Journal 6(1990), reprinted in Anthony D'Amato and Doris Estelle Long(eds), International Intellectual Property Anthology(1996), p. 132; and Josselin-Gall, Muriel, Les contrats d'exploitation du droit de propriété littéraire et artistique—Étude de droit comparé et de droit international privé(GLN Joly Edition, 1995), p. 309.

⑤ José de Oliveira Ascensão, Direito Autoral(Renovar, 1997), pp. 643-644.

⑥ See in general Alain Strowel, 'Droit d'auteur et copyright': Étude de droit comparé(LGDJ, 1993). See also Thomas Dreier, 'Restoration and Moral Rights of the Artist under Comparative Law', in Quentin Byrne Sutton, Marc-André Renold, and Beatrice Rötheli-Mariotti(eds), La Restauration des Objets D'Art: Aspects juridiques et éthiques(Centre du Droit De L'Art, 1994), p. 107; René David, Os Grandes Sistemas do Direito Contemporâneo(Meridiano, 1978), p. 467; Mike Holderness, 'Moral Rights and Authors' Rights: The Keys to the Information Age'. J of Information, L and Technology (JILT) 1998 (1), available at < http://www2. warwick. ac. uk/fac/soc/law/elj/jilt/1998_1/holderness/ > (accessed 29 November 2012); Harry Hillman Chartrand, 'Towards an American Arts Industry', Cultural Economics, available at < http://www. compilerpress. ca/Cultural%20Economics/Works/Towards%202000. htm > (accessed 29 November 2012).

具保护精神权利。①

然而,精神权利保护的许多优点与上文概述的表达自由权相冲突。② 有一个负面影响受到人们的关注,严格执行作品完整权的保护可能会影响新作品的发展,这可能会造成对人类创造力有害的整体"寒蝉效应"。③

此外,精神权利仅延伸至个人作者,并未普遍适用于社区。④ 但有人认为,精神权利可以作为一个整体应用于监护社区,将个性化要求视为一种正式要求且不影响精神权利的本质。从这个意义上说,精神权利可以集体转化为归属权,而社区有权享有类似于个人所享有的精神权利。有人建议更多地合理使用例外情况,以免扼杀创造力,"以增加限制盗用所带来的公民利益"。⑤ 当然,这么做的后果是将该问题的裁决从人权和遗产领域转移到更接近知识产权核心的位置,而知识产权仍然主要是关于经济权利的框架。在这个意义上,更多地合理使用例外情况可能会破坏创建集体精神权利的目的。

(二)商标

传统文化在历史上曾被盗用和商品化,以达到非原始目的,商标就是其中一个有趣的例子。历史上,制造商在创建商标时,有人建议它们尽量选用与其出售的产品联系极弱的商标(寻求"相异性标志"),因为这样他们的申请就不会因为选择了一个对于注册该商标的领域来说过于明显的词语而被拒绝。所以,许多制造商在传统社区中寻找词语,⑥但这种做法有时候会带来问题。令有些传统社区苦恼的是,制造商试图将它们的神圣词语注册为商标。然而,无论作为产品开发工具的商标多么具有吸引力,结果都是不管这些商品或标志是其遗产的商品化,还是其相异性的陈规标志,许多人发现

---

① Laura A Pitta, 'Economic and Moral Rights under US Copyright Law: Protecting Authors and Producers in the Motion Picture Industry', 12 Ent & Sports Lawyer 3 (1995), reprinted in Anthony D'Amato and Doris Estelle Long (eds), International Intellectual Property Anthology (Anderson Publishing Co, 1996), p. 134. For the situation in the United Kingdom, see William Cornish and David Llewelyn, Intellectual Property: Patents, Copyright, Trade Marks and Allied Rights (Sweet & Maxwell, 2003), pp. 454-455.

② Michael F Brown, Who Owns Native Culture? (Harvard University Press, 2004), p. 235.

③ Thomas P Heide, 'The Moral Right of Integrity and the Global Information Infrastructure: Time for a New Approach?', UC Davis J Intl L & Policy 2 (1996), p. 215.

④ Robert K Paterson and Dennis S Karjala, 'Looking Beyond Intellectual Property in Resolving Protection of the Intangible Cultural Heritage of Indigenous Peoples', Cardozo J Intl & Comp L 11 (2003), p. 644.

⑤ Scafidi, Who Owns Culture?, p. 149.

⑥ Coombe, The Cultural Life, p. 175.

代表"他们自己"的东西被其他人所拥有。①

　　从"华盛顿红皮队案"(Harjo v Pro-Football Inc)中,我们能得出一些见解。在这个案件中,"华盛顿红皮"球队在注册其商标时遭到土著社区的质疑。土著社区认为该商标对土著人民有害,会加深种族主义的刻板观念。该案件涉及许多程序性问题,但它突出了商标与保护传统文化的关联(以及对商标的挑战),②至少在某种程度上它保护了某个传统社区的身份,防止其本质化和商品化为某个刻板印象。我建议商标法采用这种方式,避免商业对身份的刻板化超出社区的控制范围。

　　试图用商标保护非物质文化遗产的一个主要优点是,集体注册商标是可能的(即使受到要确保注册不会反竞争的特殊规则的约束)。反对使用版权的意见称,一项作品无法归属于作为集体的社区。但社区可以注册为商标的所有者,随后社区代表能获得权利。③

　　虽然集体拥有的商标知识产权对传统社区来说极具吸引力,但使用商标工具可能会将与知识产权保护相关的人权工具排除在外。公司的知识产权不一定有资格作为人权受到保护,因为人权制度给予的保护(至少在通用文书中)不会延伸到公司。④ 然而,对于传统社区来说,这种紧张局势可能会导致其重新协商商标的注册问题,尤其是在区域法律体系将公司的商标权视为人权问题的情况下。⑤

　　无论如何,商标也是有用处的,因为商标具有强烈的"真实"感。因此,如果传统社区能够注册一个商标来证明某种产品传统特征的真实性,那么它们就可以将其作为该产品的一个卖点。当然,这是一种文化木乃伊化的形式,但是这是由社区自己控制的,并且社区能以自己的方式促进自己文化的发展。这种为真实性贴上标签的做法为售卖假冒工艺品和其他产品的第

---

① Coombe, The Cultural Life, p. 185.

② For a full commentary of this case, see Daphne Zografos, 'The Appropriation of American Indian Names and Images in Trade Marks—The Washington Redskins Case', in Guido Westkamp(ed), Emerging Issues in Intellectual Property: Trade Technology and Market Freedom: Essays in Honour of Herchel Smith (Edward Elgar, 2007), pp. 396-406.

③ DanielJ Gervais, 'The Internationalization of Intellectual Property: New Challenges from the Very Old and the Very New', Fordham Intell Prop Media & Ent LJ 12(2002), p. 962.

④ See Yu, 'International Rights Approaches to Intellectual Property', p. 1128.

⑤ 其中一个众所周知的例子是,美国安霍斯—布希公司在葡萄牙将百威啤酒注册为商标,反对捷克一家酿酒厂此前将百威啤酒注册为自己的商标。See ECtHR, Case of Anheuser-Busch Inc v Portugal(Application No 73049/01), judgment of 11 January 2007.

三方设置了障碍。① 商标的另一个优点是,与总有一天会失效的版权不同,商标更新一次便长期有效。②

但是,商标不能用作永久防止第三方盗用的手段,因为如果商标没有得到有效的商业使用,那么该商标的注册可以取消。另一个缺点是,注册商标对技术的要求比版权多。上述关于知识产权框架的使用中缺乏专业知识和资源的问题在商标法方面尤其明显。③ 此外,社区并非总是反对盗用其非物质文化遗产的第三方进行商标注册。④

(三)原产地名称

原产地名称旨在保护特定产品的真实性,方法是在产品上指明原产地名称。原产地名称有在非物质文化遗产方面发挥作用的潜力,因为它减少了能将非物质文化遗产相关产品投放到市场的人数。有些组织已经就这项工具的使用提交了申请,例如澳大利亚⑤的国家土著艺术宣传协会(NIAAA)。⑥ 然而,对于利用这种机制提供保护,有反对意见称,它只保护非物质文化遗产的一个方面,即指明其来源。

然而,主要困难是确定合适的权利所有人,这是由对社区法律和知识产权做法认识不足所引起的。⑦ 更具体地说,因为知识产权法在确定社区代表时不承认社区做法,所以无法确定权利所有人。这些代理和代表问题将在第七章中做进一步讨论,但由于传统社区的习惯法被认为是应用知识产权法"事实矩阵"的组成部分,所以在为传统社区设计原产地名称的必要结构时,完全有可能涉及这些问题。

另一方面,正如一位评论员所言,原产地名称之所以适用于传统社区,是因为它们可以基于集体的决策过程和传统。它们奖励传统,也允许发展,但不可自由转让(尤其是给第三方)。只要传统存在,它们就不会消失。⑧

---

① Posey and Dutfield, Beyond Intellectual Property, p. 85.

② Janke, Minding Culture, p. 30.

③ Janke, Minding Culture, p. 34.

④ Janke, Minding Culture, p. 44.

⑤ 这一举措被称为"国家土著和托雷斯海峡岛民文化产业战略",并创造了一个真实性标记和一个合作标记,后者用于土著和"正常"产业合作生产产品的情况。For further information, see Janke, Minding Culture, p. 134.

⑥ 由于停止供资,国家原子能机构于 2002 年停止了活动。由于土著社区不支持这项倡议,资金停止了。

⑦ Gervais, 'The Internationalization of Intellectual Property', p. 968.

⑧ Downes, 'How Intellectual Property', p. 269.

在保护葡萄酒酿造传统方面尤其如此。关于利用原产地名称保护意大利基安蒂葡萄酒的案例研究表明,即使基安蒂酒的酿造过程由于使用不同的葡萄而发生了变化(所以与原始配方不再类似),但意大利仍然保留了这个原产地名称。也就是说,原产地名称通过保护其最终产品而成功地保护了与基安蒂葡萄酒酿造有关的非物质文化遗产,但同时又为实践提供了进化和发展的空间。①

此外,由于原产地名称不可自由转让,所以无法从传统社区手中被拿走。自始至终,传统社区必然与任何源于其非物质文化遗产的产品相关联。②

(四)工业品外观设计

工业品外观设计法旨在保护功能性物品的艺术特征。它重点关注物品的外观,而非功能。③ 设计必须注册才能得到工业品外观设计保护(如上所述,这会对传统社区造成困难)。

工业品外观设计法自然与版权法有很大不同,工业品外观设计法要求注册(版权在出版或固定时便自动受到保护),而垄断限于已注册的视觉外观(版权允许最终产品的外观有所偏差)。但是,由于工业品外观设计法旨在保护物品的艺术特征,所以其特征在极小程度上也与版权法有类似之处。因此,对版权的反对意见(即可识别作者的缺乏以及保护初期追寻设计来源时遇到的困难)同样也适用于工业品外观设计。此外,对工业品外观设计的保护有效期很短(各辖区有一定差异,但《与贸易有关的知识产权协议》规定至少10年)。④

考虑到这些情况,澳大利亚立法小组得出结论,最好完全禁止将土著图案和设计作为工业品外观设计进行注册,尤其是在这种设计会冒犯传统社区宗教感情的情况下。⑤

---

① For a full account of the history of Chianti wine and its protection as an appellation of origin, see Tomer Broude, Taking 'Trade and Culture' Seriously: Geographical Indications and Cultural Protection in WTO Law, available at < http://papers. ssrn. com/sol3/papers. cfm? abstract_id = 714981 > (accessed 29 November 2012).

② Downes, 'How Intellectual Property', pp. 272-273.

③ Janke, Minding Culture, p. 71.

④ 《与贸易有关的知识产权协议》(TRIPS Agreement),1994 年 4 月 15 日签署的《马拉喀什建立世界贸易组织协定》附件 1C,第 26.3 条。截至 2012 年 11 月的缔约方数目:155 个。

⑤ Janke, Minding Culture, p. 73.

（五）商业秘密法

说到商业秘密法，必须指出，在不同的司法管辖区，知识产权法对其认可程度并不统一。首先，"商业秘密"没有一个普遍适用的定义。商业秘密是可识别又不易确定的，可以是任何与商业相关的为了达到竞争优势的秘密信息。[①]

在许多司法管辖区，商业秘密必须固定在有形的媒介中才能受到保护。[②] 这已经对使用商业秘密法保护非物质文化遗产造成了问题。此外，非物质文化遗产案件中往往缺少与商业的联系，这可能为利用商业秘密法保护非物质文化遗产带来更多障碍。

就商业秘密保护的实质而言，要保护生产特定神圣工艺和作品或其他秘密产品所使用的技术，也可以应用工业秘密法。比如说，有些作品（例如地毯或编织篮）的创作应用了某些保密的技术，或是需要某种宗教仪式来启动。但情况并非全是如此，事实上，此类保护需要有工业应用（或涉及商业实践），不一定涉及非物质文化遗产。

这种机制似乎特别适合保护某个社区的"文化隐私"。[③] 除了最终产品以外，它还进一步关注某种民间文学艺术表现形式的制作方法。当第三方对这些技术的使用违反了遗产的神圣方面或其他秘密方面时，这种机制可以有效保护与非物质文化遗产相关的技术。然而，商业秘密法无力阻止人们发现或逆向改变技术，因此其保护非物质文化遗产的潜力非常有限。[④]

（六）知识产权的不正当竞争规则

不正当竞争法受到一部分人的支持，因为这种机制也许能阻止第三方以"反竞争方式"盗用非物质文化遗产。换句话说，它能通过更便宜的过程有效地防止对艺术的复制，从而利用监护社区"研究和开发"的"原件"。从理论上讲，当非物质文化遗产产品的商业化现象普遍存在时，不正当竞争法可以成为将社区作为保护经济行为者的一种手段。这种机制不适用于非物

---

① Margaret A Boulware, Jeffrey A Pyle, and Frank C Turner, 'Symposium: Intellectual Property: An Overview of Intellectual Property Rights Abroad', Hous J Int'l L 14 (1994), 441, reprinted in Anthony D' Amato and Doris Estelle Long (eds), International Intellectual Property Anthology (Anderson Publishing Co, 1996), p. 20.

② Boulware, Pyle, and Turner, 'Symposium', p. 21.

③ Brown, Who Owns Native Culture?, pp. 27-42.

④ Posey and Dutfield, Beyond Intellectual Property, p. 87.

质文化遗产,因为这种遗产指的是"非交易物",即贸易以外的商品。①

在将不公平竞争规则应用于保护非物质文化遗产的国际讨论中,挪威的立场很有趣。挪威支持将不正当竞争规则用于制定保护非物质文化遗产的一般规范。这种规范将保护这类知识而不强加于其预先审查或注册等要求(从而解决上述使用知识产权机制保护非物质文化遗产中遇到的技术难题)。此外,这个一般规范将基于正当和公平等一揽子概念。② 2003 年澳大利亚出售手工雕刻土著纪念品的争议是阐述不正当竞争规则以及正当公平观念的案例之一。③

在保护非物质文化遗产方面,所有这些知识产权机制和竞争规则在潜在用途方面都具有不同的优点和缺点。它们都基于专有制度,并且在很大程度上未能解决最严重的问题,即非物质文化遗产遭到滥用(文化伤害)的问题。即使它们确实解决了这个问题,也是在采取了一系列复杂而昂贵的步骤的情况下。最好有一种工具,能直接解决文化伤害问题,避免知识产权的陷阱。下一节将讨论这种可能性。

三、将知识产权问题视为侵权问题来补救文化伤害

一些关于知识产权的文献探讨了将部分知识产权视为侵权问题的可能性,而不是作为财产问题。这个想法保护智力作品免遭欺骗和混淆,重点更多地放在补救措施上,而不是放在注册系统和知识产权主体的专有"权利"上。关键在于艺术作品(或遗产表现形式)的完整性,而非任何专有或经济诉求。④ 上面探讨过,该方法与精神权利的概念有关。

该体制对所有者利益作出了推测,并且使用了更不正当的竞争概念。它保证不会因为注册知识产权(尤其是商标)而伤害传统社区。⑤ 至少在采用面向消费者的逻辑时,混淆关键利益,而非盗用。⑥ 在遗产表现形式方面,重要的是作为抽象实体的作品完整性。作品完整性在经济利益受到威胁的

---

① 例如,以宗教为目的或通过宗教手段创作的作品中就有这种情况,这些作品中含有特定的神圣符号或参照物。See Agnes Lucas-Schloetter, 'Folklore', in Silke von Lewinski(ed), Indigenous Heritage and Intellectual Property(Kluwer Law International, 2003), pp. 312-314.

② 知识产权组织政府间委员会,综合分析,附件,第 190 段。

③ 知识产权组织政府间委员会,综合分析,附件,第 194 段。

④ David Lange, 'Reimagining the Public Domain', in James Boyle(ed), Collected Papers: Duke Conference on the Public Domain(Center for the Public Domain, 2003), p. 470.

⑤ Chander and Sunder, 'The Romance of the Public Domain', p. 1369.

⑥ Lange, 'Reimagining the Public Domain', p. 470.

情况下与版权所有者脱节,但保留精神权利的主张,包括归属和承认。此外,在防止文化伤害方面,这种类型的伤害可以说相当于人权问题。人权问题可以转化为国内法院处理的侵权诉讼,或至少是对本土尊严的侮辱。①

在非物质文化遗产领域使用侵权(或民事责任)规则来保护知识产权的一个优点是:由于非物质文化遗产的市场潜力,这种做法可以刺激投资和获益,而且没有为其获得创造法律障碍。这对整个社会都有益处。同时,这种做法创造了条件,以纠正(并通过惩罚性损害及其他侵权机制来阻止)对非物质文化遗产材料违反社区信仰体系的不恰当使用。② 它也为经济利益和支付赔偿建立了一种更直接和有效的机制。③ 与基于财产的注册机制相反,侵权机制规定任何欠款均直接支付给该社区或其管理机构。该机制与知识产权版权费制度截然不同。在知识产权版权费制度中,传统上将款项支付给代表作者管理权利的机构,而该机构在将款项支付给社区之前会抽取一小笔费用。

因此,在将遗产权利作为私人权利的领域,将这些利益问题作为侵权问题而非财产问题来处理的做法在保护非物质文化遗产方面具有优势。考虑到处理非物质文化遗产问题时财产不足的情况,且该领域法律的总体目标是纠正文化伤害,那么侵权规则似乎是最合适的。

一般侵权行为也可能成功运用于这个领域。例如,在版权国家,与精神权利有关的侵权行为不是特殊侵权行为,而是有关声誉和荣誉的一般侵权行为。也就是说,有关人格权甚至人身伤害④的一般侵权行为明显可以用来解决与非物质文化遗产相关的问题。

但是,侵权规则并没有太大的预防效果,只能在文化伤害发生后对其进行处理,在预防方面并不是特别有效。其教育功能的发挥十分有限,例如,

---

① Paterson and Karjala,'Looking Beyond Intellectual Property',p. 658.

② Ryu Kojima,'Prior Informed Consent:An Intellectual Property Law Perspective',in Toshiyuki Kono(ed),Intangible Cultural Heritage and Intellectual Property:Communities,Cultural Diversity and Sustainable Development(Intersentia,2009),pp. 309-316 at p. 314.

③ Yu,'International Rights Approaches to Intellectual Property',p. 1089-1090(quoting Jerome H Reichmann,'Of Green Tulips and Legal Kudzu:Repackaging Rights in Subpatentable Innovation',Vand L Rev 53(2000),pp. 1743-1798).

④ 其中一个常见的例子是《德国民法典》(BGB)第 823 条,该条规定:"损害赔偿责任。(1)故意或者过失非法损害他人的生命、身体、健康、自由、财产或者其他权利的,应当赔偿对方因此受到的损害。(2)违反旨在保护另一人的法规的人负有同样的责任。如果根据该法的内容,它也可能被违反而没有过错,那么赔偿责任只在过错的情况下存在。"

文化伤害中的惩罚性损害的可能性尚不清楚。也就是说,被要求向社区支付文化伤害赔偿金的人不一定会放弃伤害另一个社区,因为经济利益(或其他类型的利益)可能掩盖支付赔偿金带来的麻烦。同样,侵权规则也无法保证涉及社区 A 和未取得授权的非物质文化遗产 X 的开发者的侵权行为会阻止开发者 Y 使用社区 B 的遗产。从这个意义上说,侵权规则无法保证逐个解决侵权案件所引发的连锁反应,从而建立起一个广为人知的法律体系,以阻止未被卷入过此类纠纷的各方。所以必须建立起一套在监护社区遭到伤害之前能发挥作用的规则。因此,"受到监管的公共领域"的概念变得极具吸引力,下面一节将对这一点进行分析。

第二节　公共领域和"文化共享资源"

　　一般来说,知识产权工具承认公共领域的存在。人们似乎倾向于将公共领域视为知识产权工具适用范围的末端。因为大多数知识产权工具主要涉及私人权利,所以通常不会探讨公共领域的主题。值得注意的一个例外是上面提到的《世界版权公约》。虽然有关公共领域的具体条款并不多,但联合国教科文组织作为保护和促进文化与文化交流的组织,起草了一项文书以协调版权保护的不同方法,维护健康的公共领域。[①]

　　公共领域不一定是知识产权保护的敌人。相反,公共领域是知识产权周期的自然组成部分。在推动文化发展时,必须认真对待公共领域,毕竟发展文化是知识产权保护的首要原因之一。

　　本节将探索利用公共领域保护非物质文化遗产的前景。更具体地说,公共领域将非物质文化遗产视为"人类共同遗产",用知识产权术语来表达,即"文化共享资源"。本节的第一部分将探索公共领域以及其在保护非物质文化遗产方面的潜力和不足。第二部分对公共领域和"文化共享资源"进行了区分。第三部分提供了一些指导方针,尽可能以最佳方式促进这些"共享资源"对非物质文化遗产的保护。

---

① Okediji,'An Enduring Legacy',p. 120.

一、公共领域和公共资源付费制度

某个作品的知识产权保护到期后,这个作品便会进入公共领域,供社会中的所有人自由使用。知识产权法中,非物质文化遗产通常被认为属于公共领域,因为它是古老实践的表现形式。即便可以追溯到一个确定的时间点,也通常超过了知识产权保护的时限。[①]

公共领域将保护遗产表现形式的责任从创作者转移到国家。该主题可以分为两个部分:公共领域和"公共资源付费"制度。这两种情况都是由国家当局来保护不属于监管社区而企图使用该社区非物质文化遗产的第三方开发该遗产所产生的利益。在后者的情况下,需要支付费用才能取得授权。这些费用通常会转入一个用于发展文化的政府基金,而不是作为版权或版税支付给监护社区。

上面提到的"完全"公共领域的概念表明,当某一特定的作品或其他表现形式的知识产权保护过期时,其所有专属权利都会消失。与著作权体系不同,在这个体系中,某些精神权利(如完整权和归属权)永远不会消失,唯一的区别在于对这些权利的所有权从作者及其继承者转移到国家。

"完全"公共领域乍一看似乎更能保护创造力,因为它为新的创作者提供了自由改编已有作品的机会。但作品的归属权和完整权从本质上就能起到防止抄袭的作用,从长远上看更有助于培养创造力。这些权利非但不会将作品从公共领域移除,反而创造了一个"有界限""规范的"的公共领域。从许多方面看,这种公共领域才是"文化共享资源"概念所描述的内容。

保护属于公共领域的作品还有另外一种更常见的选择,即"公共资源付费"制度。这种选择减少了为社会共同文化库创建产权所造成的伤害(无可否认,这对文化多样性会产生非常有害的影响),但同时也对公共领域作品的使用作出了规定。[②] 这些规定中最常见的是支付费用,一般来说,注定会在为遗产表现形式颁发许可证的国家用于促进非物质文化遗产的实践。这种"公共资源付费"制度通常由国家来管理,因为采用这种制度的案例一般是为了保护"一般"公共领域中作品的精神权利。

在这个意义上,受监管的公共领域能发挥两个作用,可以在某种程度上保护作者的精神权利(更具体地说是归属权和完整权),还可以用于保护文

---

① Long, 'The Impact of Foreign Investment on Indigenous Culture', pp. 269-270.

② Long, 'The Impact of Foreign Investment on Indigenous Culture', p. 270.

化遗产。虽然仍然以遗产商品化为前提,但这种商品化是由监护社区决定的。"公共资源付费"制度的特点是更加强调文化遗产保护,因为它为非物质文化遗产保护提供了财务手段(转向监护社区)。该制度的主要缺点是:国际上对公共领域法规的认可度很低,没有任何国际结构可以执行这些机制。而且,"公共资源付费"制度所针对的往往是本国文化被外国第三方滥用的行为,所以其用途很有限。①

　　值得注意的是,在非物质文化遗产和传统知识的开发方面,人们对公共领域的态度有过转变。传统社区往往倾向于利用公共领域,但一些作者认为,对这些资源的经济潜力的认识似乎已经有所转变。许多公司正试图确保这些资源属于公共领域(因此法人可重新占用它们),而传统社区基本上放弃了公共领域对促进社区发展的所有权有利的观点。② 这些作者提出这一论点并不是为了放弃对公共领域的使用或是共享资源的观念,而只是为了警告人们,应该仔细考虑这些概念,而不是立即将其作为最佳解决方案。③从这个意义上说,虽然公共领域允许非物质文化遗产的"再生和复兴",但它并没有为其创造和发展提供强有力的经济激励。④ 还有人指出,对这些资源的经济开发势必会出现不匹配的现象。出于许多原因,与跨国公司合作伙伴相比,本地社区开发非物质文化遗产的潜力是不平衡的。⑤ 对这种知识进行本地商业化的机会是有限的,因为它通常是社会生活中不可或缺的一部分,而不是被认为值得增加商业价值的东西。此外,当地社区通常不了解可用于监管其知识使用的工具,而跨国公司合作伙伴掌握专业知识,知道如何将知识产权制度为其所用。最后一个原因是,当地社区更难以筹集资金以启动对其遗产表现形式的商业开发。⑥

　　在非物质文化遗产的其他方面,公共领域也因保护力度不足而受到批评。首先,公共领域在某些情况下无法提供防止使用非物质文化遗产的机制。这些情况可能包括:错误地建议与监护社区建立联系;冒犯、贬损或诽

---

① Cathryn A Berryman, 'Toward More Universal Protection of Intangible Cultural Property', J Intell Prop L 1 (1994), 293, reprinted in Anthony D'Amato and Doris Estelle Long (eds), International Intellectual Property Anthology (Anderson Publishing Co, 1996), p. 77.

② Chander and Sunder, 'The Romance of the Public Domain', p. 1335.

③ Chander and Sunder, 'The Romance of the Public Domain', p. 1336.

④ 知识产权组织政府间委员会,综合分析,第15段。

⑤ Chander and Sunder, 'The Romance of the Public Domain', p. 1351.

⑥ Chander and Sunder, 'The Romance of the Public Domain', pp. 1351-1352.

谤性使用;企图使用非物质文化遗产神圣或秘密的表现形式。知识产权法以外的其他立法领域似乎比完全无监管有效,与知识产权法的冲突不至于大到完全排除知识产权法的应用。[1]

因此,获取资源的不平等性可以创造出有利于传统所有者开发其非物质文化遗产的有利环境,从而反驳公共领域是保护非物质文化遗产的最佳方式的观点。[2] 所以必须寻求一种替代方案,也许是一种与非个人所有权概念(也是有害的)相去不远的方案。下面一小节将区分两个类似的概念,即"公共领域"和"共享资源"。

二、从"没有人的"到"每个人的"

最早将知识产权视为法律类别的法规之一是英格兰 1709 年《安妮法案》。[3] 该法案被认为是"第二次圈地运动"(第一次是为了耕作而将不动产圈占起来)的法律里程碑。[4] 第一次圈地运动非常成功地将财产从公有转到私有,从而大大提高了生产能力。[5]

第二次圈地运动为智力创作创造了专属权利,也作为刺激生产力的手段。然而,仅仅将财产模型转换为知识创造似乎未能考虑到知识产权与不动产的不同之处。首先,不动产的使用是相互排斥的(一个人使用一块土地,那么另一个人就不能使用同一块土地),而知识产权的使用是非竞争性的(一个人使用一个想法或听一首歌并不会阻止另一个人做同样的事情)。因此,当涉及"信息或创新共享资源"时,过度使用田地和河流的威胁是第一次圈地运动无法持续下去的理由之一。[6]

在普通法领域,最初致力于为智力创作建立所有权的是出版商,[7]而不是创作者本身(这一点解释了著作权体系与版权体系之间的巨大差异)。出版商主张对已出版作品的永久权利,但这一观点受到了当时几位政治思想家的强烈反对,其中最著名的是约翰·洛克(John Locke)。约翰·洛克认为

---

① 知识产权组织政府间委员会,综合分析,第 23 段。

② Chander and Sunder, 'The Romance of the Public Domain', p. 1354.

③ For the history of this Statute, see Rose, 'Nine-Tenths of the Law', p. 77.

④ For the history of the first enclosure movement, see Boyle, 'The Second Enclosure Movement', pp. 33-36.

⑤ Boyle, 'The Second Enclosure Movement', p. 35.

⑥ Boyle, 'The Second Enclosure Movement', p. 41.

⑦ Rose, 'Nine-Tenths of the Law', p. 78.

永久垄断对知识(启蒙思想)的流通有害。在 18 世纪晚期有关《安妮法案》的讨论中,他的观念渗透进了案例法(尚不清楚是否刻意为之)。虽然该法案在开篇中说明了有必要保护文学财产,但它还表示立法的目的是鼓励知识的生产。英国法院甚至将该法案解释为,比起对经济垄断的保护,该法案认为对已出版作品的获取更具价值。[1]

公共领域和共享资源的概念在许多方面都有所不同。公共领域被视为"自由"且不受监管的,但共享资源的概念依赖于对分配的某种形式的控制。虽然涉及共享资源的交易不会产生经济利益,但在使用共享资源之前,交易仍然需要得到某种形式的授权。[2] 这对于非物质文化遗产来说非常重要,因为正如我们所看到的,比起第三方开发其遗产所获得的经济利益,社区对实际中控制这种使用以确保其在任何方面都不具有文化攻击性或有害性更有兴趣。

然而,共享资源需要受到某种形式的监管。[3] 下一小节旨在讨论"受监管的共享资源"用于保护非物质文化遗产的几种方式。

三、监管共享资源

仅仅将资源留在公共领域是远远不够的,至少在公共领域已经结构化的情况下。[4] 这里,共享资源的概念就能发挥作用了。共享资源遇到的一个问题是,任何关于它的讨论似乎都充斥着"共享资源的悲剧"的观点。[5] 加勒特·哈丁(Garrett Hardin)明确阐述了这一观点,(环境)共享资源必然会受到过度开发,因此遭到破坏。[6] 然而,在涉及知识产权或文化共享资源时,这一观点就站不住脚了。信息或文化共享资源的重复使用不会耗尽信息或文化;相反,它可以为控制这些信息或文化的群体服务。[7] 主要问题在于,这些资源应该由谁来掌控。

---

[1]　Davidson, 'Lost in Translation', p. 584(citing Donaldson v Becket).

[2]　Boyle, 'The Second Enclosure Movement', pp. 65-66.

[3]　For this critique, see Kathy Bowrey and Jane Anderson, 'The Politics of Global Information Sharing: Whose Cultural Agendas are Being Advanced?', Social and Legal Studies 18(4)(2009), pp. 1-26.

[4]　Chander and Sunder, 'The Romance of the Public Domain', p. 1337.

[5]　James Boyle, 'Foreword: The Opposite of Property?', in James Boyle(ed), Collected Papers: Duke Conference on the Public Domain(Center for the Public Domain, 2003), p. 7.

[6]　For a summary explanation of the idea, see Chander and Sunder, 'The Romance of the Public Domain', p. 1332.

[7]　Chander and Sunder, 'The Romance of the Public Domain', p. 1337.

同时,考虑共享资源(环境和其他方面)如何自我规范以防止过度使用也很重要。首先,我们说缺乏对共享资源的个人控制并不意味着共享资源丝毫不受控制;相反,群体是共享资源的管理者。而且,对这种分析来说更重要的是,共享资源的监管方式非常微妙,取决于受到威胁的具体共享资源。①

此外,"共享资源的悲剧"的逻辑是基于法律和经济学,并没有考虑到不一定具有"法律规范"地位的社会规范,但社会规范成功地规范了共享资源。令人遗憾的是,虽然有关财产的学术文献总体上承认的是利益而不是效率,但关于共享资源的文献似乎在很大程度上受到这种法律和经济学思维模式的束缚。②

可能为共享资源提供监管框架的一个理论是罗马法中的"市有物"概念,或称资产互通,可以进一步解释为某个群体以法人资格拥有的财产。③共享资源的制度是,在内部,资源是共享的,但对于非内部成员来说,这些资源是受产权保护的。也就是说,对于应用这种制度的社区来说,成员能自由使用社区内资源,但第三方不能。④ 因此,我们可做以下推测,第三方在取得授权的情况下可以使用该共享资源。主要特征则是,跟公共领域的案例一样,这种授权并不是假定的。

从这个意义上说,"市有物"是一种财产,虽然并不排他,但也是有界限的。⑤ 因此,非物质文化遗产不是可以自由开发的资源,而是作为一种资源属于培育了它的整个社区(通常是国家社区),而妄图通过它获得其他利益的第三方无法自动获取它。

监管使用共享资源的社会规范有很多种,因此很难设计出一个管理文化共享资源的模型。但在设计这种制度时,一定会考虑到某些因素。这就是下一章将详细分析的内容。这里有必要先对一些核心要素进行概述。

---

① Boyle, 'Foreword', pp. 7-8.

② Chander and Sunder, 'The Romance of the Public Domain', p. 1333.

③ Carol M Rose, 'Romans, Roads, and Romantic Creators: Traditions of Public Property in the Information Age', in James Boyle (ed), Collected Papers: Duke Conference on the Public Domain (Center for the Public Domain, 2003), pp. 89-110 at pp. 105-108.

④ Rose, 'Romans, Roads, and Romantic Creators', p. 106.

⑤ Rose, 'Romans, Roads, and Romantic Creators', p. 108.

利益共享①是其中的一个重要因素。有人指出,对被第三方盗用的非物质文化遗产的版权或专利不予注册并不能解决问题。相反,有人认为这种做法阻止了知识产品的生产,而这种产品可以使相较于传统社区来说更多的人口获益,同时也不一定会影响传统社区对其非物质文化遗产的使用。这一论点表明,如果完全禁止第三方对非物质文化遗产的商业开发,那么整个社会将是最大的输家,传统社区也会失去潜在的经济利益。因此,重要的是设计一个体系,确保第三方使用非物质文化遗产的同时尊重文化敏感性,并以同样方式确保利益共享(例如,如果相关社区不使用金钱,那么使用该非物质文化遗产的费用应该直接支付给国家,随后国家根据社区的需要将这笔钱用于投资能使社区获益的领域)。② 当然,任何此类经济或商业开发计划都涉及遗产商品化的正当程度,但正如第一章中所讨论的,如果社区能够控制非物质文化遗产的开发,那么商品化实际上可能会使社区受益。如果某个社区选择将其遗产排除在市场之外,那么商业开发将是该社区唯一的特权。

除了利益共享外,还必须考虑一些其他因素。例如,代理问题(即在这些协议的谈判中代表非物质文化所有人的一方)。此外,还必须考虑到事先知情同意的紧迫问题。

所有这些要素将在第七章中进行详细分析。但在这里,有必要强调一下这些要素对使用知识产权机制的平衡作用。知识产权机制既限制过多(一个极端),又对公共领域监管过于宽松,以至于在谈及非物质文化遗产的使用时忽略了危若累卵的敏感性问题(另一个极端)。这里提到的监管共享资源的要素旨在确保非物质文化遗产保护的过度行为仍然具有足够的保护作用,但不会封闭这个文化多样性的巨大来源,即非物质文化遗产。

---

① On this topic, see Chapter 7. See also Francesco Francioni, 'Equity in International Law', in Rudolf Bernhardt and Rüdiger Wolfrum(eds), Max Planck Encyclopedia of Public International Law(2007), available at <http://www.mpepil.com>(accessed 29 November 2012).

② Paterson and Karjala, 'Looking Beyond Intellectual Property', p. 651.

第七章
合同方法

前面两章从人权和知识产权角度讨论了旨在保护非物质文化遗产(ICH)免遭第三方盗用的措施。这两章提供了工具以纠正第三方(即不属于特定遗产表现形式所在社区的一方)使用非物质文化遗产时的不良行为。本章旨在为非物质文化遗产持有人/监护人与有意利用该遗产的人之间可能的合同安排提供一些要素。"合同方法"在遗产的监护社区与对遗产感兴趣的第三方之间直接进行,并且大量借用了私法的要素,也广泛纳入了更多公共要素。它涉及可被称为最佳实践和协议的准则。

通过合同方法对遗产的使用包括商业和非商业用途。非商业用途在这里应理解为非工业用途,它重点关注遗产的内在本质。当然,约束非商业用途(特别是科学用途)的规则可能不会太严格,因为这种用途可能会带来更大的益处。但这两种用途都必须遵守规则。

为了本章的目的,主要假设社区规则不是特别严格,可以根据这里提出的想法进行调整。换言之,可以理解的是,每个社区(尤其是传统和土著社区)的具体社会和法律秩序必须反映在每个具体的合同安排中。因此,将本章得出的结论纳入实际的法律安排时必须对其进行调整,以反映这些传统和习惯规则。将所有不同社区的习惯法全面地整理起来是不可能的,①这一点我很清楚。但这并不意味着我们不该试图为在很大程度上传统和非传统法律制度之间的关系提供准则。但是,我们也必须意识到在特定群体中创造新传统的危险,因为这是在试图强迫它们接受陌生的法律制度或法律传统。未考虑到有关访问社区资源的社区规范时,就会发生这种情况。② 然

---

① Nicolas Brahy, The Property Regime of Biodiversity and Traditional Knowledge: Institutions for Conservation and Innovation(Éditions Larcier, 2008), pp. 296-299.

② Branislav Hazucha and Toshiyuki Kono, 'Conceptualization of Community as a Holder of Intangible Cultural Heritage', in Kono Toshiyuki(ed), Intangible Cultural Heritage and Intellectual Property: Communities, Cultural Diversity and Sustainable Development(Intersentia, 2009), p. 157.

而,并不是说该领域任何为某种程度的一般化作出的努力都将是徒劳的。相反,一般性准则很重要,只要它们能适应现有的习惯法并给予优先地位。

合同方法的一个案例是由全球生物多样性联盟制定的示范合同——《知识、文化和科学资源合约》。全球生物多样性联盟是该领域的一个非政府组织,目前已不再活跃。该合约通过事先知情同意、利益共享、其他经济利益、对社区的一般信息责任等要求,有潜力为传统社区提供保护。[①] 此类案例是本章的讨论重点。

在许多方面,本章将涉及这项工作到目前为止的所有内容。前面几章概述了与保护非物质文化遗产有关的主要理论困难,探索了在不同制度层面如何解决问题,研究了对第三方滥用非物质文化遗产的行为可采取的一些可能的补救措施以及这些措施的优势和缺陷。本章将这些因素考虑在内,提出了一套规则,可为非物质文化遗产提供有效的法律保护,防止对社区造成伤害,并试图将理论上的紧张局势纳入这套连贯的法律准则之中。

本章的思路如下:首先我将回到上一章中未讨论完的问题,即文化共享资源的监管问题。接下来,我会转向在与第三方协商对非物质文化遗产的使用时,集体实体和社区的代理和代表问题。这一部分将探讨在多个利益相关者中平衡利益的问题,以及确保社区参与的方法。随后,我将分析自由、事先和知情同意这一微妙的问题,并对非物质文化遗产开发的相关财务问题的分析进行总结。

第一节　建立一个共享资源合同化的结构

如第六章所述,通过财产化保护非物质文化遗产是有问题的,原因有很多,其中最重要的原因是这种保护可能会扼杀创造力。保护非物质文化遗产"更软的"系统旨在确保非物质文化遗产的生存能力,而知识产权则旨在为

---

① Darrell A Posey and Graham Dutfield, Beyond Intellectual Property: Toward Traditional Resource Rights for Indigenous Peoples and Local Communities(International Development Research Center, 1996), pp. 73-74 and pp. 175-178.

其提供保护。① 尽管这种保护有负面影响,但在某些情况下是必要的,例如在处理可能会被他人盗用的社区神圣观念时。知识产权工具保护了创造力的文化过程,而不是简单地普及有关非物质文化遗产的知识。② 然而,这种"圈地"通常并不是必要的,而且大部分非物质文化遗产可以被视为特定社区"文化共享资源"的一部分。这种转向并不意味着共享资源无须受到针对第三方的保护;③相反,共享资源必须得到保护,尤其是在社区获利和授权的情况下。④

前面已经提到过,许多作者会利用共同知识库。建立这个知识库的一部分工作是由民俗学家完成的,他们将口述传统以书籍的形式记载下来并编目。⑤ 其中最杰出的也许就是格林兄弟(the brothers Grimm)。起初,他们记载和编目的是德国某个地区的童话故事和其他故事,后来扩展到当时德国的其他地区。然而,格林兄弟编目的许多故事是德国与其他国家所共有的,而且在他们之前,其他国家的作家已对这些故事进行了编目,如佩罗(Perrault,法国)、巴西莱(Basile,意大利)和安徒生(Hans Christian Andersen,丹麦)。⑥

---

① Wend B Wendland, 'Managing Intellectual Property Options when Documenting, Recording and Digitizing Intangible Cultural Heritage', in Toshiyuki Kono(ed), Intangible Cultural Heritage and Intellectual Property:Communities, Cultural Diversity and Sustainable Development(Intersentia,2009), pp. 98-99; and Steven Van Uytsel, 'Inventory Making and Fairy Tales:Safeguarding of Intangible Cultural Heritage in Historical Perspective', in Toshiyuki Kono(ed), Intangible Cultural Heritage and Intellectual Property:Communities, Cultural Diversity and Sustainable Development(Intersentia,2009), p. 136.

② Johanna Gibson, Community Resources:Intellectual Property, International Trade and Protection of Traditional Knowledge(Ashgate,2009), pp. 158-159.

③ Wim van Zanten, 'Prior Informed Consent:Experiences with Ethnomusicology Recordings', in Toshiyuki Kono(ed), Intangible Cultural Heritage and Intellectual Property:Communities, Cultural Diversity and Sustainable Development(Intersentia,2009), p. 285.

④ Branislav Hazucha and Toshiyuki Kono, 'Safeguarding of Intangible Cultural Heritage:Benefits and Potential Harms', in Toshiyuki Kono(ed), Intangible Cultural Heritage and Intellectual Property:Communities, Cultural Diversity and Sustainable Development(Intersentia,2009), p. 320.

⑤ See for instance Jaime Ricardo Teixeira Gouveia, Embate em Debate:História, Administração e Limites do Planalto Ribeirão(Um Estudo de Caso)(Casa do Povo,2003);Jaime Ricardo Teixeira Gouveia, Subsídios para a História de Leomil:'A-presentação' e 'Re-presentação'(Casa do Povo,2004);Antonio Machado y Álvarez, Bases de el Folk-lore español y reglamento del el Folk-lore andaluz(Imp y Lit De El Porvernir,1881);Vânia de Fátima Noronha Alvez, O Corpo Lúdico Maxakali:Segredos de um 'Programa de Índio'(C/Arte,2003);Júlio Vila Nova, Panorama de Folião:O Carnaval de Pernambuco na Voz dos Blocos Líricos(Fundação de Cultura Cidade do Recife,2007);and Hermilo Borba Filho, Espetáculos Populares do Nordeste(Massangana,2007).

⑥ Van Uytsel, 'Inventory Making and Fairy Tales', pp. 119-120.

这些作者借鉴了彼此的传统,即使是在编目属于自己文化的故事时,他们仍然擅自对这些故事进行改编和改变,以达到将其转变为道德故事的目的,或仅仅是为了服务于书籍的内核。这些都不是盗用,而只是对共享资源的借用和再造。[①]

宝莱坞电影常常选用来自印度少数民族的民歌歌手的歌曲。在两个相关的案例中,电影歌曲的演唱者都将歌曲注册为自己的原创作品。其中一个案例中,尽管来自某社区的作者完全清楚自己的歌曲从传统音乐中汲取了灵感,但他仍将该歌曲注册为自己的作品。另一个案例中,有一个真实存在的群体参与了社区原始歌曲的创作,但这个群体从未注册过该歌曲。

在第一个案例中,该作者并不介意他的歌曲被用于电影,即使这首歌曲的作者身份属于另一个人。事实上,由于电影的高调性质,以及最重要的是其社区传统音乐得以广泛流传,他反而对自己职业生涯的提升感到高兴(第六章中分析过,这相当于放弃了自己在所属社区之外应该享受到的某些精神权利)。在第二个案例中,该群体也表示对自己的传统音乐所获得的知名度感到满意,只是对电影中这首歌曲的一些发音错误(该群体的语言)感到遗憾。[②]

这绝不是一个具有代表性的范例,但它提醒人们,至少在某些情况下,人们非常乐意让自己的文化成为可自由访问的知识库的一部分。[③] 这意味着对共享资源的任何更广泛、更一般的监管必须考虑到共享资源不应该受到监管的情况[④](或至少是不力争维护切身权利的情况)。然而,我们完全可以假设,当涉及宗教情感时(上述印度的两个案例中的歌曲都不涉及宗教),社区可能更希望控制其遗产的使用。但是,如果非物质文化遗产持有者不反对外部人员的使用,那么尝试建造一个针对社区非物质文化遗产(既包含共享资源,也包含高度控制的内容)使用的监管框架会遇到很多麻烦。

---

① Van Uytsel,'Inventory Making and Fairy Tales', p. 135.

② Shubha Chaudhuri,'Who is the "Holder" of Intangible Cultural Heritage? Revisiting the Concept of Community from an Intangible Cultural Heritage Perspective', in Toshiyuki Kono(ed),Intangible Cultural Heritage and Intellectual Property:Communities,Cultural Diversity and Sustainable Development(Intersentia,2009),pp. 196-197.

③ See also,with regard to traditional communities in Indonesia,van Zanten,'Prior Informed Consent', pp. 304-306.

④ Ryu Kojima,'Prior Informed Consent:An Intellectual Property Law Perspective', in Toshiyuki Kono(ed),Intangible Cultural Heritage and Intellectual Property:Communities,Cultural Diversity and Sustainable Development(Intersentia,2009),p. 313(drawing an analogy with computer open-source software).

无论如何,某种归属权应作为一种规则得到保障。即使个人或集体艺术家甚至社区不介意第三方在未经允许的情况下使用他们的非物质文化遗产,他们似乎都欢迎自己的文化通过在其他文化圈子内曝光而获得知名度。如果利用作者的精神权利保证非物质文化遗产的归属,那么这种曝光会得到加强。①

然而,必须考虑到第三方由于"寒蝉效应"而可能选择不使用传统文化,这样第三方就:(1)不必与他们所不属于的社区"分享"著作权;(2)不必担心该社区未来的版税要求。我认为,第一种原因是次要的,因为使用非物质文化遗产对第三方施加的负担实际上对阻止第三方借用的影响不大。第二种原因更主要,而且是实际的潜在风险。针对这个风险,一种选择是为"受监管的文化共享资源"建立一项基本规则,被借用的非物质文化遗产所属的社区不能寻求金钱补偿。这种机制为归属权的研究创造了更多激励因素,而归属权是控制遗产呈现方式的关键权利(因为归属权与另一种精神权利相关,即作品的完整权)。

但这种选择自然会产生一个问题,谁来决定一个社区不应该提出金钱索赔?这个问题可以作为盘点过程中的一个步骤来解决。清单是"受监管的共享资源"的一个重要组成部分,限制作为保护对象的共同知识库。虽然公共编目可能会让他人更容易滥用非物质文化遗产,因为它使原本可能更难以获取的信息公开化,也排除了第三方对遗产所有权的要求,因为它们已经在这些目录中被列为"先备知识"。但编目必须以不断发现新的共享资源为目标,而且不能排除社区本身对其已列入清单的内容进行的创作。也就是说,清单是对第三方使用的控制。然而,社区本身(遗产表现形式的来源)以及属于社区的个人和团体应该能自由使用自己的遗产,而不必按惯例征求许可。也就是说,清单相当于第三方使用的管控清单应由非物质文化遗产专家和社区本身进行管理(后者是关键因素,专家应该服从社区),大致以2003年联合国教科文组织的《保护非物质文化遗产公约》所建议的方式进行(除了普遍存在的"社区高于专家"的情况外,这是2003年《公约》中所没有的)。尽管还应该增添更进一步的措施。除了创建这种非物质文化遗产表现形式的数据库之外,那些对表现形式进行注册的人还应该指明其作品在文化共享资源中的限制性和可用程度。更具体地说,那些注册遗产表现形

---

① Gibson,Community Resources,p. 291.

式的人应该表明,在尊重归属权的情况下,是否可以免费使用非物质文化遗产,是否向所属社区支付某些费用后可以使用非物质文化遗产,或是制定许可规则以禁止任何第三方使用。①

最后一种情况很有用,因为它在一定程度上将遗产表现形式置于公共领域。

它也防止第三方盗用遗产表现形式,或避免第三方声称由于自己在注册知识产权之前查阅了非物质文化遗产数据库,所以自己的要求是真诚且合法的。与此同时,它赋予了社区阻止第三方使用其遗产表现形式的权利,因为这些社区已经断言了对其遗产表现形式的控制。这个解决方案可用于神圣或秘密的遗产表现形式。它还可以降低第三方开发非物质文化遗产的交易成本,比如说,它降低了证明事先知情同意的必要证据数量(下面将进行详细分析)。②

在这些辩论中,有两个重要的问题,谁代表社区注册遗产表现形式?谁管理和控制社区所拥有的权利,甚至是其遗产表现形式的使用费?代理和代表问题是下一节的主题。

第二节　代理和代表

这里的代理不是哲学和人类学意义上的代理(分析个人或其他实体行事方式的原因),而是狭义的法律意义上的代理(某个结构中代表的法律关系)。③ 本节将探究如何在非物质文化遗产利益相关者的识别中寻求代理和代表,以及通过某些机制确保和扩大社区参与。这两项是恰当的代理和代表的先决条件,也是事先知情同意(下一节的主题)的必要条件。

在分析事先知情同意之前,必须确定由谁代表某个特定群体给予同意。

① On the use of licensing agreements to protect traditional knowledge, see Posey and Dutfield, Beyond Intellectual Property, pp. 69-70.

② Hazucha and Kono, 'Safeguarding of Intangible Cultural Heritage', p. 321.

③ Deryck Beyleveld, and Roger Brownsword, Consent in the Law(Hart Publishing, 2007), 35. For agency as a philosophical-anthropological concern, see particularly Margaret Archer, Culture and Agency: The Place of Culture in Social Theory(Cambridge University Press, 1996); Michael E Bratman, Structure of Agency(Oxford University Press, 2007); and J Jeremy Wisnewski, The Politics of Agency: Towards a Pragmatic Approach to Philosophical Anthropology(Ashgate, 2008).

首先要分析非物质文化遗产"交易环境"中不同的利益相关者以及他们应该扮演的角色。

一、不同的利益相关者之间进行协商

很明显,人们根据自己希望推进的目标类型来保护非物质文化遗产(详见第一章中探讨过的身份、财产、发展、维持生活方式等),选择不同的保护手段。知识产权机制能最好地保护财产(详见第六章);区域机制能最好地推动发展[第三章(主要例子是美洲国家组织)和第四章(老挝、越南,尤其是中国)];人权机制能最好地维持生活方式(第五章);第三章有关欧盟、非洲联盟和欧洲委员会的讨论中,我们分析了国家背景之外的身份(政治身份)。

据一位只从遗产表现形式的角度来看待它的评论家说,从只保护遗产表现形式的审美价值到保护审美价值以外的社会背景,保护手段的范围会发生变化。这取决于利益相关者,主要是这些非物质文化遗产所起源的社区。他们根据自己的需求和可能性,决定保护手段的范围。然而,必须始终确保这些决定是基于环境或情境为了响应特定时刻的需求和愿望所作出的,而不是"新教条"或"新正统"。[1]

因此,如果将社区视为一个单独的利益相关者,可以考虑在不同的利益相关者之间进行协商。比如说,社区必须与政府和有意开发其非物质文化遗产的第三方进行协商(外部维度),或者可以从社区内部的不同参与者的角度来考虑(内部维度)。

对于外部维度,有许多问题需要考虑。其中一个问题是,必须考虑到利益相关者数量。非物质文化遗产所起源的社区是交易的一方,而有意开发该非物质文化遗产的一方/各方是交易的另一方。这个轮廓可实现简单的双方交易。但国家应该处于什么位置呢? 初步交易中,国家应该发挥作用吗? 如果应该发挥作用,那么是基于什么理由呢?

我认为国家原则上应该参与此事,作为社区利益的监护人,也代表国家政体的利益。当然,这似乎在遗产问题上加强了文化民族主义,似乎也使国家能在其境内压制不同意见或"颠覆性"遗产。在这种情况下,国际主义(以第二章中建议的形式,即突破当前基于主权的模式)变得至关重要,为滥用

---

[1] Antonio A Arantes, 'Heritage as Culture: Limits, Uses and Implications of Intangible Cultural Heritage Inventories', in Toshiyuki Kono(ed), Intangible Cultural Heritage and Intellectual Property: Communities, Cultural Diversity and Sustainable Development(Intersentia, 2009), pp. 70-71.

权力的国家创造了另一种选择。但最好要尊重权力下放原则,尤其是在非常依赖环境的遗产领域。

在许多法令中,国家一般被视为人权的守护者,尤其是传统和土著社区权利和利益的守护者。由于非物质文化遗产经常涉及人权和文化身份保护,所以国家可能会以管理者的身份参与其中。此外,法律上仍然视国家为其领土内土著和传统群体的监护人。第四章中有关土著性、跨文化主义和多元文化主义的宪法保护的讨论强调了国家的这一功能。这两种观点都反映了启蒙思想中"通过"国家所获得的自由,与对权利和国家作用的更自由的理解不完全相容。然而,出于实用性,这正是我所提倡的模式,即使我对此仍持有保留意见(下面将进行探讨)。即使是在更自由的法律制度中,国家仍然至少被视为在社会其他群体面前土著和传统社区利益的调解者。因此,这种观点得到了更为广泛的接受。

在实践中,这意味着国家向社区提供(法律上和信息上的)资源,通过能降低第三方交易成本的监督合同、更简单的谅解备忘录或其他非法律文书,协助它们就非物质文化遗产的使用与第三方进行协商。[①] 通过这种方式,社区的弱点可以得到平衡,消除某些当事方的技术和财务优势。否则,这些当事方可能会利用自身优势在非物质文化遗产的使用方面给社区提供不利的条件,或者根本不询问社区意见。

国家在监督这些交易时要履行的另一项职能是,确保它们也考虑到该具体交易之外的世界。更具体地说,由于涉及文化、文化共享资源和公共领域,有关非物质文化遗产的协商必须考虑到具体交易对整个社会的影响,以免侵犯更大群体的文化生活。这种情况的出现通常是因为应该共享的文化资源过度财产化。从这个意义上说,国家可以作为一种控制机制,防止不应该成为交易对象的文化资源进入合同,从而保护更大的国家社区。

对这一观点提出明确批评的一个看法是,各国应该更加关注通过保护文化及其传统社区来促进发展,尤其是对拥有世界上大量非物质文化遗产的发展中国家来说。在寻求资本时,各国可能会给愿意投资开发文化资源的第三方开出慷慨的条件,并且可能刻意忽略滥用的迹象。这与开发自然资源时发生的情况大致相同。因此,这是一个不容忽视的重大风险。但这也不能保证完全将国家排除在外,并将社区置于公司实体的支配之下。如

---

① Posey and Dutfield, Beyond Intellectual Property, p. 70.

果公司实体有足够的能力使国家机构为其所用,那么它们也可能对社区造成伤害。国际上对这些合同的监督可以通过非政府组织与国家对社区的合作协助,或仅通过人权机构的后续国际行动(例如类似于自然资源开发对传统社区产生负面影响的情况),①也可以对第五章中概述的工具加以利用。

另一种可能的批评是,国家职权可能被滥用。我在分析联合国教科文组织《人类非物质文化遗产代表作名录》中强调了这一点。但是,朝反方向采取激进解决方案(即国家完全不参与)可能导致国家在非物质文化遗产保护方面不承担任何责任。国际上应该采取补救措施来处理可能出现的国家职权行为。然而,各国应该参与其中,并在所有地区的非物质文化遗产保护中发挥作用。这里,我提出的是一个辅助机制(或责任层),而不是绕过国际审查的手段。

如果国家确实发挥了作用,那么涉及非物质文化遗产的交易中至少有三个利益相关者。那么,如果某种遗产表现形式的"拥有者"不止一个社区,那该怎么办?这是否意味着这种遗产立即进入公共领域或成为文化共享资源而不能参与财务交易了吗?如果有多个社区可被视为某种遗产表现形式的真实持有者(或是因为这些社区在文化公共数据库中注册了相同形式的非物质文化遗产,或是因为这些社区的主张有实证的支持),那么这些社区的最佳选择是,与有兴趣开发遗产的一方一起,成为合同当事方。但这会大大增加协商成本,并可能降低希望开发非物质文化遗产的一方对开发该遗产的兴趣。

另一种选择是,仅允许管理文化共享资源的实体参与其中(如上所述)。这将降低社区的参与度,但可以确保遗产表现形式的开发(以及社区可获得的后续利益)。这么做能降低协商成本,而且因为该实体充分了解开发遗产表现形式的条件(将遗产注册入数据库建议的条件之一),所以原则上该实

---

① 例如,见非洲人权和人民权利委员会、社会和经济权利行动中心和 Another 诉尼日利亚案(2001 年),2001 年 AHRLR 60。本案涉及尼日利亚为其大股东的一家石油公司的行为对奥戈尼土著社区造成的损害。尽管该石油公司申诉试图通过自己的行动主要将责任归咎于国家,声称国家是石油财团的大股东,辩称侵犯人权的行为是由军方交给石油财团处理的,或者最终政府直接参与了对奥戈尼兰造成损害的石油开发,非洲委员会根据国家监督石油开采不影响该地区人民权利的义务(即通过国家在保护人权方面的积极义务)。For an analysis of this case from the perspective of international investment law, see Francesco Francioni, ' Access to Justice, Denial of Justice and International Investment Law', EJIL 20(3)(2009), pp. 729-748. 从投资法的角度来看,这可能是有帮助的,至少在一定程度上,传统社区可以被视为受到第三方(投资者)希望进行的投资的影响,并得到国家的支持。弗朗西奥尼认为,就国际投资法中诉诸法律的权利的发展而言,这一权利是双向的,不仅可以用来保护投资者,也可以用来保护受其影响的投资者,这是一个值得考虑的有效视角。

体代表相关社区参与协商并不存在任何问题。

社区在外人面前描绘自己的方式关联着另一组关注点，与非物质文化遗产交易中评估利益相关者的内部维度有关。更具体地说，保护过程意味着社区内部身份情绪之间的调整（包括所有紧张局势、竞争和围绕哪些对象最具代表性的问题）及其外部维度（即社区希望别人看到的自己）。① 社区很难被视为拥有着单一愿望的单一实体。当有人代表社区实践这个"愿望"时，对这个"愿望"的评估会遇到更大的问题。社区的"无定形成员身份"和"不断发展的方向"是识别、监控、转移和执行权利主张的难度中的核心问题。如果执法依赖于一套对于谋求执法的论坛很陌生的习惯性规则，那么就会产生广泛的文化和法律差距。跨国语境下，这种情况造成了国际私法的一个主要问题（超出了我们讨论的内容范围），② 还对国内法院证明和执行习惯法造成了一个难度较低但同样重要的问题。③ 此外，人们可以认为，代表的概念在框架上就是殖民化，并且它往往只是出于经济需要迫使土著社区与殖民者接触的一种手段。④

第四章中分析的巴拿马的库纳案例表明，同一社区的不同群体对社区

---

① Sylvie Grenet and Christian Houin, 'Avant-Propos: Un Livre Politique', in Chiara Bortolotto(ed), Le patrimoine culturel immatériel: Enjeux d'une nouvelle catégorie(Éditions de la Maison des sciences de l'homme, 2011), p. 16; and Laurent-Sébastien Fournier, 'Le Tarasque métamorphosée', in Chiara Bortolotto(ed), Le patrimoine culturel immatériel: Enjeux d'une nouvelle catégorie(Éditions de la Maison des sciences de l'homme, 2011), pp. 149-166.

② 在国际私法中，当法律相对容易获得时，外国法的证明就已经有些困难了。当法律不为人所知，必须由人类学家和习惯法方面的其他专家进行调查和证明时，他们必须首先编纂法律，然后为外国法官提供证据。当然，如果要在解决国际私法争端时考虑到文化特性和习惯法的话。Advocating such an approach, see generally Erik Jayme, 'Identité culturelle et intégration: le droit international privé postmoderne—Cours General de droit international privé', Collected Courses of the Hague Academy of Intl L 251(1995), pp. 9-268. See also Guido Westkamp, 'The Qualification of Traditional Cultural Expressions in Private International Law: A Preliminary Appraisal', in Fiona Macmillan and Kathy Bowrey(eds), New Directions in Copyright Law, Vol 3(Edward Elgar, 2006), pp. 198-228.

③ Branislav Hazucha, 'Community as a Holder of Intangible Cultural Heritage: A Broader Public Policy Perspective', in Toshiyuki Kono(ed), Intangible Cultural Heritage and Intellectual Property: Communities, Cultural Diversity and Sustainable Development(Intersentia, 2009), p. 238; and van Zanten, 'Prior Informed Consent', p. 302.

④ Kathy Bowrey, 'Indigenous Culture, Knowledge and Intellectual Property: The Need for a New Category of Rights?', in Kathy Bowrey, Michael Handler, and Dianne Nicoll(eds), Emerging Challenges in Intellectual Property(Oxford University Press, 2011), p. 56(citing Irene Watson, 'Aboriginal Sovereignties: Past, Present and Future(Im)possibilities', in Suvendrini Perera(ed), Our Patch: Australian Sovereignties Post-2001(API Network, 2007), p. 33).

遗产的使用有不同的看法。在这个案例中:一方面,社区理事会扮演着社区代表的角色(根据土著人民的习惯法,这是一个只由男性组成的机构);另一方面是该社区的女性,她们实际上才是这个备受争议的遗产表现形式的制造者,对开发该非物质文化遗产的方式持有不同的意见。

当然,如果不考虑社区的自决,就不可能给出这个问题的解决方案,因为最终自决是解决非物质文化遗产控制问题的最佳方式。① 然而,这个巴拿马的例子提醒我们,至少在原则上,社区的所有群体都应该参与开发其非物质文化遗产的决策过程。② 换句话说,不仅是男人和女人,还有老人,甚至孩子(如果存在遗产的具体表现形式主要由孩子来展现的情况)都应该参与这些决策过程。这一概念基于参与和包容的人权观念。

确定了合适的利益相关者应该是谁以后,就有必要探究社区将在何种地位下行使自己的权利。许多国家的法律(第四章中分析了一部分)赋予了传统社区法律人格,允许它们出庭,一般是为了交易。③ 另一种可能性是由国家机关代表社区,例如巴西土著人民的例子(即使是这种解决方案也可能存在问题,即如果没有正确实施,可能会将社区与其代理剥离开来)。另一种选择是赋予这些社区与宗教组织相同的地位,但这种解决方案仅限于在非物质文化遗产本质上具有宗教性质的情况下。④

利用在有关传统知识使用的《生物多样性公约》(CBD)背景下制定的准则,可以确定每个利益相关方在涉及非物质文化遗产的交易中所发挥的作用(以及利益相关者的身份)。这些文书中最突出的两个是《关于获取遗传资源和公正公平分享其利用所产生惠益的名古屋议定书》(2010 年)(以下简称《名古屋议定书》)⑤和《关于获取遗传资源并公正和公平分享通过其利用所产生惠益的波恩准则》(2002 年)(以下简称《波恩准则》)。⑥ 欧洲社区

---

① Posey and Dutfield, Beyond Intellectual Property, p. 64.

② 另一个与开发非物质文化遗产有关的社区内部分裂的例子是 the Body Shop and the Kayapó Indians of Brazil. For an analysis of this incident, see Posey and Dutfield, Beyond Intellectual Property, p. 52.

③ 这是苏里南的例子,美洲人权法院在萨拉马卡社区案中的判决对此作了详细分析。See I/A Court HR, Case of the Saramaka People v Suriname. Preliminary Objections, Merits, Reparations, and Costs. Judgment of 28 November 2007, Series C No 172.

④ Posey and Dutfield, Beyond Intellectual Property, pp. 62-63.

⑤ 《关于获取遗传资源和公正和公平分享其利用所产生惠益的名古屋议定书》,截至 2012 年 11 月,已有 91 个国家和一区域经济组织(欧洲联盟)签署了该协定,但只有 9 个国家批准了该协定。根据其第 33 条,议定书要求 50 个国家批准才能生效。

⑥ 生物多样性公约秘书处,《关于获取遗传资源并公正和公平分享通过其利用所产生惠益的波恩准则》(2002 年)。

在《波恩准则》的通过中发挥了积极作用。① 由于《波恩准则》从某种程度上说是《名古屋议定书》的先驱,所以我将先对《波恩准则》进行分析。

在标题为"关键特征"的内容里,《波恩准则》列出了自身的一长串限制,表明其通过的过程可能存在争议。这些限制包括尊重国家对自然资源的主权和国家法律的普遍性。② 这些准则是自愿的,并且必须考虑到它们与其他文书的相互支持(可能包括 2003 年《公约》)。③《波恩准则》与其他制度的关系以相互支持的方式得到进一步加强。国家和国际的制度、文书和法律共同支持《波恩准则》目标的达成。④

《波恩准则》规定了指定的国家当局在监督利用传统社区资源的协商过程中发挥重要作用,包括检查事先知情同意的情况、监测惠益分享协议的遵守情况并确保这些协议所允许的实践具有可持续性。⑤ 该过程中的所有利益相关者都要承担一系列责任,一套针对资源的原产国,一套针对社区,一套针对"用户"(开发资源的人),一套针对"用户"所来自的国家。⑥

资源的原产国应确保考虑到活动的环境影响,所有利益相关方,尤其是传统社区,能获悉国家的决定;采取措施提高传统社区在协商期间代表自身利益的能力。资源的原产社区只负责对它们有权处置的资源进行交易,并避免对这些资源的获取施加任意的限制。

那些对开发这些社区的知识感兴趣的人必须寻求社区的自主、事先和知情同意,尊重习惯的价值观和社区的规则,响应对信息的请求,确保只使用社区授权中明确规定的资源,并保存事先知情同意的证据。对开发中的资源行使管辖权的国家必须采取一切必要措施(法律、行政或政策措施)以确保开发者遵守寻求事先知情同意的规则,并采取措施鼓励在知识产权的申请中公开传统知识的来源。

《波恩准则》强调了利益相关方的参与,并提供了一些有关信息义务、技术援助和能力建设的需求,以及在协商期间使用调解员的具体规则。⑦《波

① Chidi Oguamanam,'Documentation and Digitization of Traditional Knowledge and Intangible Cultural Heritage:Challenges and Prospects',in Toshiyuki Kono(ed),Intangible Cultural Heritage and Intellectual Property:Communities,Cultural Diversity and Sustainable Development(Intersentia,2009),p. 364.
② 生物多样性公约秘书处,《波恩准则》,准则 2—6。
③ 生物多样性公约秘书处,《波恩准则》,准则 7。
④ 生物多样性公约秘书处,《波恩准则》,准则 10。
⑤ 生物多样性公约秘书处,《波恩准则》,准则 14。
⑥ 生物多样性公约秘书处,《波恩准则》,准则 16。
⑦ 生物多样性公约秘书处,《波恩准则》,准则 17—21。

恩准则》还包含关于事先知情同意和利益共享的详细规则,将在后面几节中进行分析。

《名古屋议定书》反映了《波恩准则》的几个关键特征。首先是尊重国家对自然资源的主权,其次是尊重国家法律的普遍性而不指明具体解决方案。① 最值得注意的是,该议定书仅在提及国家与国家之间针对遗传资源进行协商时提出了实际解决方案。当实际涉及社区时(大多数交易涉及传统知识,而传统知识是非物质文化遗产的重要组成部分),几乎完全依赖于国内解决方案,②即使该议定书中包含对国家当局的构成和作用的若干规定(类似于《波恩准则》)。③

然而,该议定书试图为自己建立起一个比其他一些文书更高的地位,例如 2005 年联合国教科文组织《保护和促进文化表现形式多样性公约》(第二章中分析过)。《名古屋议定书》的关系条款肯定了相互支持性原则的解释,并明确指出该议定书不会与其他文书建立等级关系(因而表明它与其他国际文书是平等的,而 2005 年《公约》似乎表明该等级比其他文书低)。④

值得注意的是,《名古屋议定书》中包含有关私人监管的具体条款,即直接让行业利益相关者参与开发遗传资源和传统知识的过程。但令人遗憾的是,这些条款并没有提供要求修正社区和行业利益相关者之间的合同失衡的方式,使得看似好心的条款成为逃避政府监督的手段。⑤ 该议定书中还包含关于能力建设的条款,作为修正合同失衡的一种手段,但其影响还有待观察。⑥

《生物多样性公约》中可能有助于更广泛的非物质文化遗产交易的另一套重要规则是 2004 年有关影响评估的《阿格维古准则》。该准则的颁布受到《生物多样性公约》第 8 条第 j 款的影响。第 8 条第 j 款是与传统知识有关的核心条款。该准则的目的是提供一个框架,确保土著和地方社区充分参与评估拟议开发项目对传统社区利益和关注点的文化、环境和社会影响。

---

① 《名古屋议定书》,序言。
② 《名古屋议定书》,第 5—6 条。
③ 《名古屋议定书》,第 13—16 条。
④ 《名古屋议定书》,第 4 条。
⑤ 《名古屋议定书》,第 20 条。
⑥ 《名古屋议定书》,第 22 条。

该准则将传统实践和知识作为影响评估的一部分。①

　　该准则提出了一个政府、土著和地方社区、决策者和发展项目管理者共同参与的合作框架。在这个框架中,这些参与者可以对社区充分和有效的参与给予支持,并考虑到它们的文化、环境、社会关注点和利益。该准则将传统知识和实践考虑在内,实施中应该考虑到其他国际文书和义务(可能包括非物质文化遗产保护文书)。②

　　如果不能保证实际上社区一开始就参与其中,那么有关社区参与方式的这些规则便是无用的。下一节专门讨论确保社区参与非物质文化遗产交易的问题。

二、确保社区参与

　　"社区"是一个相当模糊的术语,但为了非物质文化遗产保护的目的,它可以被宽泛地定义为一群共享历史、习俗、知识及其他文化和社会表达的人。总之,"社区"至少部分上是因为共同的非物质文化遗产聚集在一起的一群人。非物质文化遗产帮助社区识别其成员并排除外人。更具体而言,它帮助社区在涉及其遗产使用的情况下确定谁是第三方(如果有的话)。③

　　确保社区参与的一个重要手段是通过文化影响评估,即《阿格维古准则》的目标之一。促进文化影响评估的想法早于该准则出现(如第四章中讨论的美国案例)。但《阿格维古准则》仍然是此类评估的重要国际验证,该准则将此类评估定义为:对拟议开发项目对特定群体或社区生活方式可能产生的影响的评估过程,该群体或社区充分参与其中,也可能由该群体或社区进行;文化影响评估通常会对拟议开发项目的影响进行处理,不管是有利影响还是不利影响,例如价值观、信仰体系、习惯法、语言、习俗、经济、当地环境与特定物种的关系、社会组织和受影响社区的传统。④

　　《阿格维古准则》还提供了"文化遗产影响评估"的定义:"评估拟议开发项目对社区文化遗产物质表现形式的可能影响(包括有利和不利影响)的过程,包含考古、建筑、历史、宗教、精神、文化、生态、美学价值和重要性的遗

---

① 生物多样性公约秘书处,关于在地方社区传统上占用的土地和水域上进行或可能对其产生影响的发展进行文化、环境和社会影响评估的自愿准则(2004 年),准则 1—2。

② 生物多样性公约秘书处,Akwé:Kon 准则,准则 3、4。

③ Hazucha and Kono, 'Conceptualization of Community', p. 147.

④ 生物多样性公约秘书处,Akwé:Kon 准则,准则 6(a)(重点强调)。

址、结构和遗迹。"①此定义主要指建筑遗产，但它也考虑到与之相关的非物质价值。

　　该准则规定，单一的评估过程应该整合文化、环境和社会问题。② 它还概述了如果开发项目涉及对于土著或当地社区来说是神圣的或其传统上占据的土地或遗址时应该考虑的步骤。其中包括确定可能受项目影响的所有利益相关方，建立有效的咨询机制以包含社区的所有群体（其中包括妇女、青年、老年和其他弱势群体），记录社区成员的观点。它还规定社区应该对可能对社区产生影响的项目拥有否决权，并且应该为社区提供足够的人力、财力、技术和法律资源，以确保它们有效参与影响评估过程的各个阶段。还应该确定负责债务、赔偿、保险和报酬的参与者和预防或减轻负面影响的措施。③

　　有趣的是，虽然涉及社区参与，但这些步骤倾向于将社区成员个人化，而不是将社区作为一个整体。传统代理中，一个人或一组人代表其社区。这种个人化意味着对这种传统土著代理的不信任，并提出一个更包容的模式，同时推进个人主义。但这个模式可能与传统社区对群体身份和群体权利的概念发生冲突。例如，在确定利益相关者时，该准则建议采用一个正式的流程来确定所有社区成员，然后建立社区所有群体的委员会代表，就影响评估流程提出建议。④

　　在文化影响评估方面，该准则指出了需要考虑的几个具体因素，包括对生物资源的习惯性使用的影响；对传统知识的影响；对神圣遗址以及相关庆典或仪式活动的影响；对文化隐私的关注（尤其是关于神圣或秘密知识的公开，因而包括保护措施和事先知情同意）；对习惯法的影响（可能包括编纂习惯法、澄清管辖权问题以及"协商如何最小化对当地法律的违反"的需要）；社区与承接开发项目的各方之间建立协议，以促进开发项目的实施以及相关人员的配备。⑤

　　但文化方面也扩展到影响评估的其他领域，例如要求在环境评估中识别宗教场所，⑥或社会影响评估中的代际和性别因素（再次强调了上述群体

① 生物多样性公约秘书处，Akwé:Kon 准则，准则 6(b)（重点强调）。
② 生物多样性公约秘书处，Akwé:Kon 准则，准则 7。
③ 生物多样性公约秘书处，Akwé:Kon 准则，准则 8。
④ 生物多样性公约秘书处，Akwé:Kon 准则，准则 13。
⑤ 生物多样性公约秘书处，Akwé:Kon 准则，准则 27—34。
⑥ 生物多样性公约秘书处，Akwé:Kon 准则，准则 37(f)。

和个人的紧张局势)。① 该准则有关"一般考虑因素"的部分也强调了与文化层面(甚至是非物质文化遗产问题)密切相关的一些要素,例如评估对所有权的影响、传统知识的保护和控制以及对事先知情同意的要求。② 有趣的是,该准则中的法律因素始终受制于反映国家法律的要求(与国际义务一致,但国际维度是次要的)。③ 事先知情同意是该准则中的一项要求,但该要求成立的前提是开发项目所在国家的法律反映了这一要求。④ 但我们可以认为事先知情同意是所有法律制度和规定的一般性要求(下面会进行探讨)。

《阿格维古准则》为将社区纳入综合影响评估过程作出了巨大努力。但该准则将大多数指导方针置于支持国家法律的从属地位。从积极的方面来说,该准则要求代理在行使权利前听取社区内个人的意见,这保证了社区内所有群体都有发言权,并避免类似于巴拿马库纳案例(第四章)的问题。

社区与其非物质文化遗产之间的联系,或使某个社区认为其有权对其遗产提出某些要求的联系,无论是财产要求还是某种形式的控制要求。对此可以用两个理由来证明,第一个理由是继承或遗产的概念。社区认为他们有权享有自己的非物质文化遗产,因为他们是首先创造这些实践的人在生物上和文化上的接班人。因此,这些个人自然被认为是代表过去和未来时代的遗产表现形式的监护人,在作出有关非物质文化遗产管理的决定时应该考虑他们的利益。⑤ 因为这个理由确认了临时监护关系,所以不允许对遗产提出财产要求。

另一个理由是,社区是与其个体成员不同的实体,正是这种集体创造力在每一种遗产表现形式和社会文化实践中发挥作用。从这个意义上说,非物质文化遗产是当下的产物,不太局限于过去和未来,更容易提出财产要求。可以将这个论点视为洛克劳动理论的集体版本,而洛克劳动理论大体上是知识产权的自由主义理由。⑥

无论社区主张对其遗产进行控制的理由是什么,事实上,社区必须始终以某种方式参与其中。正如第二章中所强调的,影响非物质文化遗产的决

---

① 生物多样性公约秘书处,Akwé:Kon 准则,准则 43。
② 生物多样性公约秘书处,Akwé:Kon 准则,准则 52。
③ 生物多样性公约秘书处,Akwé:Kon 准则,准则 57、58。
④ 生物多样性公约秘书处,Akwé:Kon 准则,准则 53。
⑤ Hazucha and Kono,'Conceptualization of Community',p. 148.
⑥ Hazucha and Kono,'Conceptualization of Community',pp. 148-149.

策过程中的社区参与是 2003 年《公约》所建立体系中的一个主要问题。①

这里的问题之一是，确定遗产表现形式所在的某个社区或群体的"真正"或"合格"的代表是谁。2003 年《公约》体系下的实践表明，对于属于整个国家群体或不易识别和孤立的社会群体的遗产表现形式而言，应该对许多群体进行咨询。证明同意列入名录的文件记录了此类实践，并附于提名表格之上。②

例如，布宜诺斯艾利斯和蒙得维的亚（分别是阿根廷和乌拉圭的首都）联合提名将探戈列入《人类非物质文化遗产代表作名录》时，咨询的实体包括阿根廷国家文化秘书处、乌拉圭文化部、布宜诺斯艾利斯立法市议会、签署请愿书的一些公民、乌拉圭音乐家协会、Demilonga 协会（自称第一个乌拉圭探戈论坛）、乌拉圭探戈学院 Joventango、探戈作者总协会、蒙得维的亚市立法机关以及支持提名的乌拉圭艺术家和知识分子。在这个例子中，该遗产表现形式绝不仅限于一个社区甚至一个国家，教科文组织认为非政府实体、与该遗产表现形式有关的自然人以及立法机关（被认为是卓越人士的民主代表）都是满足社区参与和同意被列入名单的要求需要咨询的一方。

申请将布鲁日圣血大游行（是一个城市而不是两个完整的国家）列入名录的过程中，以下各方表示了同意：联合国教科文组织佛兰芒委员会、佛兰芒文化部部长、圣血贵族联盟（在国家层面推动提名）、艺术与文物局、布鲁日主教、西佛兰德省省长、布鲁日市政办事员和市长、欧洲学院院长（位于布鲁日）、③自然人、学校、参与游行的传统音乐团体、仅为游行返回布鲁日的外籍人士团体（他们将该游行作为自己身份的重要组成部分，这也是他们仍然对比利时文化有归属感的一个主要原因）以及 Confrérie du Saint-Sang（参与该游行组织的另一个团体）。针对这个城市层面的遗产表现形式，政府行政部门相关机构除了需要征得以上相关方的同意，还要征求当地社区的几个群体甚至国外群体的同意，以表明该游行的国际关联度。

最后，受地理空间限制的一个实践例子是坎登贝文化空间（乌拉圭）。这种实践只咨询了实际从业者和社区成员，因为没有可以咨询的特定的地

---

① See also Arantes, 'Heritage as Culture', p. 54.

② 所有关于这些提名的信息以及列表中列出的每个元素的描述都可以作为可下载的文件。参见联合国教科文组织《人类非物质文化遗产代表作名录》，< http://www.unesco.org/culture/ich/index.php? pg = 00011 >（2012 年 11 月 29 日访问）。

③ 欧洲学院是一个国际机构（不是比利时的学术机构），它接收来自欧洲和世界许多国家的学生。

方协会。这表明,为作出与非物质文化遗产相关的决策所必需咨询的对象范围必然与遗产表现形式的地理扩展直接相关。

我建议,某种实践交易所需的代理方应该是同一个,因为必须将其列入教科文组织体系创建的一份名录中。这是因为列入国家名录的申请需要咨询的基本上都是相同的一些群体,而且我认为,在某种程度上这些清单或文化共享资源库是任何有关第三方使用非物质文化遗产的协商起点,而这些群体也是可以就其遗产的使用作出基本决定的行为者。从这个意义上说,遗产更"本地"的表现形式可以依靠其从业者(或他们之中的代表)。[1] 然而,如果是更大范围内的遗产表现形式,则相关行为者数量要增加,代表机构要成为主导,并且需要加上参与实践的个人"样本"、非政府组织和社会其他群体。

这种情况大大增加了交易成本,但同时也可能一开始就降低了对交易的需求,一种文化实践越普遍,那么它就越属于共享知识库,越不可能被盗用。[2] 例如,阿根廷和乌拉圭以外国家的探戈学校的运作不需要从其中任何一个国家的实体获得授权。对其真实性的担忧也随之减少,原因很简单:每位从业者实践这一传统的方式都不尽相同。因此,我们很难确定真实的形式究竟是什么,谁能代表这种真实性发声。[3] 这正是非物质文化遗产真正成为一般文化的时刻。尽管它仍然必须受到保护,但我们很难证明"硬"形式的保护是合理的。

每种非物质文化遗产实践的代理和代表的权力也不同,与该实践的范围成反比,实践越广泛,对所有权控制的需求(或理由)就越少。但是,如果无法确保社区的自主、事先和知情同意,那么代理将毫无意义。下一节将对这一需求进行探讨。

---

① For a detailed account, see Joël-David Dalibard, and Toshiyuki Kono, 'Prior Informed Consent: Empowering the Bearers of Cultural Traditions', in Toshiyuki Kono(ed) Intangible Cultural Heritage and Intellectual Property: Communities, Cultural Diversity and Sustainable Development(Intersentia, 2009), pp. 253-258.

② Kojima, 'Prior Informed Consent', p. 314.

③ See for instance Elazar Barkan, 'Genes and Burkas: Predicaments of Human Rights and Cultural Property', in Helaine Silverman and D Fairchild Ruggles (eds), Cultural Heritage and Human Rights (Springer, 2007), p. 198.

第三节　自主、事先和知情的同意

一旦代理和代表问题得到或多或少的解决,我们就可以考虑与事先同意和自主同意有关的问题了。正如一位评论员所指出的,这一想法看似自然和简单,但在实践中却很难实施。① 有人认为,"同意"作为一个法律概念,不仅仅是法律的一部分,也是法律权威的基础,甚至可以说是法律秩序本身。② "同意"在法律关系中能发挥三种核心功能:可以帮助同意方赋权于被同意方;可以是同意方的简单自我限制;可以是同意方的自我赋权行为,通过引入"制度规则集"来改变先前不利的法律关系。③

在合同中,"同意"也发挥以下三种功能中其中的一种:它可以授权同意主体,可以是规则集的一个功能,或者可以在规则集中发挥修正作用(弥补关系中的不足,通常是当事方之间协商能力的不平衡)。④ "不正当同意"有三种类型:第一,通过胁迫或虚假陈述等不正当手段获得的同意;第二,同意主体没有能力这么做;第三,给出的"同意"与表现不符(例如错误和挫败)。⑤ 第一种类型与自主、事先和知情同意相关。

在诸如非物质文化遗产方面,"不知情同意"至少包括以下两种情况:其一是未履行背景调查的积极义务(尤其是信息类);其二是存在无法合理检测到或得知的随后事实。(非物质文化遗产方面的一个例子是,一个社区与第三方签署了使用其非物质文化遗产的合同,随后发现其他社区也使用同一遗产,但是这是出于神圣目的)。⑥

"自主、事先和知情的同意(FPIC)"的概念最初是在生物伦理学和医学

---

① Graham Dutfield, 'Prior Informed Consent and Traditional Knowledge in a Multicultural World', in Toshiyuki Kono(ed), Intangible Cultural Heritage and Intellectual Property: Communities, Cultural Diversity and Sustainable Development(Intersentia, 2009), p. 262.

② Beyleveld and Brownsword, Consent in the Law, p. 3.

③ Beyleveld and Brownsword, Consent in the Law, p. 83.

④ Beyleveld and Brownsword, Consent in the Law, p. 157.

⑤ Beyleveld and Brownsword, Consent in the Law, p. 158.

⑥ Beyleveld and Brownsword, Consent in the Law, pp. 181-182. 作者们实际上认为,这种辩护在医学和非正式场合都是可行的。鉴于非物质文化遗产交易的特殊性,人们很容易认为它们属于非正式合同的范畴。

法领域发展起来的,①后来扩展到包含消费者关系中的信息义务、②环境问题(最著名的案例是《控制危险废物越境转移及其处置巴塞尔公约》)③甚至是双方能力差距极大的所有关系。基于这个原因(保护较弱的一方),自主、事先和知情的同意是有关非物质文化遗产的任何交易中的重要元素。事实上,在所有"同意"情况下,可以说"自主、事先和知情的同意"是任何法律制度符合道德规范的要求。④

与"自主、事先和知情的同意"有关的一个重大问题是,是否可以利用它来避免非物质文化遗产的盗用或滥用。⑤ 但同时,实际上很难将"自主、事先和知情的同意"纳入实践之中,因为非物质文化遗产被滥用的方式通常与其原始目的有很大的出入。⑥

"自主、事先和知情的同意"的最初目的是强调对人类尊严的保护。⑦ 但是,就一般的同意问题而言,其不同的哲学理由之间存在某种程度的竞争。⑧第一个理由是功利主义。功利主义认为同意只对效用最大化起作用,但如果最大化失败了,就可以很轻易地省掉。⑨ 第二个理由(可能是最常见的理由)是基于人权理论。根据该理论,同意是人权的基础,是对这些权利的限制。⑩ 第三个理由拓展了康德的理论,声称虽然权利是同意的基础和目的,但如果同意一个人是对她/他尊严的侵犯,由于必须始终尊重人的尊严,那么这时候必须将同意无效化。⑪ 这种以责任为导向的同意方式是"自主、事先和知情的同意"的关键,也是这里采用的方式。事实上,在涉及人的尊严的情况下,同意大多数时候会变得无关紧要。⑫

同意的一个重要因素是,必须采取预防措施以确保给予同意的一方拥

---

① Dalibard and Kono,'Prior Informed Consent',p. 248.

② Beyleveld and Brownsword,Consent in the Law,p. 184.

③ Posey and Dutfield,Beyond Intellectual Property,45;and Dutfield,'Prior Informed Consent', p. 267.

④ Beyleveld and Brownsword,Consent in the Law,p. 131.

⑤ Dalibard and Kono,'Prior Informed Consent',p. 247.

⑥ Kojima,'Prior Informed Consent',p. 310.

⑦ Dalibard and Kono,'Prior Informed Consent',p. 248.

⑧ Beyleveld and Brownsword,Consent in the Law,p. 27.

⑨ Beyleveld and Brownsword,Consent in the Law,p. 28.

⑩ Beyleveld and Brownsword,Consent in the Law,p. 30.

⑪ Beyleveld and Brownsword,Consent in the Law,pp. 31-32.

⑫ Beyleveld and Brownsword,Consent in the Law,p. 17.

有能力和权限。① 这意味着,第一,同意的能力必须是成熟的;第二,同意的人完全理解她/他同意的内容;第三,"完全成熟的处置能力"彻底理解了同意的含义。所有这些都必须将某种交际能力一同考虑在内。②

这里有一个预防方法,仔细评估同意的人是否实际上是代理人(人类学意义上),同意主体能否行使有关其自身权利的意愿。③ 必须谨慎对待那些表面上看似是同意主体但出于各种原因我们可以合理认为其不是同意主体的人。④ 鉴于确定代理(法律意义上)和代表时非物质文化遗产持有者会遇到的巨大困难,涉及非物质文化遗产的交易中应始终采用此预防方法。

所有涉及非物质文化遗产交易的同意主体都是"非理想典型同意主体"。对于这种同意主体,有三种可能的替代方案。第一种是司法当局代替判决;⑤第二种是为了保护同意主体的"最佳利益"而进行干预⑥(儿童监护权案例中一般会采用这种方案;对国家和社区的合作关系要求较高的非物质文化遗产案例也按照上面的规则采用这种方案);第三种是使用代理人⑦(巴西等国家针对土著人民采取的策略,不赋予土著社区法律能力,而是创建了一个合法的实体,在社会其他部分面前代表土著人民)。

规定在传统群体和社区所掌握知识的获取方面使用"自主、事先和知情的同意"的一项重要体系是《生物多样性公约》(CBD)(第二章中强调过)。尽管该公约的措辞中并不包含"自主、事先和知情的同意"这一术语,但其中一项条款规定,需要授权给持有传统知识的社区,这可以理解为需要"自主、事先和知情的同意"。⑧ 自2000年起,该公约理事机构的做法扩充了这一概念,首次提到了"自主、事先和知情的同意"的要求。⑨ 缔约方大会还确定了确保遵守"自主、事先和知情的同意"的一些要素,包括在知识产权申请中公开传统知识的来源、承认土著和部落社区的习惯法和实践以及存在确保"自主、事先和知情的同意"和利益共享的道德准则。⑩

---

① Beyleveld and Brownsword, Consent in the Law, p. 96.
② Beyleveld and Brownsword, Consent in the Law, pp. 99-100.
③ Beyleveld and Brownsword, Consent in the Law, p. 101.
④ Beyleveld and Brownsword, Consent in the Law, pp. 104-105.
⑤ Beyleveld and Brownsword, Consent in the Law, pp. 114-117.
⑥ Beyleveld and Brownsword, Consent in the Law, pp. 117-119.
⑦ Beyleveld and Brownsword, Consent in the Law, pp. 119-121.
⑧ Dalibard and Kono, 'Prior Informed Consent', p. 249.
⑨ Dalibard and Kono, 'Prior Informed Consent', p. 267.
⑩ Dutfield, 'Prior Informed Consent', p. 272.

世界知识产权组织(WIPO)还简要介绍了传统文化表现形式方面有关"自主、事先和知情的同意"的问题。它表示"自主、事先和知情的同意"与作者的精神权利(第六章)相似,类似于作者不发表作品的权利。①

"自主、事先和知情的同意"的获得有三个主要要求。

第一个要求是,利益相关者之间坦诚而广泛地传播信息,尤其是在第三方和知识所属的社区之间。这些信息职责的履行并不是一次性完成的,必须随着开发项目的推进而持续地进行,从而保证非物质文化遗产持有者根据其起初未预见到的遗产后续用途行事。②

持续同意的一个案例是紫长春花属。③ 原始研究(以及社区对"自主、事先和知情的同意"的原始请求)过后,这种植物的新用途才被人们发掘。据该案例的一位评论员称,"自主、事先和知情的同意"本应用处不大,因为资源的其他用途只有在原始用途存在的情况下才会被人们发掘,并作为原始用途的衍生物。④ 但我认为,虽然新用途是衍生物,但并不意味着可以跳过"自主、事先和知情的同意"这一步。相反,非物质文化遗产的每一次使用都会对社区产生非常不同的影响。每次为了不同的目的使用非物质文化遗产时,都必须寻求社区的授权。⑤ 当然,本章提到的体制中,并非所有情况都要求"自主、事先和知情的同意",仅限于遗产表现形式的注册中指出此要求的情况(上面讨论过)。如果表现形式尚未注册,那么必须努力将其注册,因为正是通过注册,才能弄清楚是否要求"自主、事先和知情的同意"。当然,如果所有各方都不同意注册,而且被排除在群体之后才发现这一点,那么它们需要重新给予同意。注册的真实性对于同意问题来说至关重要,而谁需要给予同意这个问题主要取决于注册的准确性。

第二个要求是,必须根据利益相关方认可的有效程序进行同意。这个要求在上一节中已经讨论过,一般意味着必须遵循惯例(如上所述,还必须寻求尽可能多的社区群体的参与)。⑥ 这意味着不仅必须获得同意,而且必

---

① Dutfield,'Prior Informed Consent',p. 275.

② Dalibard and Kono,'Prior Informed Consent',p. 251.

③ For a longer analysis of this case,see Dutfield,'Prior Informed Consent',pp. 281-282.

④ Dutfield,'Prior Informed Consent',p. 282(表示担心"自主、事先和知情的同意"会对研究和创新产生寒蝉效应)。

⑤ van Zanten,'Prior Informed Consent',p. 298.

⑥ Dalibard and Kono,'Prior Informed Consent',p. 252.

须获得社区的信任,①并且尊重保密和文化隐私的要求。②

第三个要求是利益共享。下面将进行详细讨论。③

上文提到的有关获取和利益共享的《波恩准则》提供了关于获得"自主、事先和知情的同意"的详尽准则。该准则要求应以最低的成本促进"传统资源的获取""对获取遗传资源的限制是透明的,基于法律依据,不违背《生物多样性公约》的目标""得到提供国相关国家当局的同意""根据国内法和具体情况,还应该获得土著和当地社区等利益相关方的同意"。④ 一般来说,资源的使用还要经过主权国家和国家当局的同意。这反映了主权国家普遍掌控资源,如上所述,这是《波恩准则》的一个关键特征。

根据《波恩准则》,事先知情同意的要素包括:"主管当局批准或提供事先知情同意的证据""时间和截止日期""使用规范""获得事先知情同意的程序""供利益相关方协商的机制""具体过程"。⑤ 主管当局必须根据国家法律授予事先知情同意,这其中可能需要不同级别政府的参与。⑥ 还必须征求传统社区和其他传统知识持有人的意见,并根据其传统做法和国内法获得其同意。⑦

根据《波恩准则》,必须通过若干程序来获得事先知情同意。其中一些步骤(根据该准则,必须反映和遵守国家法律)是关于预期用途的准确信息,说明了开发(商业或其他)资源可能带来的好处,还包含对利益共享安排的指示和对机密信息的处理。⑧

《名古屋议定书》是一套较新的准则,仅包含一项有关"自主、事先和知情的同意"的条款,主要适用于国家之间的交易。它强调了"法律确定性、明确性和透明度"的必要性、"正当、非任意的规则和程序"以及"清晰透明的书面决定"。这项有关社区的条款的其中一部分仅表示,社区应该参与其中并给出自主、事先和知情的同意,但"服从国内法律"这一条件削弱了该条款的效力。⑨

---

① Kojima, 'Prior Informed Consent', p. 311.
② van Zanten, 'Prior Informed Consent', p. 287.
③ Dalibard and Kono, 'Prior Informed Consent', p. 252.
④ 生物多样性公约秘书处,《波恩准则》,准则 26。
⑤ 生物多样性公约秘书处,《波恩准则》,准则 27。
⑥ 生物多样性公约秘书处,《波恩准则》,准则 29。
⑦ 生物多样性公约秘书处,《波恩准则》,准则 31。
⑧ 生物多样性公约秘书处,《波恩准则》,准则 36。
⑨ 《名古屋议定书》,第6(3)条。

如果遵守这些要求、原则和程序，"自主、事先和知情的同意"可以有利于赋权于社区(给予同意者)。但与此同时，国家主权(拥有比社区更大的权力)被赋予的权重过大这一点是令人担忧的。如果国家利益受到开发涉及的自然资源的限制且对相关知识(即所涉及的非物质文化遗产)的控制有所保留，那么这些规则在赋权于社区方面可能会更有用。这种说法同样也适用于更广泛的非物质文化遗产方面(其中，自然和遗传资源是次要的)。

对于不属于遗产表现形式原产地的当事方来说，"自主、事先和知情的同意"是非物质文化遗产使用中的重要元素。但它绝不是一个适用于所有问题的解决方案，因此必须对其仔细考量。它也有许多缺点，尤其是在涉及传统社区的情况下。① 其中许多问题与利益共享有关。利益共享是一个财务问题，下一节将进行讨论。

第四节　财务问题

本节讨论有关非物质文化遗产的商业开发中的利益共享问题。其中一个问题是非物质文化遗产财产化时其使用费的支付问题。

关于财务问题的讨论，也包括后来发展为商业的非商业用途所产生的利益，例如为研究目的而制作的民族音乐学录音后来也被出售(一个很好的例子是教科文组织的"世界传统音乐收藏"系列)，②或仅仅是非商业用途所产生的利益。然而在前一种情况下，必须牢记社区的期望之间的差异。社区有时会认为，将自己的音乐出售，它们就能获得大量版税。但实际上，从这种类型音乐的市场中，它们无法获得很多的版税或利润。③

在仅以科学目的而制作录音的案例中，据报道，至少在民族音乐学领域，通常的做法是支付给音乐家演奏的报酬。大多数情况下，多数社区一般都采纳这种做法(第六章分析的表演条约中也提到了这种情况)。付款还有助于提升研究人员与资料来源之间的信任，从而确保所获数据的有效性。④

---

① van Zanten, 'Prior Informed Consent', p. 306.

② 联合国教科文组织非物质遗产，联合国教科文组织世界传统音乐收藏，见 < http://www. UNESCO. org/culture/ich/index. php? pg = 00123 > (2012 年 11 月 29 日访问)。

③ van Zanten, 'Prior Informed Consent', p. 289.

④ van Zanten, 'Prior Informed Consent', p. 284.

款项可以直接支付给音乐家,也可以支付给社区本身。① 后者通常更合适,因为音乐家可能认为自己只是履行对社区的义务,而对非物质文化遗产不持有任何财产权利。

另一个重要的问题是,签订使用被认为是神圣音乐(因此是非交易物)的合同。在许多情况下,款项仍然是不以使用费的名义支付给社区,而是以其他名义(例如购买土地、建设基础设施等)。这引发了付款凭证问题,因为转移价值的收据中不会包含知识产权费用。②

还必须考虑任何非物质文化遗产管理体系的财务可持续性。由政府或非政府机构运行的文化共享资源管理体系往往不是自我维持的。因为它不直接从开发非物质文化遗产相关费用中获得足够的资源,甚至无法维持自己的运行,更不用说与相关社区分享利益。③ 尽管利益分配中可能优先将其归还给社区,而不是将所有资金都用于体系的管理维护中,但系统必须至少保留一些自己的资金。与知识产权使用费一样,这里的一部分使用费自然也要支付给负责处理这些支付项目的机构。这些机构在一开始就帮助开发者取得为这种使用付费的机会。

然而,与许多文化相关事项一样,非物质文化遗产使用费不应被视为自我维持的商业事业。如果非物质文化遗产恰好蓬勃发展为成功的商业事业,那是最好不过了。但是,国家(通过自己的资源或国际援助)应该愿意介入并弥补资金缺口,以维持这种遗产管理体系。几个与非物质文化遗产相关的价值观(例如国家政治身份的形成和延续,但文化多样性仍是多元文化和跨文化宪法框架中需要保护的价值)证明了除财务可持续性之外非物质文化遗产保护的合理性。④

《波恩准则》中包含一系列与利益共享有关的条款。传统知识所源社区可能获得短期、中期或长期利益。⑤ 这些利益应该以公平、正当的方式分发给所有为资源管理及其成功商业化作出贡献的人,从而除了社区之外,受益

---

① van Zanten, 'Prior Informed Consent', p. 290.

② van Zanten, 'Prior Informed Consent', p. 297.

③ Hazucha, 'Community as a Holder', p. 243.

④ Hazucha, 'Community as a Holder', p. 235. 他提到了非使用价值的特殊重要性,包括遗产价值(为后代保存非物质文化遗产的利益),选择价值(来自其他社区的成员有权了解彼此的遗产的利益),以及存在价值(简单的拥有非物质文化遗产本身的价值)。我们还必须考虑第一章中提到的价值观。

⑤ 生物多样性公约秘书处,《波恩准则》,准则47。

人的范围扩大到政府和非政府机构以及学术机构。[①] 这些措施有助于确保体系的持续,因为所有参与者都可以分享利益并利用资源维持其活动。

《名古屋议定书》的附录中包含了有关货币和非货币收益的条款。[②] 货币收益包括准入费、版税、里程碑付款、许可证费用、生物多样性保护和可持续利用中向信托基金支付的特别费用、研究经费以及知识产权共同所有权费用。

非物质文化遗产交易中可能的货币收益包括访问费、预付款、里程碑付款(即项目开发每个阶段的部分付款)、使用费、商业化情况下的许可证费用、非物质文化遗产的一般保护中向信托基金支付的特别费用、直接参与该过程的人员的工资以及相关知识产权共同所有权费用。[③] 但也有平衡财务问题的非货币收益,对于传统社区而言,包括必要基础设施的建设,如上文民族音乐学案例所示。

合同方法在保护非物质文化遗产的同时也促进遗产的商品化(因为非物质文化遗产的交易必然会对其施加控制,这意味着一定程度上的商品化),也能最大限度地赋予社区权力,而不必创造从长远上看扼杀文化发展的财产利益,也不必强行制定一个对很多土著和传统社区来说完全陌生的大型法律框架。合同方法还允许认可非物质文化遗产的重要群体维度,因为交易是和整个社区或代表社区的代理进行的。

还有许多需要考虑的要求。本章试图将其中一些要求普遍化,但它们总是与某些社区的习惯法相对立并受其影响。总而言之,合同方法也许提供了必要的法律工具,以保护社区从其非物质文化遗产中获得应得的利益。

---

① 生物多样性公约秘书处,《波恩准则》,准则48。
② 《名古屋议定书》,附件。
③ 比照见生物多样性公约秘书处,《波恩准则》,附录二。

第八章
结语

　　前面的章节表明,保护非物质文化遗产(ICH)有许多方式。保障(Safe-guarding)是遗产保护中的重要动词。"保障"一词意味着围绕遗产建立起一个保护性外衣,促进其成长和发展。但同时,这个外衣是可渗透的,允许文化交换和流动,这对遗产的发展十分重要。

　　物质文化遗产和非物质文化遗产之间的区分很重要。但在很大程度上,这种区分是人为的,并不能准确地描述文化遗产以及阐明其所有方面都应该受到保护的理由。虽然这种限制是正确的,但值得注意的是,遗产学者和专业人士的话语总是有偏见的(我在本书中的立场或许也是如此)。如今,人们倾向于承认遗产的共生概念。在这个概念中,遗产结合了物质和非物质元素。

　　本书中分析的不同制度也反映了这种共生关系。虽然有些制度专注于保护非物质文化遗产,但人们更加关注如何实现遗产的综合保护。

　　选择在此讨论的最合适的工具方式,则是首先确定希望通过保护非物质文化遗产(假设文化遗产没有内在价值)来推进的目标。如果目标是发展,那么实质上主要将非物质文化遗产商品化的贸易安排和计划(包括知识产权工具)或许是保护非物质文化遗产的最佳方式。

　　如果目标是培养国家认同,那么首选机制可能是清单、名录等工具。这些工具摒弃创造力的个体维度,且多半将其视为集体身份和创造力的组成部分。例如,教科文组织提供的一些工具和若干国家计划为此作出的规定。

　　如果目标是在更私人的层面上保护身份,无论是非主流人群的群体身份,还是个人身份,一般利用保护少数群体的制度以及人权法。虽然这些制度的原始目的并不一定是保护文化独特性,但都朝着这个方向发展。附录中的流程图进一步解释了保护目标的多样性,以及各目标适用的法律工具。针对希望通过非物质文化遗产实现的目标,提供多种可能的解决方案,以便最终选择最适合的方案。目标包括身份、发展、区域一体化或仅仅是旅游业发展。

　　保护非物质文化遗产有很多可能的理由和法律机制,但这并不意味着所有理由都具有同等的价值。在我看来,许多理由可能至多是使某种制度发挥作用的手段,其本身并不足以成为目标。例如,贸易和发展是有用的目标,有能力触发区域经济一体化进程的机制。但这些目标本身可能导致非物质文化遗产过度民俗化,使所有保护措施都以产品为导向。非物质文化遗产可能会被无可挽回地商品化,其存在也可能受到威胁。另一方面,虽然"零散式"的国家解决方案为大多数国家所采用,有时甚至颇为有效,但不应被视为长久之计,应该制订更有针对性的解决方案。如果将这些"零散"安排作为永久性解决方案,那么执行者(通常是国家,也可能是其更小的单位,如市、省、州,也可能是在这种法律环境中运作的非政府实体)往往会忘记保护非物质文化遗产的初衷是什么、由谁进行保护、保护是为了谁。

　　非物质文化遗产是身份的基本要素,所以必须受到保护。身份可能是与非物质文化遗产关联度最高的一种价值,同时也是其中最重要的一种价值。遗产一定与身份相关。特定遗产的经历能触发人的身份感、归属感和完整感。遗产保护的其他理由都是次要的,尽管能被成功用作触发法律机制的手段,但必须始终牢记,遗产是关于个人和群体身份的事物。

　　从这一断言可以看出,为了其所属社区,非物质文化遗产必须受到保护。如果保护是为了任何其他受益人,那么这意味着遗产开始消亡;如果遗产无法与其来源联系起来,那么它可能会消失或成为过去的一部分。它面临着不再是活文化的风险,而活文化正是使其如此重要的首要因素。

　　那么保护非物质文化遗产的责任落到了谁身上呢?说是"每个人"的职责几乎相当于说"不是任何人"的职责。与此同时,到目前为止所有关于保护手段的说法都表明,除非涉及大量参与者,否则所付出的任何努力都必然会失败,要么无法与遗产建立联系,要么由于将其从根源切除而对其产生扼杀效果。某些遗产表现形式是"独特而脆弱的花朵"。如果以某些方式对其进行移植,那么花朵会死亡。强行将它们从其自然生长的地区移植到另一个地区(更多时候是移植到花盆,即受到控制的新环境)只能阻止其生长,改变其与世界的互动。

　　如第七章所述,国家应该站在保护非物质文化遗产的最前沿。作为人口的保护者,国家应该保证其人口的身份得以蓬勃发展。然而,国家行动必须涉及社区。假设国家通过代议民主机制了解了什么对它的人民最有利,那么它必须突破典型的家长式角色。由于我们谈论的遗产表现形式有时候局限于小社区,所以这些社区必须直接参与,因为代议民主机制并不能保证充分考虑到它们的利益。除社区参与外,除国家以外的机构和组织的参与也很重要。它们可以提供专业知识,有效地在国家内部建立探索机制,以确保考虑到社区利益。

当然,国家这一重要角色也存在风险,但可以用以下措施来抵消:(1)国际补救措施,例如第五章中探讨的人权机制;(2)确保社区广泛参与国家法律和政策的制定和与非物质文化遗产有关的国际论坛,如联合国教科文组织体系、美洲国家组织关于土著人民权利宣言的谈判。

阐述这些观点时,需要探讨两个主要层面的行动:国际/区域层面(国家作为行动领导者,阐明法律保护问题);国家/超国家层面(超越国家,以社区为关注焦点)。在国际/区域层面,必须考虑的主要机制是联合国教科文组织《公约》的名录机制(其他组织可以效仿)。该机制将非物质文化遗产保护作为保护身份的手段。

尽管联合国教科文组织体系也存在许多缺陷,但它仍是非物质文化遗产保护的中心。其名录机制尚不成熟,只是"展示"遗产,而非提供保护手段,因此备受批评。虽然无法提供完全成熟的法律保护(如上所述,它提供的保护并不总是令人满意),但这也是重要的一步,因为它将非物质文化遗产带入人们的视野,促进了关于这种遗产存在的争论,赋予其内在附加价值。如果不是因为国际关注,遗产不可能获得这种附加价值。

联合国教科文组织《保护非物质文化遗产公约》的经验可以通过以下两个角度来解读。一方面,社区必须参与教科文组织名录的提名。然而,一开始决定其领土上哪些遗产表现形式值得考虑的依然是国家。教科文组织非物质文化遗产保护体系中的几层主权似乎给通过主张文化独特性对政治主张进行国际验证造成了相当棘手的障碍。另一方面,随着其委员会实践的发展,国际层面上的社区参与似乎将会加强,国家也会更加顺从社区及其文化主张。该体系的原始形式无法为社区提供足够的保护。第一次改革已经采取了重要措施,加强了社区在遗产管理中所发挥的作用,从而加强了该体系对非物质文化遗产的保护。虽然它还不是一个足够强大的体系,但它正朝着正确的方向发展。

区域政治和区域经济一体化计划都将非物质文化遗产保护视为一体化的理想目标。这些言论大部分已被阐述为人权问题,特别是在政治层面,尤其是在美洲国家组织(非物质文化遗产与土著权利之间的联系)和欧洲委员会(创造了非可强制执行的遗产集体权利的《法鲁公约》)。非洲联盟还采取了重要措施,以承认非物质文化遗产对该地区身份和振兴的重要性,但其最新文书尚未生效。

经济区域主义的一体化目标略有不同,所以其保护非物质文化遗产的理由也不同。安第斯国家共同体似乎主要关注探索非物质文化遗产的发展潜力(主要是有关生物技术应用的传统知识)。欧盟根据发展援助将文化遗产问题作为一项政策问题来处理,尤其是在欧盟的对外关系中。通过促进其伙伴国家保护遗产的计划,欧盟试图为负责任的可持续发展创造合适的环境,尊重文化多样性并为该地区的文化旅游创造机会。必须指出的是,在这个过程中,欧盟因为在"值得保护的遗产"的选择中规定了一套价值观(即选择其将支持的计划并对这些计划的管理进行干预)而备受批评。从某种程度上说,欧盟还创立了欧洲共同遗产,但该项目还在建设中,因为这些计划的受益者往往是新加入的成员国。非物质文化遗产领域的发展援助面临着一些风险,主要是由于文化推广不是投资的优先领域且援助资源具有可替代性。但欧盟正在开发弥补这一缺陷的工具。另外,社区参与对于非物质文化遗产保护中的援助有效性来说也至关重要。

然而,就内部政策而言,欧盟在干预各成员国的政策和法律选择方面似乎更为谨慎。虽然其条约中有关文化的条款并未提及在该地区协调法律,但《里斯本条约》创造了通过知识产权保护非物质文化遗产的手段。

文化遗产是一个重要的国际关注点,它在任何情况下都不应该留给各国,因为它构成"人类共同遗产"的一部分。然而,由于欧盟条约选择将文化限制于其保留领域内,因此有必要在欧盟内部为文化遗产保护寻找不同的手段和理由。

由于文化遗产是知识产权主题(尤其是版权法)的一部分,可能会对内部市场的运作产生消极影响,因此欧盟协调知识产权法中的新职责可以对其进行监管。虽然这些法律要考虑到文化遗产的某些特殊性,但也有欧盟立法者可以从中汲取灵感成功使用的例子。尽管保护只能建立在与文化遗产和经济自由指令下属文化遗产无直接关系的理由上,但重要的是欧盟立法者有一种保护遗产的工具,即使只是间接工具。

非物质文化遗产保护的国家/超国家层面意味着,超越国家来看待社区本身获得与其非物质文化遗产有关的自身利益(不管有无其他非政府实体的协助)。与非物质文化遗产的一般保护相比,非物质文化遗产的超国家维度是一个更新的话题。开发创新、有效的工具来解决非物质文化遗产问题也是一个非常热门的话题。

在许多方面,非物质文化遗产保护的超国家层面应该被认为是"国家+",即国家以外的各方参与非物质文化遗产的国际监管和保护。第七章中探讨的合同方法和解决方案可轻松地应用于超国家环境。理想情况下,这些方法是适用的,因为非物质文化遗产受到的潜在威胁大部分在于国际层面的盗用(例如跨司法管辖区)。国内法通常可以将其作为侵权或知识产权问题(涉及补救措施时)对其进行更好的处理,但目前国际上处理盗用事件的机构很少。

国际上施加于国家的保护非物质文化遗产义务仅限于国家领土内的遗产,而且从《保护非物质文化遗产公约》某些条款的简明语言上看,它并不要求国家有义务保护非本国领土内的非物质文化遗产。但是,如果考虑到该《公约》序言中非物质文化遗产保护关乎全人类的观点,那么必要价值观已经到位,促使各国采取行动推进非物质文化遗产的跨国保护。

这种跨国保护必须涉及其他行为者和国家。该建议的原因之一是,各国没有明确的义务建立这样一个跨国监管网络。还有一个原因是,保护非物质文化遗产的倡议必须始终考虑到社区和某些非政府组织,并积极引导其参与。这些非政府组织可以为社区提供关于对开发非物质文化遗产有兴趣的国家和第三方的信息。

我建议,这个跨国网络应该考虑到第七章中提到的原则和规则,并采用一个促进非物质文化遗产持有者和第三方之间联系的体系。这给了社区作为非物质文化遗产持有者的特权。但这种偏向是必要的,是为了确保非物质文化遗产始终得到尊重,并且位于这种跨国网络活动的首要和中心位置。通过这种方式,社区可以确保未来非物质文化遗产的活力和持续性(还有助于该网络的持续性)。

这就涉及诸如代理和代表、"自主、事先和知情的同意"等问题。就代理和代表问题而言,代表和法律代理的基本原则必须从社区本身的习惯规则中提取,因为社区是唯一能够确定其代表是否令社区成员感到满意的一方。除了这些习惯规则,还应该考虑人权实践中的一些观念,即不排除属于特定社区的任何群体的代表性,并努力确保社区所有成员尽可能广泛地参与。

就"自主、事先和知情的同意"而言,一旦解决了代表和代理的问题,社区代表便很可能同意对遗产进行开发。但在这个阶段还必须牢记,社区与任何希望开发其非物质文化遗产的第三方之间往往存在着权力不平衡的现象。一部分原因纯粹在于经济实力,但最重要的原因是,这些交易发生的法律地区是开发者所在地,而非社区所在地。社区的法律规则在代理中起到的作用较小,一般是法律交易中"事实背景"的一部分,它们不是主要的适用规则。在社区一方的国家和非政府实体的协助下,可以克服这种不平衡。这就是为什么上文建议的对社区的偏向如此重要的另一个原因。

非物质文化遗产超国家层面的另一个例子是国家对非物质文化遗产构成威胁的情况,在国际上可以通过人权机制得到解决。人权似乎是非物质文化遗产保护的所有尝试中的共同点。其中有许多谈到"遗产的人权"。那么应该如何阐明这一权利呢?它是"身份的人权"的延伸,能个性化。也可以说它是一种不同的、集体本质的人权。

我认为,由于遗产没有内在价值,且实际上是有助于推进其他目标的工具,那么至少在仅可执行个人权利的现有国际框架中,并没有单独的、可执行的人权来保护文化遗产。保护文化遗产,尤其是非物质文化遗产,是所有国家对社区的责任。除非人们称遗产为身份的工具(因而将任何遗产主张转为身份保护主张),否则不能成功地将其转化为个人权利。

然而,将非物质文化遗产与人权联系在一起的做法非常普遍,也非常有用。在很大程度上,权利的修辞有助于为非物质文化遗产提供必要的国际合法性,使其能寻求国际保护。

从人权法的角度来看,保护文化遗产有助于保护文化、身份甚至尊严。因此,只能期望这一法律领域受到人权法的影响,且这种影响能将"文化财产"转变为"文化遗产",并成为一种法律范畴。

此外,鉴于文化遗产与人权法的接近程度,保护人权的制度措施已经发展到寻找保护文化表现形式和生活方式的方法。这一点是为文化遗产元素保护提供资源强有力的原因之一。有一些解决方案可能为在实践中执行该建议提供了必要工具。

尽管人权机制的使用在某种程度上缩小了通过保护非物质文化遗产实现的目标范围,但对文化身份和人权的保护仍然是保护非物质文化遗产的强有力的理由。虽然"个人权利 VS 群体权利"的紧张冲突所施加的外部限制发挥了一定作用,但不应予以过高评价。

利用制度机制促进国际人权保护似乎是国际上保护非物质文化遗产的

好方法。但目前,这在具体制度安排(如教科文组织框架)下并不存在。目前受国际层面体制机制保护的一系列权利似乎足以解决与非物质文化遗产相关的大多数问题,而这些权利存在内部限制这一事实有助于平衡非物质文化遗产语境中存在的相互冲突的利益。

超国家层面的另一个例子是,社区试图在各国家的领域内阐明其遗产问题的情况。例如,社区在有大量解决方案的国内层面上阐明遗产问题的情况。这种法律工具选择的多样性并不意味着非物质文化遗产无论如何都能得到保护。各国普遍朝着承认非物质文化遗产是值得保护的法律事项的方向发展。即使那些未采用特殊制度的国家,仍通过其他机制考虑保护非物质文化遗产,或仅仅出于物质文化遗产和非物质文化遗产密不可分这个无可争辩的事实来保护非物质文化遗产。因此,所有保护文化遗产的法律(即使只是间接地)都会关注非物质文化遗产问题。

然而,迄今为止未能采用具体制度的国家必须牢记,使用其他工具来保护非物质文化遗产的做法仅仅是暂时的,仍旧需要具体制度。这些制度必须具有预防性,创造出允许社区控制自己的遗产以及将文化伤害扼杀在摇篮里的环境,也必须以补救为导向,为文化伤害的补救创造条件。这遵循一条法律格言:哪里有权利,哪里就有补救措施。

在为非物质文化遗产保护提供补救措施以防第三方盗用时,有两种主要保护途径:人权法(国内解释)和知识产权。

在国内实践中,人权法通常解释为侵权行为。这是普遍用于补救伤害的重要手段。与范围更广的人格权有关的侵权补救措施,通常足以保证在国内也得到救济,以补救非物质文化遗产盗用所造成的文化伤害。保护非物质文化遗产的法律应该明确表明这些补救措施是可以获得的,否则的话,则应该制定补救措施。如果国内法律做不到这一点,那么国际人权法可能再次发挥作用——通过所有人权裁决机构和准裁决机构承认的人权补救措施。

侵权行为也可能是知识产权索赔的重要组成部分(尤其是在民法司法管辖区内)。但是这种类型的解决方案还有其他特定功能,因此非常有吸引力。就知识产权而言,非物质文化遗产的商品化可能会在人们通过知识产权机制对非物质文化遗产进行保护时达到顶峰。然而,由于商品化可以转化为控制和赋权,所以知识产权机制的使用在一些案件中可能产生积极影响。

人权话语再次出现在非物质文化遗产保护领域,同样出现的还有重叠制度的概念。《世界版权公约》之类的以公共利益为导向的文书是在《经济、社会及文化权利国际公约》中将知识产权保护作为人权进行传递的决定性因素。这一事实可以理解为,作为私人权利的知识产权与文化交流的公共价值之间的紧张冲突自从这些辩论开始就已经存在。

也就是说,虽然知识产权在某些情况下可以为非物质文化遗产提供保护,但这一工具不得滥用。在这种意义上,过度使用知识产权机制可能会为非物质文化遗产造成过多的准入障碍,从而迫使创作者不使用它,最终导致遗产很大程度上的消亡。

与此相反,认为所有非物质文化遗产都属于公共领域的观点也有不足之处。它没有考虑到某些社区对其遗产的依附价值。从这个意义上说,将非物质文化遗产置于公共领域,并没有考虑到第三方使用这种遗产可能产生的宗教和文化伤害(根据公共领域的规则,第三方可以自由使用这些遗产)。

共享资源的观念似乎是最吸引人的选择。共享资源中的非物质文化遗产不是任何人都能免费得到的。它使监护社区有机会对其遗产的使用进行某种形式的控制,并确保文化敏感性得到尊重,且其遗产的某些元素仍然是第三方无法接触到的。

私人知识产权与公众获取文化共享资源之间的平衡如下,当贴近某个社区身份核心的文化感受涉及某种遗产表现形式时,这种遗产应受到这一范围内最强有力形式的保护,即使版权所有者得以将第三方排除在外的知识产权垄断。如果某种遗产表现形式对某个社区来说仍然是重要和独特的,那么这些表现形式应该通过共享资源规则进行管理,这保证了它们能受到某种监督,并且当第三方使用它们时,社区在某种意义上会得到承认。最后,当遗产与宗教情感或其他对社区非常重要、独特的事物无关时,非物质文化遗产应该处于公共领域,而国家将负责保护其基本的完整性和归属性。

这项拟议计划忽视了非物质文化遗产使用的经济方面。但这些问题是次要的,仍然可以通过这些工具进行监管。例如,知识产权所有人可以获得许可费。但在此种情况下不应该提供许可,因为知识产权工具仅用于完全排除第三方获取涉及文化或宗教感情的非物质文化遗产。公共领域可以转换为公共资源付费制度,受监管的共享资源可以规定许可费,用于保护和持续非物质文化遗产,因为它是文化多样性的源泉。

　　非物质文化遗产保护的合同方法也可以对这些问题作出回应。如上所述,这些方法可以纳入国内事项或跨国监管问题。合同方法还创建了预防结构,可以监督第三方对非物质文化遗产的使用,并在尊重文化敏感性(如果存在)的同时营造文化流动的受控环境。虽然这种方法促进了遗产某种形式的商品化,但这种商品化与通过知识产权机制促进的商品化绝对不同。然而,权力主张在这里肯定会出现。在一些基本工具的帮助下,包括尊重主流社会以外社区的习惯法以及遵守有关代理和同意的重要一般性规则,可以向社区、生产非物质文化遗产以及关注其永久性的各方提供权力。

　　如果应用得当,合同方法可吸取以往教训,借鉴其他各种经验中的做法,避免掉入非物质文化遗产保护中的陷阱。从这个意义上说,即使合同方法仍有待实现其承诺,且仍然主要是次要解决方案,但这种方法还是应该被用作国际法中保护非物质文化遗产的框架(尤其是在跨国情况下)。

参考书目

Adolfo, Luiz Gonzaga Silva, 'Considerações sobre o Direito Moral do Autor', *Revista da AB-PI* 44 (2000), pp. 3-13.

African Union, *Africa, Our Common Destiny—Guideline Document prepared by the Commission of the African Commission* (2004).

African Union, *Aide Memoire to the First Pan-African Cultural Congress*, 13-15 *November* 2006, *Addis Ababa, Ethiopia, General Theme*: 'Culture, Integration and African Renaissance'.

Aguilar, Alonso, *Pan-Americanism from Monroe to the Present*: *A View from the Other Side* (Monthly Review Press, 1968).

Aikawa, Noriko, 'The UNESCO *Recommendation on the Safeguarding of Traditional Culture and Folklore* (1989): Actions Undertaken by UNESCO for Its Implementation', in Peter Seitel (ed), *Safeguarding Traditional Culture*: *A Global Assessment* (Smithsonian Institution, 2001), pp. 13-19.

Aikawa-Faure, Noriko, 'From the Proclamation of Masterpieces to the *Convention for the Safeguarding of Intangible Cultural Heritage*', in Laurajane Smith and Natsuko Agakawa (eds) *Intangible Heritage* (Routledge, 2009), pp. 1-44.

Albornoz, Orlando (March 2007), 'Relaciones entre Cultura y Desarrollo, informe presentado al Programa Regional Interamericano de Cultura—Oficina de Asuntos Culturales', *Workshop on Case Studies in the Protection of Cultural Heritage—Central American Region*, available at < http://portal. oas. org/Portal/Topic/SEDI/Educaci% C3% B3nyCultura/Cultura/TemasPrioritarios/Preservaci% C3% B3nyProtecci% C3% B3ndelPatrimonioCultural/Activities/ProtegiendoelPatrimonioCultural/tabid/1447/language/en-US/Default. aspx > (accessed 29 November 2012).

Álvarez Molinero, Natalia, *Pueblos indígenas y derecho de autodeterminación. ¿Hacia un derecho internacional multicultural?* (Universidad de Deusto, 2008).

Alvarez, José E. , *International Organizations as Law-Makers* (Oxford University Press, 2006).

Alvez, Vânia de Fátima Noronha, *O Corpo Lúdico Maxakali*: *Segredos de um 'Programa de Índio'* (C/ Arte, 2003).

Amando, Migue, and Lipzyc, Delia, 'Bienes inmateriales', in Diego Fernández Arroyo (ed) *Derecho Internacional Privado de los Estados del Mercosur* (Zavalia, 2003), pp. 903-936.

Anderson, Jane E., *Law, Knowledge, Culture: The Production of Indigenous Knowledge in Intellectual Property Law* (Edward Elgar, 2009).

Andrews, Charlotte, Viejo-Rose, Dacia, Baillie, Britt, and Morris, Benjamin, 'Conference Report: Tangible-Intangible Cultural Heritage: A Sustainable Dichotomy? The 7th Annual Cambridge Heritage Seminar', *Intl J of Intangible Heritage* 2 (2007), pp. 124-129.

Aparo, Nimia, 'Derechos fundamentales de los pueblos indígenas', in *Los Pueblos Indígenas y la Integración Andina—Primer Foro de Intelectuales e Investigadores Indígenas* (Comunidad Andina, 2008), pp. 56-58.

Appadurai, Arjun, 'Introduction: Commodities and the Politics of Value', in Arjun Appadurai (ed), *The Social Life of Things: Commodities in Cultural Perspective* (Cambridge University Press, 1986), pp. 3-63.

Arantes, Antonio A., 'Heritage as Culture: Limits, Uses and Implications of Intangible Cultural Heritage Inventories', in Toshiyuki Kono (ed), *Intangible Cultural Heritage and Intellectual Property: Communities, Cultural Diversity and Sustainable Development* (Intersentia, 2009), pp. 51-75.

Archer, Margaret, *Culture and Agency: The Place of Culture in Social Theory* (Cambridge University Press, 1996).

Ascensão, José de Oliveira, *Direito Autoral* (Renovar, 1997).

Ashworth, GJ, Graham, Brian, and Tunbridge, JE, *Pluralising Pasts: Heritage, Identity and Place in Multicultural Societies* (Pluto Press, 2007).

Austin, Regina, 'Kwanzaa and the Commodification of Black Culture', in Martha M Ertman and Joan C Williams (eds), *Rethinking Commodification: Cases and Readings in Law and Culture* (New York University Press, 2005), pp. 178-190.

Bakker, Karel Anthonie, 'Preserving Intangible Heritage Resources: Examples from South Africa', *Proceedings of the ICOMOS 14th General Assembly and Scientific Symposium: Place, Memory, Meaning: Preserving Intangible Values in Monuments and Sites*, available at < http://www. international. icomos. org/victoriafalls2003/papers. htm > (accessed 29 November 2012).

Baltl, Hermann, 'Folklore Research and Legal History in the German Language Area', in Alison Dundes Rentel and Alan Dundes (eds), *Folk Law: Essays on the Theory and Practice of Lex Non Scripta* (University of Wisconsin Press, 1995), pp. 397-407.

Bancroft, Robyne, 'Everything Relates, or a Holistic Approach to Aboriginal Indigenous Cultural Heritage', in Peter Seitel (ed), *Safeguarding Traditional Culture: A Global Assessment* (Smithsonian Institution, 2001), pp. 70-74.

Bannavong, Siho, 'The Lao Front for National Construction and Minority Cultural Heritage', in Yves Goudineau (ed), *Laos and Ethnic Minority Cultures: Promoting Heritage* (UNESCO Publishing, 2003), pp. 255-261.

Barbosa, ALFigueira, *Sobre a Propriedade do Trabalho Intelectual—Uma Perspectiva Crítica* (UFRJ, 1999).

Barkan, Elazar, 'Genes and Burkas: Predicaments of Human Rights and Cultural Property', in Helaine Silverman and D Fairchild Ruggles (eds), *Cultural Heritage and Human Rights* (Springer, 2007), pp. 184-200.

Baroness Hooper, *Crafts and Cultural Heritage Conservation Skills*, Report to the Committee on Culture, Science and Education of the Council of Europe Parliamentary Assembly. Doc 11761, 23 October 2008.

Bendix, Regina, 'Héritage et patrimoine: de leurs proximités sémantiques et de leurs implications', in Chiara Bortolotto (ed), *Le patrimoine culturel immaterial: Enjeux d'une nouvelle catégorie* (Éditions de la Maison des sciences de l'homme, 2011), pp. 99-121.

Benkler, Yochai, 'Through the Looking Glass: Alice and the Constitutional Foundations of the Public Domain', in James Boyle (ed), *Collected Papers: Duke Conference on the Public Domain* (Center for the Public Domain, 2003), pp. 173-224.

Benvenisti, Eyal and Downs, George, 'The Empire's New Clothes: Political Economy and the Fragmentation of International Law', *Stanford L Rev* 60 (2007), pp. 595-631.

Berryman, Cathryn A, 'Toward More Universal Protection of Intangible Cultural Property', *J Intell Prop L*1 (1994), 293, reprinted in Anthony D'Amato and Doris Estelle Long (eds), *International Intellectual Property Anthology* (Anderson Publishing Co, 1996), pp. 76-78.

Beyleveld, Deryck and Brownsword, Roger, *Consent in the Law* (Hart Publishing, 2007).

Biondi, Andrea, 'The Merchant, the Thief and the Citizen: The Circulation of Works of Art within the European Union', *CML Rev* 34 (1997), pp. 1173-1195.

Blake, Janet, *Commentary on the UNESCO 2003 Convention on the Safeguarding of the Intangible Cultural Heritage* (Institute for Art and Law, 2006).

Blake, Janet, *Developing a New Standard-Setting Instrument for the Safeguarding of Intangible Cultural Heritage: Elements for Consideration* (UNESCO Publishing, 2001).

Blake, Janet, 'On Defining the Cultural Heritage', *ICLQ* 49 (2000), pp. 61-85.

Blake, Janet, 'UNESCO's 2003 Convention on Intangible Cultural Heritage: The Implications of Community Involvement in "Safeguarding"', in Laurajane Smith and Natsuko Akagawa (eds), *Intangible Heritage* (Routledge, 2009), pp. 45-73.

Blakeney, Michael, 'Protecting Traditional Cultural Expressions: The International Dimension', in Fiona Macmillan and Kathy Bowrey (eds), *New Directions in Copyright Law*, Vol 3 (Edward Elgar, 2006), pp. 3-14.

Borba Filho, Hermilo, *Espetáculos Populares do Nordeste* (Massangana, 2007).

Bouapao, Lytou, 'Traditional Hmong Weaving and Embroidery', in Yves Goudineau (ed), *Laos and Ethnic Minority Cultures: Promoting Heritage* (UNESCO Publishing, 2003), pp. 119-127.

Bouchenaki, Mounir, 'A Major Advance towards a Holistic Approach to Heritage Conservation: The 2003 Intangible Heritage Convention', *Intl J of Intangible Heritage* 2 (2007), pp. 106-109.

Boulware, Margaret A, Pyle, Jeffrey A, and Turner, Frank C, 'Symposium: Intellectual Property: An Overview of Intellectual Property Rights Abroad', *Hous J Int' lL* 14 (1994), 441, reprinted in Anthony D'Amato and Doris Estelle Long (eds), *International Intellectual Property Anthology* (Anderson Publishing Co, 1996), pp. 20-22.

Bowrey, Kathy, 'Indigenous Culture, Knowledge and Intellectual Property: The Need for a New Category of Rights?', in Kathy Bowrey, Michael Handler, and Dianne Nicoll (eds), *Emerging Challenges in Intellectual Property* (Oxford University Press, 2011), pp. 46-67.

Bowrey, Kathy, 'International Trade in Indigenous Cultural Heritage: An Australian Perspective', in Christoph Beat Graber, Karolina Kuprecht, and Jessica Lai (eds), *International Trade in Indigenous Cultural Heritage: Legal and Policy Issues* (Edward Elgar, 2012), pp. 396-438.

Bowrey, Kathy and Anderson, Jane, 'The Politics of Global Information Sharing: Whose Cultural Agendas are Being Advanced?', *Social and Legal Studies* 18(4) (2009), pp. 1-26.

Boylan, Patrick J, 'The Intangible Heritage: A Challenge and an Opportunity for Museums and Museum Professional Training', *Intl J of Intangible Heritage* 1 (2006), pp. 54-65.

Boyle, James, 'Foreword: The Opposite of Property?', in James Boyle (ed), *Collected Papers: Duke Conference on the Public Domain* (Center for the Public Domain, 2003), pp. 1-32.

Boyle, James, 'The Second Enclosure Movement and the Construction of the Public Domain', in James Boyle (ed), *Collected Papers: Duke Conference on the Public Domain* (Center for the Public Domain, 2003), pp. 33-74.

Brahy, Nicolas, *The Property Regime of Biodiversity and Traditional Knowledge: Institutions for Conservation and Innovation* (Éditions Larcier, 2008).

Bratman, Michael E, *Structure of Agency* (Oxford University Press, 2007).

Brewster, Paul G, 'Traces of Ancient Germanic Law in a German Game-Song', in Alison Dundes Rentel and Alan Dundes (eds), *Folk Law: Essays on the Theory and Practice of Lex Non Scripta* (University of Wisconsin Press, 1995), pp. 407-416.

Broude, Tomer, *Taking 'Trade and Culture' Seriously: Geographical Indications and Cultural Protection in WTO Law*, available at <http://papers.ssrn.com/sol3/papers.cfm? abstract_

id = 714981 > (accessed 29 November 2012).

Brown, Michael F, 'Heritage Trouble: Recent Work on the Protection of Intangible Cultural Property', *Intl J of Cultural Property* 12 (2005), pp. 40-61.

Brown, Michael F, *Who Owns Native Culture?* (Harvard University Press, 2004).

Bruner, Christopher M, 'Culture, Sovereignty, and Hollywood: UNESCO and the Future of Trade in Cultural Products', *NYU J Intl L & Pol* 40 (2008), pp. 351-436.

Bulfinch, Thomas, *The Golden Age of Myth and Legend* (Wordsworth Editions, 1993).

Burden, Matilda, 'Museums and the Intangible Heritage: The Case Study of the Afrikaans Language Museum', *Intl J of Intangible Heritage* 2 (2007), pp. 82-91.

Calderón Puente and María Cecilia, 'Protección Durable', *ICOMOS 15th General Assembly and Scientific Symposium* (2005), available at < http://www. international. icomos. org/ xian2005/papers. htm > (accessed 29 November 2012).

Cang, Voltaire Garces, 'Defining Intangible Cultural Heritage and its Stakeholders: The Case of Japan', *Intl J of Intangible Heritage* 2 (2007), pp. 46-55.

Carlson, Kirsten Matou, 'Notice: Premature Predictions of Multiculturalism?', *Mich L Rev* 100 (2002), pp. 1470-1487.

Carter, Anthony, 'Protecting the Indigenous Past While Securing the Digital Future: The FTAA and the Protection of Expressions of Folklore', *Loy Intl L Rev* 1 (2004), pp. 203-216.

Cavalcanti, Maria Laura Viveiros de Castro and Fonseca, Maria Cecilia Londres, *Patrimônio Imaterial no Brasil: Legislação e Políticas Estaduais* (UNESCO Publishing, 2008).

Chander, Anupam and Sunder, Madhavi, 'The Romance of the Public Domain', *Calif L Rev* 92 (2004), pp. 1331-1373.

Chao-Ching, Fu, 'Cultural Sensitivity towards Intangible Values in Monuments and Sites—A Comparison between Eastern Asian and Western Countries', *ICOMOS 15th General Assembly and Scientific Symposium* (2005), available at < http://www. international. icomos. org/ xian2005/papers. htm > (accessed 29 November 2012).

Chartrand, Harry Hillman, 'Towards an American Arts Industry', *Cultural Economics*, available at < http://www. compilerpress. ca/Cultural% 20Economics/Works/Towards% 202000. htm > (accessed 29 November 2012).

Chaudhuri, Shubha, 'Who is the "Holder" of Intangible Cultural Heritage? Revisiting the Concept of Community from an Intangible Cultural Heritage Perspective', in Toshiyuki Kono (ed), *Intangible Cultural Heritage and Intellectual Property: Communities, Cultural Diversity and Sustainable Development* (Intersentia, 2009), pp. 189-201.

Clavero, Bartolomé, 'Derechos Indígenas y Constituciones Latinoamericanas', in Mikel Berraondo (ed), *Pueblos Indígenas y Derechos Humanos* (Universidad de Deusto, 2006),

pp. 313-338.

Clément, Sophie and Clément, Pierre, 'Architecture as an Expression of Minority Culture', in Yves Goudineau (ed), *Laos and Ethnic Minority Cultures: Promoting Heritage* (UNESCO Publishing, 2003), pp. 137-152.

Commission of the European Communities, *Commission Staff Working Paper on the Review of the EC Legal Framework in the Field of Copyright and Related Rights*, 19 July 2004 (SEC (2004) 995).

'Comunicado sobre la Protección y Recuperación de Bienes del Patrimonio Cultural de los Países Miembros de la Comunidad Andina', in *Los Pueblos Indígenas y la Integración Andina— Primer Foro de Intelectuales e Investigadores Indígenas* (Comunidad Andina, 2008), p. 96.

Comunidad Andina de Naciones, *Biocomercio en la subregión andina—Oportunidades para el desarrollo* (Comunidad Andina, 2005).

Comunidad Andina de Naciones, *Elementos para la protección sui generis de los conocimientos tradicionales colectivos e integrales desde la perspectiva indígena* (Comunidad Andina, 2005).

Comunidad Andina de Naciones, *Negociaciones sobre acceso a recursos genéticos y conocimientos tradicionales* (Comunidad Andina, 2003).

Condominas, Georges, 'Safeguarding and Promoting the Intangible Cultural Heritage of Lao Minority Groups', in Yves Goudineau (ed), *Laos and Ethnic Minority Cultures: Promoting Heritage* (UNESCO Publishing, 2003), pp. 19-26.

Coombe, Rosemary J, *The Cultural Life of Intellectual Properties* (Duke University Press, 2003).

Cornides, Jakob, 'Human Rights and Intellectual Property, Conflict or Convergence?', *The J of World Intellectual Property* 7(2) (2004), pp. 135-167.

Cornish, William and Llewelyn, David, *Intellectual Property: Patents, Copyright, Trade Marks and Allied Rights* (Sweet & Maxwell, 2003).

Costa, Rodrigo Vieira, *A Dimensão Constitucional do Patrimônio Cultural: O Tombamento e o Registro Sob a ötica dos Direitos Culturais* (Lumen Juris, 2011).

Council of Europe, *Explanatory Report to the Council of Europe Framework Convention on the Value of Cultural Heritage to Society* (Council of Europe, 2005).

Council of Europe, *Presentation to the Framework Convention on the Value of Cultural Heritage for Society* (Council of Europe, 2005).

Council of Europe, Steering Committee for Cultural Heritage, *Heritage from Elsewhere, Heritage of Others: Outline of an awareness-raising project*. Doc Symbol CDPAT (2004) 30 final, 29 April 2004.

Craig, Paul and de Búrca, Gráinne, *EU Law* (Oxford University Press, 2003).

Cuevas Gayosso and José Luis, 'La autonomía de los derechos de los pueblos indígenas en la constitución mexicana (reforma, 2001). Análisis y propuestas para su ejercicio formal y re-al', paper presented at the *XIV Congreso Latinoamericano de Derecho Romano*, *Universidad de Buenos Aires*, 15-17 *November* 2004.

Cunha, Manuela Carneiro da, 'The Role of UNESCO in the Defense of Traditional Knowl-edge', in Peter Seitel (ed), *Safeguarding Traditional Culture*: *A Global Assessment* (Smith-sonian Institution, 2001), pp. 143-148.

D'Amato, Anthony and Long, Doris Estelle (eds), *International Intellectual Property Antholo-gy*(Anderson Publishing Co, 1996).

Dalibard, Joël-David and Kono, Toshiyuki, 'Prior Informed Consent: Empowering the Bearers of Cultural Traditions', in Toshiyuki Kono (ed) *Intangible Cultural Heritage and Intellectual Property*: *Communities*, *Cultural Diversity and Sustainable Development* (Intersentia, 2009), pp. 247-259.

David, René, *Os Grandes Sistemas do Direito Contemporâneo* (Meridiano, 1978).

Davidson, Benjamin, 'Lost in Translation: Distinguishing Between French and Anglo-Ameri-can Natural Rights in Literary Property, and How Dastar Proves that the Difference Still Mat-ters', *Cornell Intl LJ* 38 (2005), pp. 583-623.

Deacon, Harriet, Dondolo, Luvuyo, Mrubata, Mbulelo, and Prosalendis, Sandra, *The Subtle Power of Intangible Heritage*: *Legal and Financial Instruments for Safeguarding Intangible Heritage*(Human Sciences Research Council, 2004).

Dessaint, William, 'Intangible Cultural Heritage: Tibeto-Burmese Peoples and Minority Groups in Viet Nam', in Oscar Salemink (ed), *Viet Nam's Cultural Diversity*: *Approaches to Preservation* (UNESCO Publishing, 2001), pp. 239-254.

Diegues, Antonio Carlos, *O Mito Moderno da Natureza Intocada* (HUCITEC, 2000).

Dinstein, Yoram, 'Collective Human Rights of Peoples and Minorities', *ICLQ* 25 (1976), pp. 102-120.

Donders, Yvonne, 'The History of the UNESCO Convention on the Protection and Promotion of the Diversity of Cultural Expressions', in H Schneider and P Van den Bossche (eds), *Pro-tection of Cultural Diversity from a European and International Perspective* (Intersentia, 2008), pp. 1-30.

Downes, David R, 'How Intellectual Property Could Be a Tool to Protect Traditional Knowl-edge', *Colum J Envtl L* 25 (2000), pp. 253-281.

Dreier, Thomas, 'Restoration and Moral Rights of the Artist under Comparative Law', in Quentin Byrne Sutton, Marc-André Renold, and Beatrice Rötheli-Mariotti (eds), *La Restau-ration des Objets D'Art*: *Aspects juridiques et éthiques*(Centre du Droit De L'Art, 1994), pp. 105-123.

Dung, Nguyen Kim, *Intangible Cultural Heritage Safeguarding System in Vietnam*, available at

< http://www. unesco. org/culture/ich/doc/src/00174-EN. pdf > （accessed 29 November 2012）.

Dutfield, Graham, 'Prior Informed Consent and Traditional Knowledge in a Multicultural World', in Toshiyuki Kono （ed）, *Intangible Cultural Heritage and Intellectual Property: Communities, Cultural Diversity and Sustainable Development*（Intersentia, 2009）, pp. 261-282.

Easterly, William, *The White Man's Burden: Why the West's Efforts to Aid the Rest Have Done so Much Ill and so Little Good*（Penguin Press, 2006）.

Engle, Karen, *The Elusive Promise of Indigenous Development: Rights, Culture, Strategy*（Duke University Press, 2010）.

European Communities, *Strategy for the Development of Euro-Mediterranean Cultural Heritage: Priorities from Mediterranean Countries*（2007—2013）（European Communities, 2007）.

Evans, Grant, 'Tourism and Minorities', in Oscar Salemink （ed）, *Viet Nam's Cultural Diversity: Approaches to Preservation*（UNESCO Publishing, 2001）, pp. 277-280.

Farber, Daniel A, 'Conflicting Visions and Contested Baselines: Intellectual Property and Free Speech in the "Digital Millennium"', *Minn L Rev* 89 （2005）, pp. 1318-1360.

Farley, Christine Haight, 'Protecting Folklore of Indigenous Peoples: Is Intellectual Property the Answer?', *Conn L Rev* 30 （1997）, pp. 1-57.

Floris Margadant, Guillermo, 'Official Mexican Attitudes toward the Indians: An Historical Essay', *Tul L Rev* 54 （1980）, pp. 964-986.

Folsom, Ralph H, *NAFTA*（West Group Publishing, 1999）.

Fournier, Laurent-Sébastien, 'Le Tarasque métamorphosée', in Chiara Bortolotto （ed）, *Le patrimoine culturel immatériel: Enjeux d'une nouvelle catégorie*（Éditions de la Maison des sciences de l'homme, 2011）, pp. 149-166.

Francioni, Francesco, 'A Dynamic Evolution of Concept and Scope: From Cultural Property to Cultural Heritage', in Abdulqawi A Yusuf （ed）, *Standard-Setting in UNESCO Vol* 1: *Normative Action in Education, Science and Culture*（Martinus Nijhoff and UNESCO Publishing, 2007）, pp. 221-236.

Francioni, Francesco, 'Access to Justice, Denial of Justice and International Investment Law', *EJIL*20（3）（2009）, pp. 729-748.

Francioni, Francesco, 'Culture, Heritage and Human Rights: An Introduction', in Francesco Francioni and Martin Scheinin （eds）, *Cultural Human Rights*（Martinus Nijhoff, 2008）, pp. 1-15.

Francioni, Francesco, 'Equity in International Law', in Rudolf Bernhardt and Rüdiger Wolfrum （eds）, *Max Planck Encyclopedia of Public International Law*（2007）, available at < http://www. mpepil. com > （accessed 29 November 2012）.

Francioni, Francesco, 'La Protección del patrimonio cultural a la luz de los principios de Derecho Internacional Público', in Carlos R Fernández Liesa and Jesús Prieto de Pedro (eds), *La Protección Jurídico Internacional del Patrimonio Cultural: Especial Referencia a España*(COLEX, 2009), pp. 13-34.

Francioni, Francesco, 'The Human Dimension of International Cultural Heritage Law: An Introduction', *EJIL*, 22(1) (2011), pp. 9-16.

Francioni, Francesco (ed), *The 1972 World Heritage Convention: A Commentary* (Oxford University Press, 2008).

Francioni, Francesco, 'WTO Law in Context: The Integration of International Human Rights and Environmental Law in the Dispute Settlement Process', in Giorgio Sacerdoti, Alan Yanovich, and Jan Bohanes (eds), *The WTO at Ten: The Contribution of the Dispute Settlement System*(Cambridge University Press, 2006), pp. 143-154.

Francioni, Francesco and Lenzerini, Federico, 'The Destruction of the Buddhas of Bamiyan and International Law', *EJIL* 14(4) (2003), pp. 619-651.

Francioni, Francesco and Lenzerini, Federico, 'The Obligation to Prevent and Avoid Destruction of Cultural Heritage: From Bamiyan to Iraq', in Barbara T Hoffman (ed), *Art and Cultural Heritage: Law, Policy and Practice* (Cambridge University Press, 2006), pp. 28-40.

García Canclini, Néstor, 'Las Industrias Culturales y el Desarrollo de los Países Americanos', *Workshop on Case Studies in the Protection of Cultural Heritage—Central American Region*, available at < http://portal. oas. org/Portal/Topic/SEDI/Educaci% C3% B3nyCultura/Cultura/TemasPrioritarios/Preservaci% C3% B3nyProtecci% C3% B3ndelPatrimonioCultural/Activities/ProtegiendoelPatrimonioCultural/tabid/1447/language/en-US/Default. aspx > (accessed 29 November 2012).

García Ramírez, Sergio, 'La Jurisprudencia de la Corte Interamericana de Derechos Humanos en Materia de Reparaciones', in*La Corte Interamericana de Derechos Humanos: Un Cuarto de Siglo* 1979—2004 (Corte Interamericana de Derechos Humanos, 2005), pp. 1-85.

Garfinkle, Ann, *The Legal and Ethical Consideration of Mural Conservation: Issues and Debates* (The Getty Conservation Institute, 2003).

General Assembly of States Parties to the Convention for the Safeguarding of the Intangible Cultural Heritage, *Operational Directives for the Implementation of the Convention for the Safeguarding of the Intangible Cultural Heritage* (June 2008).

Gervais, Daniel J, 'The Internationalization of Intellectual Property: New Challenges from the Very Old and the Very New', *Fordham Intell Prop Media & Ent LJ* 12 (2002), pp. 929-990.

Gibson, Johanna, *Community Resources: Intellectual Property, International Trade and Protection of Traditional Knowledge*(Ashgate, 2009).

Gibson, Johanna, 'Knowledge and Other Values—Intellectual Property and the Limitations for

Traditional Knowledge', in Guido Westkamp (ed), *Emerging Issues in Intellectual Property*: *Trade Technology and Market Freedom*: *Essays in Honour of Herchel Smith* (Edward Elgar, 2007), pp. 309-318.

Gillman, Derek, *The Idea of Cultural Heritage* (Institute for Art and Law, 2006).

Glass, David S, 'Moral Rights and the New Copyright Law', 134*Solicitors Journal* 6 (1990), reprinted in Anthony D'Amato and Doris Estelle Long (eds), *International Intellectual Property Anthology* (Anderson Publishing Co, 1996), pp. 131-133.

Golding, Viv, '*Inspiration Africa*! Using Tangible and Intangible Heritage to Promote Social Inclusion Amongst Young People with Disabilities', *Intl J of Intangible Heritage* 1 (2006), pp. 84-93.

Gomez, Gail Goodwin, 'Indigenous Rights and the Case of the Yanomami Indians in Brazil', in Cynthia Price Cohen (ed), *The Human Rights of Indigenous Peoples* (Transnational Publishers, 1998), pp. 185-200.

Goubeaux, Gilles, *Traité de Droit Civil. Sous la direction de Jacques Ghestin* (Librairie générale de droit et de jurisprudente, 1977).

Goudineau, Yves, 'Managing the Intangible Cultural Heritage', in Yves Goudineau (ed), *Laos and Ethnic Minority Cultures*: *Promoting Heritage* (UNESCO Publishing, 2003), pp. 33-37.

Goudineau, Yves (ed), *Laos and Ethnic Minority Cultures*: *Promoting Heritage* (UNESCO Publishing, 2003).

Gouveia, Jaime Ricardo Teixeira, *Embate em Debate*: *História, Administração e Limites do Planalto Ribeirão* (*Um Estudo de Caso*) (Casa do Povo, 2003).

Gouveia, Jaime Ricardo Teixeira, *Subsídios para a História de Leomil*: '*A-presentação*' e '*Representação*' (Casa do Povo, 2004).

Graham, Brian, Ashworth, Gregory John, and Tunbridge, John E, 'The Uses and Abuses of Heritage', in Gerard Corsane (ed), *Heritage Museums and Galleries*: *An Introductory Reader* (Routledge, 2005), pp. 26-37.

Green, Maria, *Drafting History of the Article* 15(1)(c) *of the International Covenant on Economic, Social and Cultural Rights*, UN Doc E/C. 12/2000/15, of 9 October 2000.

Greffe, Xavier, *Arts and Artists from an Economic Perspective* (UNESCO Publishing, 2002).

Grenet, Sylvie and Houin, Christian, 'Avant-Propos: Un Livre Politique', in Chiara Bortolotto (ed), *Le patrimoine culturel immatériel*: *Enjeux d'une nouvelle catégorie* (Éditions de la Maison des sciences de l'homme, 2011), pp. 9-19.

Grijalva, Agustín, 'The Status of Traditional Indian Justice in Ecuador', *Tribal LJ* 2 (2001—2002), pp. 1-20.

Gross, Robin, 'Intellectual Property Rights and the Information Commons', in Rike Frank Jorgensen (ed), *Human Rights in the Global Information Society* (MIT Press, 2006),

pp. 107-120.

Gruber, Stefan, 'Protecting China's Cultural Heritage: A Legal and Policy Approach', PhD Thesis (University of Sydney, 2012).

Gruber, Stefan, 'Protecting China's Cultural Heritage Sites in Times of Rapid Change: Current Developments, Practice and Law', *Asia Pacific J of Envl L* 10 (3), (4) (2007), pp. 253-301.

Guèvremont, Véronique, 'Industries culturelles et négociations internationals: portrait d'une dynamique multidimensionelle. L'exemple des pays de la zone euro-méditerranéenne', *EUI Working Papers RSCAS* 2007/33 (2007).

Hafstein, Valdimar Tr, 'Intangible Heritage as a List: From Masterpieces to Representation', in Laurajane Smith and Natsuko Akagawa (eds), *Intangible Heritage* (Routledge, 2009), pp. 93-111.

Halewood, Michael, 'Indigenous and Local Knowledge in International Law: A Preface to Sui Generis Intellectual Property Protection', *McGill LJ* 44 (1999), pp. 953-996.

Hanse, Hugh C, Blakeney, Michael, Lourie, Linda S, Salmon, Paul E, and Visser, Coenraad, 'Symposium: Global Intellectual Property Rights: Boundaries of Access and Enforcement: Panel II: The Law and Policy of Protecting Folklore, Traditional Knowledge, and Genetic Resources', *Fordham Intell Prop Media & Ent LJ* 12 (2002), pp. 753-803.

Harding, Sarah, 'Culture, Commodification and Native American Cultural Patrimony', in Martha M Ertman and Joan C Williams (eds), *Rethinking Commodification: Cases and Readings in Law and Culture* (New York University Press, 2005), pp. 137-155.

Harding, Sarah, 'Value, Obligation and Cultural Heritage', *Ariz St LJ* 31 (1999), pp. 291-354.

Harris, Bryan, *Intellectual Property Law in the European Union* (William S Hein & Co, 2005).

Harris, Stephen, 'Cultural Heritage Protection in Australia—Legislation and Some Comments', *Proceedings of the ICOMOS 13th General Assembly—Madrid, 2002: Strategies for the World's Cultural Heritage, Preservation in a Globalized World, Principles, Practices, Perspectives*, available at < http://www. international. icomos. org/publications/ga _ madrid. htm > (accessed 29 November 2012).

Harrison, Rodney, *Heritage: Critical Approaches* (Routledge, 2013).

Hartney, Michael, 'Some Confusions Concerning Collective Rights', 4 *Canadian Journal of Law and Jurisprudence* 293 (1991), reprinted in Will Kymlicka (ed), *The Rights of Minority Cultures* (Oxford University Press, 1995), pp. 202-227.

Hazucha, Branislav, 'Community as a Holder of Intangible Cultural Heritage: A Broader Public Policy Perspective', in Toshiyuki Kono (ed), *Intangible Cultural Heritage and Intellectual Property: Communities, Cultural Diversity and Sustainable Development* (Intersentia,

2009）, pp. 223-244.

Hazucha, Branislav and Kono, Toshiyuki, 'Conceptualization of Community as a Holder of In-
tangible Cultural Heritage', in Toshiyuki Kono（ed）, *Intangible Cultural Heritage and Intel-
lectual Property*: *Communities*, *Cultural Diversity and Sustainable Development*（Intersentia,
2009）, pp. 145-157.

Hazucha, Branislav and Kono, Toshiyuki, 'Safeguarding of Intangible Cultural Heritage: Bene-
fits and Potential Harms', in Toshiyuki Kono（ed）, *Intangible Cultural Heritage and Intel-
lectual Property*: *Communities*, *Cultural Diversity and Sustainable Development*（Intersentia,
2009）, pp. 319-324.

Heide, Thomas P, 'The Moral Right of Integrity and the Global Information Infrastructure:
Time for a New Approach?', *UC Davis J Intl L & Policy* 2（1996）, pp. 211-266.

Heins, Volker, 'Human Rights, Intellectual Property, and Struggles for Recognition', *Human
Rights Rev* 9（2008）, pp. 213-232.

Helfer, Laurence R, 'Toward a Human Rights Framework for Intellectual Property', *UC Davis
L Rev* 40（2007）, pp. 970-1020.

Holderness, Mike, 'Moral Rights and Authors' Rights: The Keys to the Information Age', *J
of Information*, *L and Technology*（*JILT*）, 1998（1）, available at < http://www2. warwick.
ac. uk/fac/soc/law/elj/jilt/1998_1/holderness/ > （accessed 29 November 2012）.

Howard, Peter, *Heritage*: *Management*, *Interpretation*, *Identity*（Continuum, 2003）.

Howard, Rhoda, 'Group Versus Individual Identity in the African Debate on Human Rights',
in Abdullah An-na-im and Francis Deng（eds）, *Human Rights in Africa*, *Cross-Cultural Per-
spectives*（The Brookings Institution, 1990）, pp. 159-183.

Huanucurú, Fernando, 'Cosmovisión sagrada de la vida', in *Los Pueblos Indígenas y la
Integración Andina—Primer Foro de Intelectuales e Investigadores Indígenas*（Comunidad
Andina, 2008）, pp. 66-68.

Hugenholtz, P Bernt, 'Copyright and Freedom of Expression in Europe', in Rochelle Cooper
Dreyfuss, Harry First, and Diane Leenheer Zimmermann（eds）, *Innovation Policy in an In-
formation Age*（Oxford University Press, 2000）, pp. 343-364.

Hyde, Lewis, *The Gift*: *Creativity and the Artist in the Modern World*（Vintage Books, 2007）.

Intergovernmental Committee for the Safeguarding of the Intangible Cultural Heritage, First Ex-
traordinary Session（Chengdu, China, 23-27 May 2007）, *Discussion on the Implementation
of Article* 18 *of the Convention for the Safeguarding of the Intangible Cultural Heritage*, Doc
ITH/07/1. EXT. COM/CONF. 207/11, of 20 April 2007.

Intergovernmental Committee for the Safeguarding of the Intangible Cultural Heritage, Second
Session（Tokyo, Japan, 3-7 September 2007）, *Preliminary draft directives for implementing
Article* 18 *of the Convention for the Safeguarding of the Intangible Cultural Heritage*, Doc

ITH/07/2. COM/CONF. 208/12, of 30 July 2007.

Intergovernmental Committee for the Safeguarding of the Intangible Cultural Heritage, *Note by the Office of International Standards and Legal Affairs on the Incorporation of Masterpieces into the Representative List under Article* 31 *of the Convention for the Safeguarding of the Intangible Cultural Heritage.* Doc ITH/07/2. COM/CONF. 208/14, of 23 July 2007, para 14.

Intergovernmental Committee for the Safeguarding of the Intangible Cultural Heritage, *Report of the Rapporteur of the subsidiary body on the modalities for the participation of communities or their representatives, practitioners, experts, centers of expertise and research institutes in the implementation of the Convention,* presented at the Second Extraordinary Session (Sofia, Bulgaria, 18-22 February 2008). Doc ITH/08/2. EXT. COM/CONF. 201/INF. 4, of 12 February 2008.

Ito, Nobuo, 'Intangible Cultural Heritage Involved in Tangible Cultural Heritage', *ICOMOS 14th General Assembly and Scientific Symposium* (2003), available at < http://www. international. icomos. org/victoriafalls2003/papers. htm > (accessed 29 November 2012).

Janke, Terri, *Minding Culture: Case Studies on Intellectual Property and Traditional Cultural Expressions*(WIPO, 2003).

Jayme, Erik, 'Identité culturelle et intégration: le droit international privé postmoderne—Cours General de droit international privé', *Collected Courses of the Hague Academy of Intl L* 251 (1995), pp. 9-268.

Jett, Allison Carter, 'Domestic, Supranational and International Historic Preservation Legislation: Does it Protect our Cultural Heritage or Restrict Development? Exploring its Impact on Ancient Roman Monuments', *Ga J Intl & Comp L* 31 (2003), pp. 649-680.

Johnston, Darlene M, 'Native Rights as Collective Rights: A Question of Group Self-Preservation', 2 *Canadian Journal of Law and Jurisprudence* 19 (1989), reprinted in Will Kymlicka (ed), *The Rights of Minority Cultures* (Oxford University Press, 1995), pp. 179-201.

Jones, Michael, 'Eldred v. Ashcroft: The Constitutionality of the Copyright Term Extension Act', *Berkeley Technology LJ* 19 (2004), pp. 85-106.

Josselin-Gall, Muriel, *Les contrats d'exploitation du droit de propriété littéraire et artistique—Étude de droit comparé et de droit international privé*(GLN Joly Edition, 1995).

Jovanović, Miodrag A, 'Recognizing Minority Identities Through Collective Rights', *Human Rights Q*27 (2005), pp. 625-651.

Karnoouh, Claude, 'Europe: Common Heritage and Differences', in *Forward Planning: The Function of Cultural Heritage in a Changing Europe*(Council of Europe, 2000), pp. 29-52.

Keal, Paul, *European Conquest and the Rights of Indigenous Peoples—The Moral Backwardness of International Society*(Cambridge University Press, 2003).

Kearney, Amanda, 'Intangible Cultural Heritage: Global Awareness and Local Interest', in

Laurajane Smith and Natsuko Akagawa (eds), *Intangible Heritage* (Routledge, 2009), pp. 209-226.

Kelsey, Jane, 'How Trade Trumps Culture', in*Toward Freedom*, available at < http:// www. towardfreedom. com/home/content/view/514/55/ > (accessed 29 November 2012).

Kennedy, David, 'Some Caution About Property Rights as a Recipe for Economic Development', *Accounting, Economics and Law* 1 (2011), pp. 1-62.

Kennedy, David, *The Dark Sides of Virtue: Reassessing International Humanitarianism* (Princeton University Press, 2005).

Khê, Trân Van, 'Safeguarding and Promoting the Traditional Musical Heritage of Minority Groups in Viet Nam', in Oscar Salemink (ed), *Viet Nam's Cultural Diversity: Approaches to Preservation* (UNESCO Publishing, 2001), pp. 105-110.

King, Thomas F, *Cultural Resources Laws and Practice* (AltaMira, 2008).

Kingsada, Thongphet, 'Some Vulnerable Languages in the Lao PDR', in Yves Goudineau (ed), *Laos and Ethnic Minority Cultures: Promoting Heritage* (UNESCO Publishing, 2003), pp. 43-44.

Kojima, Ryu, 'Prior Informed Consent: An Intellectual Property Law Perspective', in Toshiyuki Kono (ed), *Intangible Cultural Heritage and Intellectual Property: Communities, Cultural Diversity and Sustainable Development*(Intersentia, 2009), pp. 309-316.

Konigsberg, Stephen R, 'Think Globally, Act Locally: North American Free Trade, Canadian Cultural Industry Exemption, and the Liberalization of the Broadcast Ownership Law', *Cardozo Arts & Ent LJ*12 (1994), pp. 281-305.

Kono, Toshiyuki, 'UNESCO and Intangible Cultural Heritage from the Viewpoint of Sustainable Development', in Abdulqawi A Yusuf (ed), *Standard-Setting in UNESCO Vol 1: Normative Action in Education, Science and Culture* (Martinus Nijhoff and UNESCO Publishing, 2007), pp. 237-265.

Konrad, Otto W, 'A Federal Regulation of Performance Art Author Moral Rights', 48 *Wash & Lee L Rev* 1759 (1991), reprinted in Anthony D'Amato and Doris Estelle Long (eds), *International Intellectual Property Anthology*(Anderson Publishing Co, 1996), pp. 157-160.

Krisch, Nico, 'International Law in Times of Hegemony: Unequal Power and the Shaping of the International Legal Order', *EJIL* 16(3) (2005), pp. 369-408.

Krstić, Durica, 'Symbols in Customary Law', in Alison Dundes Rentel and Alan Dundes (eds), *Folk Law: Essays on the Theory and Practice of* Lex Non Scripta (University of Wisconsin Press, 1995), pp. 439-454.

Kukathas, Chandran, 'Are There Any Cultural Rights?', 20 *Political Theory* 105 (1992), reprinted in Will Kymlicka (ed), *The Rights of Minority Cultures* (Oxford University Press, 1995), pp. 228-255.

Kurin, Richard, 'Safeguarding Intangible Cultural Heritage: Key Factors in Implementing the 2003 Convention', *Intl J of Intangible Heritage* 2 (2007), pp. 10-20.

Kurin, Richard, 'The UNESCO Questionnaire on the Application of the 1989 *Recommendation on the Safeguarding of Traditional Culture and Folklore*: Preliminary Results', in Peter Seitel (ed), *Safeguarding Traditional Culture: A Global Assessment* (Smithsonian Institution, 2001), pp. 20-35.

Kuruk, Paul, 'Protecting Folklore under Modern Intellectual Property Regimes: A Reappraisal of the Tensions between Individual and Communal Rights in Africa and the United States', *Am U L Rev* 48 (1999), pp. 769-849.

Kutty, PV Valsala G, *National Experiences with the Protection of Expressions of Folklore/Traditional Cultural Expressions* (WIPO, 2002).

Kymlicka, Will, *Multicultural Odysseys: Navigating the New International Politics of Diversity* (Oxford University Press, 2007).

Kymlicka, Will, 'Multicultural States and Intercultural Citizens', *Theory and Research in Education* 1(2) (2003), pp. 147-169.

Laborde, Cécile, 'The Culture (s) of the Republic: Nationalism and Multiculturalism in French Republican Thought', *Political Theory* 29 (2001), pp. 716-735.

Lafarge, François, 'Landscapes in International Law and European Law', in Monica Sassatelli (ed), *Landscape as Heritage: Negotiating European Cultural Identity* (EUI Working Papers RSCAS No 2006/03), pp. 37-44.

Lange, David, 'Reimagining the Public Domain', in James Boyle (ed), *Collected Papers: Duke Conference on the Public Domain* (2003), pp. 463-483.

Larrea, Therese Anne, 'Comment: Eliminate the Cultural Industries Exemption from NAFTA', *Santa Clara L Rev* 37 (1997), pp. 1107-1150.

Lasoukanh, Phéng, 'Overview of the Ko Ethnic Group', in Yves Goudineau (ed), *Laos and Ethnic Minority Cultures: Promoting Heritage* (UNESCO Publishing, 2003), pp. 181-184.

Lefferts, Jr, H Leedom, 'Textiles for the Preservation of the Lao Intangible Cultural Heritage', in Yves Goudineau (ed), *Laos and Ethnic Minority Cultures: Promoting Heritage* (UNESCO Publishing, 2003), pp. 89-110.

Leitão, Sérgio, *Os Direitos Constitucionais dos Povos Indígenas* (UNAM, 2003).

Lemoine, Jacques, 'Creating an Ethnographical Data Bank in the Lao PDR', in Yves Goudineau (ed), *Laos and Ethnic Minority Cultures: Promoting Heritage* (UNESCO Publishing, 2003), pp. 275-282.

Lenzerini, Federico, 'Articles 15-16: World Heritage Fund', in Francesco Francioni (ed), *The 1972 World Heritage Convention: A Commentary* (Oxford University Press, 2008), pp. 269-288.

Lenzerini, Federico, 'Intangible Cultural Heritage: The Living Culture of Peoples', *EJIL* 22 (1) (2011), pp. 101-120.

Lewinski, Silke von, 'The Protection of Folklore', *Cardozo J Intl & Comp L* 11 (2003), pp. 747-768.

Li, Luo, 'Does Intangible Cultural Heritage Law Resolve Everything in China?', *J of Intl Commercial L and Technology* 7 (4) (2012), pp. 355-362.

Lixinski, Lucas, 'Constitutionalism and the Other: Multiculturalism and Indigeneity in Selected Latin American Countries', *Anuario Iberoamericano de Justicia Constitucional* 14 (2010), pp. 235-265.

Lixinski, Lucas, 'Falling Short: The UNESCO Intangible Cultural Heritage Regime, Indigenous Heritage and the UN Declaration on the Rights of Indigenous Peoples', in Sarah Sargent (ed), *A New Millennium for Indigenous Rights: Challenges and Changes* (Buckingham University Press, forthcoming 2013).

Lixinski, Lucas, 'O Direito Moral de Autor como Direito de Personalidade e a Universlidade de sua Proteção', *Revista Trimestral de Direito Civil* 27 (2006), pp. 49-79.

Lixinski, Lucas, 'Selecting Heritage: The Interplay of Art, Politics and Identity', *EJIL* 22(1) (2011), pp. 81-100.

Lixinski, Lucas, 'The Future of the EU Cultural Policy in the Protection of Intangible Cultural Heritage', *The Prague Ybk of Comparative L* 1 (2009), pp. 119-139.

Lixinski, Lucas, 'Treaty Interpretation by the Inter-American Court of Human Rights: Expansionism at the Service of the Unity of International Law', *EJIL* 21(3) (2010), pp. 585-604.

Lixinski, Lucas, 'World Heritage and the Heritage of the World—Review of: The 1972 World Heritage Convention: A Commentary (Francesco Francioni and Federico Lenzerini eds.) (Oxford, Oxford University Press 2008)', *Eur J of Legal Studies* 2 (2008), pp. 371-386.

Llasag Fernández, Raúl, 'Jurisdicción y competencia en el derecho indígena o consuetudinario', *Anuario de Derecho Constitucional Latinoamericano* (2006), pp. 749-778.

Lohman, Cynthia A, 'Crofting: Securing the Future of the Scottish Highlands Through Legislative Challenge and Cultural Legacy', *Transnational L & Contemporary Problems* 16 (2007), pp. 663-704.

Long, Doris Estelle, 'The Impact of Foreign Investment on Indigenous Culture: An Intellectual Property Perspective', *NCJ Intl L & Com Reg* 23 (1998), pp. 229-243.

Lopes, Cristina Leme, 'La Protection Juridique du Patrimoine Culturel Immatériel: Le Cas Brésilien', Mémoire presented for a Master's Degree at the Universities of Paris I and II (2008).

López Bárcenas, Francisco, 'Autonomías indígenas en América: de la demanda de reconocimiento a su construcción', in Mikel Berraondo (ed), *Pueblos Indígenas y Derechos Huma-*

nos(Universidad de Deusto, 2006), pp. 423-450.

López Bárcenas, Francisco, 'Territorios, Tierras y Recursos Naturales de los Pueblos Indígenas en México', in Jorge Alberto Gonzáles Galván (ed), *Constitución y Derechos Indígenas*(Universidad Nacional Autónoma de México 2002), pp. 121-143.

López y Rivas, Gilberto, 'Las Autonomías Indígenas', in Jorge Alberto Gonzáles Galván (ed), *Constitución y Derechos Indígenas* (Universidad Nacional Autónoma de México, 2002), pp. 113-120.

Lowenthal, David, *The Heritage Crusade and the Spoils of History* (Cambridge University Press, 1998).

Lucas-Schloetter, Agnes, 'Folklore', in Silke von Lewinski (ed), *Indigenous Heritage and Intellectual Property*(Kluwer Law International, 2003), pp. 259-340.

Lumley, Robert, 'The Debate on Heritage Reviewed', in Gerard Corsane (ed), *Heritage Museums and Galleries: An Introductory Reader*(Routledge, 2005), pp. 15-25.

Macdonald, Sharon, 'A People's Story: Heritage, Identity and Authenticity', in Gerard Corsane (ed), *Heritage Museums and Galleries: An Introductory Reader* (Routledge, 2005), pp. 272-290.

Machado y Álvarez, Antonio, *Bases de el Folk-lore español y reglamento del el Folk-lore andaluz* (Imp y Lit De El Porvernir, 1881).

Macklem, Patrick, 'Militant Democracy, Legal Pluralism and the Paradox of Self-Determination', *University of Toronto Legal Studies Research Paper No* 05-03 (2003).

Macklem, Patrick, 'The Wrong Vocabulary of Right: Minority Rights and the Boundaries of Political Community', *University of Toronto Legal Studies Series Research Paper No XX*-05 (2005).

Magannon, Esteban T, 'Philippine Indigenous Cultural Communities: A Historical Perspective', in Oscar Salemink (ed), *Viet Nam's Cultural Diversity: Approaches to Preservation* (UNESCO Publishing, 2001), pp. 133-148.

Marrie, Henrietta, 'The UNESCO *Convention for the Safeguarding of the Intangible Cultural Heritage*and the protection and maintenance of the intangible cultural heritage of indigenous peoples', in Laurajane Smith and Natsuko Akagawa (eds), *Intangible Heritage* (Routledge, 2009), pp. 169-192.

Matthews, Herbert Land Silvert, KH, *Los Estados Unidos y América Latina: De Monroe a Fidel Castro*(Editorial Grijalbo, 1967).

Mauss, Marcel, *The Gift: The Form and Reason for Exchange in Archaic Societies* (Routlege, 1990).

Mazeaud, Henri, Mazeaud, Léon, and Mazeaud, Jean, *Leçons de Droit Civil. Tome Premier* (Éditions Montchrestien, 1998).

McCann, Anthony, et al, 'The 1989 Recommendation Ten Years On: Towards a Critical A-nalysis', in Peter Seitel (ed), *Safeguarding Traditional Culture: A Global Assessment* (Smithsonian Institution, 2001), pp. 57-64.

McLeod, Kembrew, *Owning Culture: Authorship, Ownership and Intellectual Property Law* (P Lang, 2001).

Merryman, John Henry, 'Cultural Property, International Trade and Human Rights', *Cardozo Arts & Ent LJ*19 (2001), pp. 51-68.

Merryman, John Henry, 'Thinking about the Elgin Marbles', *Mich L Rev* 83 (1984-85), pp. 1881-1923.

Merryman, John Henry, 'Two Ways of Thinking about Cultural Property', *AJIL* 80 (1986), pp. 831-853.

Messenger, Jr, John C, 'The Role of Proverbs in a Nigerian Judicial System', *Southwestern Journal of Anthropology*15(1) (1959), pp. 64-73.

Mills, Sherylle, 'Indigenous Music and the Law: An Analysis of National and International Legislation', *Ybk for Traditional Music* (1996), 57-86.

Moisés, José Álvaro, 'Cultural Diversity and Development in the Americas', *OAS Unit for Social Development, Education and Cultural, Cultural Studies Series No 9*(2004).

Mowbray, Alastair R, *The Development of Positive Obligations under the European Convention on Human Rights by the European Court of Human Rights*(Hart Publishing, 2004).

Munjeri, Dawson, 'Following the Length and Breadth of the Roots: Some Dimensions of Intangible Heritage', in Laurajane Smith and Natsuko Akagawa (eds), *Intangible Heritage* (Routledge, 2009), pp. 207-242.

Munyaradzi, Manyanga, 'Intangible Cultural Heritage and the Empowerment of Local Communities: Manyanga (Ntaba Zi Ka Mambo) Revisited', *ICOMOS 15th General Assembly and Scientific Symposium* (2005), available at < http://www. international. icomos. org/ xian2005/papers. htm > (accessed 29 November 2012).

Mutua, Makau wa, 'The Ideology of Human Rights', *Va J Intl L* 36 (1996), pp. 589-657.

Nafziger, James AR, 'The Underlying Constitutionalism of the Law Governing Archaeological and Other Cultural Heritage', *Willamette L Rev* 30 (1994), pp. 581-608.

Negativland, 'Two Relationships to a Cultural Public Domain', in James Boyle (ed), *Collected Papers: Duke Conference on the Public Domain*(Center for the Public Domain, 2003), pp. 239-262.

Nhât, Phang Dang, 'The Timeless Epics of the Ethnic Minorities of Viet Nam', in Oscar Salemink (ed), *Viet Nam's Cultural Diversity: Approaches to Preservation* (UNESCO Publishing, 2001), pp. 85-104.

Nickel, James W, 'Intrinsic Value and Cultural Preservation', *Ariz St LJ* 31 (1999),

pp. 355-361.

Nmehielle, Vincent Orlu, *The African Human Rights System: Its Laws, Practice, and Institutions*(Martinus Nijhoff, 2001).

Nordenflycht, José de, 'El Culto Postmoderno a los Monumentos: Patrimonio Local en Contexto Global', *ICOMOS 15th General Assembly and Scientific Symposium* (2005), available at < http://www. international. icomos. org/xian2005/papers. htm > (accessed 29 November 2012).

Novak, Fabián, 'Biotechnology and Regional Integration Systems: Legislation and Practices in the Andean Community Countries', in Francesco Francioni and Tullio Scovazzi (eds), *Biotechnology and International Law*(Hart Publishing, 2006), pp. 403-438.

Nuti, Giancarlo, 'Cultural Values: Intangible Forms and Places', *ICOMOS 14th General Assembly and Scientific Symposium* (2003), available at < http://www. international. icomos. org/victoriafalls2003/papers. htm > (accessed 29 November 2012).

O'Keefe, Roger, 'World Cultural Heritage Obligations to the International Community as a Whole?', *ICLQ* 53 (2004), pp. 189-209.

Obaldia, Irma De, 'Western Intellectual Property and Indigenous Cultures: The Case of the Panamanian Indigenous Intellectual Property Law', *BU Intl LJ* 23 (2005), pp. 337-394.

Oguamanam, Chidi, 'Documentation and Digitization of Traditional Knowledge and Intangible Cultural Heritage: Challenges and Prospects', in Toshiyuki Kono (ed), *Intangible Cultural Heritage and Intellectual Property: Communities, Cultural Diversity and Sustainable Development* (Intersentia, 2009), pp. 357-383.

Oguamanam, Chidi, 'Protecting Indigenous Knowledge in International Law: Solidarity Beyond the Nation-state', *L Text Culture* 8 (2004), pp. 191-230.

Okediji, Ruth L, 'An Enduring Legacy For the Knowledge Economy: UNESCO and the International Copyright System', in Abdulqawi A Yusuf (ed), *Standard-Setting in UNESCO Vol I: Normative Action in Education, Science and Culture*(Martinus Nijhoff and UNESCO Publishing, 2007), pp. 113-134.

Oquendo, Angel R, 'Indigeneity and the State: Comparative Critiques: Indigenous Self-Determination in Latin America', *Fla J Intl L* 17 (2005), pp. 625-646.

Ordóñez Cifuentes, José Emilio Rolando, 'Las Demandas Constitucionales en Guatemala y México', *Revista de Derechos Humanos* 1 (2003), pp. 169-188.

Organización de los Estados Americanos, Consejo Interamericano para el Desarrollo Integral, *Documento Conceptual para el Tema Ministerial Cultura y el Rol de los Pueblos Indígenas, presentado por la Delegación de Guatemala para la Tercera Reunión Interamericana de Ministros y Máximas Autoridades de Cultura, del* 13 al 15 *de noviembre de* 2006 *en Montreal, Canadá.* OEA/Sr. K/XXVII. 3 CIDI/REMIC-III/doc. 4/06, 25 October 2006.

Organización de los Estados Americanos, *La Cultura como Finalidad del Desarrollo: Documento para el Seminario de Expertos en Políticas Culturales*, Vancouver, Canadá, marzo 18 y 19 de 2002.

Organization of American States, Inter-American Council for Integral Development, *Concept Paper for the Ministerial Theme Culture and the Enhancement of the Dignity and Identity of Our People*, presented by the Delegation of Jamaica for the Third Inter-American Meeting of Ministers of Culture and Highest Appropriate Authorities, November 13-15, 2006, Montreal, Canada. OEA/Ser. K/XXVII. 3 CIDI/REMIC-III/doc. 6/06, of 26 October 2006.

Organization of American States, Inter-American Council for Integral Development, *Concept Paper for the Ministerial Theme Preservation and Presentation of Cultural Heritage*, presented by the Delegation of the United States for the Third Inter-American Meeting of Ministers of Culture and Highest Appropriate Authorities, on November 13-15, 2006, in Montreal, Canada. OEA/Ser. K/XXVII. 3 CIDI/REMIC-III/doc. 5/06, of 26 October 2006.

Paterson, Robert K and Karjala, Dennis S, 'Looking Beyond Intellectual Property in Resolving Protection of the Intangible Cultural Heritage of Indigenous Peoples', *Cardozo J Intl & Comp L* 11 (2003), pp. 633-670.

Pentassuglia, Gaetano, *Minority Groups and Judicial Discourse in International Law: A Comparative Perspective* (Martinus Nijhoff, 2009).

Pettygrove, Joseph C, 'Canyons, Castles & Controversies: A Comparison of Preservation Laws in the United States and Ireland', *Regent J Intl L* 4 (2006), pp. 47-99.

Philp, Janette, 'The Political Appropriation of Burma's Cultural Heritage and its Implications for Human Rights', in Michele Langfield, William Logan, and Máiréad Nic Craith (eds), *Cultural Diversity, Heritage and Human Rights: Intersections in Theory and Practice* (Routledge, 2010), pp. 83-100.

Pitta, Laura A, 'Economic and Moral Rights under US Copyright Law: Protecting Authors and Producers in the Motion Picture Industry', 12 *Ent & Sports Lawyer* 3 (1995), reprinted in Anthony D'Amato and Doris Estelle Long (eds), *International Intellectual Property Anthology* (Anderson Publishing Co, 1996), pp. 134-135.

Pontes Neto, Hildebrando, 'As expressões do folclore e o direito autoral', *Revista da Faculdade de Direito Milton Campos* 9 (2002), pp. 71-96.

Posey, Darrell A and Dutfield, Graham, *Beyond Intellectual Property: Toward Traditional Resource Rights for Indigenous Peoples and Local Communities* (International Development Research Centre, 1996).

Povinelli, Elizabeth A, *The Cunning of Recognition: Indigenous Alterities and the Making of Australian Multiculturalism* (Duke University Press, 2002).

Prott, Lyndel V, 'Some Considerations on the Protection of the Intangible Heritage: Claims and Remedies', in Peter Seitel (ed), *Safeguarding Traditional Culture: A Global Assessment* (Smithsonian Institution, 2001), pp. 104-110.

Prott, Lyndel V and O'Keefe, Patrick J, '"Cultural Heritage" or "Cultural Property"?', *Intl J of Cultural Property* 1 (1992), pp. 307-320.

Psychogiopoulou, Evangelia, 'Euro-Mediterranean Cultural Cooperation in the Field of Heritage Conservation and Management', *Eur Foreign Affairs Rev* 10 (2005), pp. 237-255.

Psychogiopoulou, Evangelia, *The Integration of Cultural Considerations in EU Law and Policies* (Martinus Nijhoff Publishers, 2008).

Puri, Kamal, 'Protection of Traditional Culture and Folklore', in Peter Seitel (ed), *Safeguarding Traditional Culture: A Global Assessment* (Smithsonian Institution, 2001), pp. 97-103.

Radaelli, Sigfrido, 'Direito Moral do Autor', *Revista Forense* 109 (1947), pp. 23-34.

Radin, Margareth Jane and Sunder, Madhavi, 'Introduction: The Subject and Object of Commodification', in Martha M Ertman and Joan C Williams (eds), *Rethinking Commodification: Cases and Readings in Law and Culture* (New York University Press, 2005), pp. 8-33.

Ramaga, Philip Vuciri, 'Bases of Minority Identity', *Human Rights Q* 14 (1992), pp. 409-28.

Ramaga, Philip Vuciri, 'Relativity of the Minority Concept', *Human Rights Q* 14 (1992), pp. 104-119.

Ramos, Frederico José da Silva, 'Direitos de Autor', *Revista dos Tribunais* 274 (1958), pp. 69-85.

Rattanavong, Houmphan, 'A Multi-Ethnic Culture', in Yves Goudineau (ed), *Laos and Ethnic Minority Cultures: Promoting Heritage* (UNESCO Publishing, 2003), pp. 27-32.

Reap, James K, 'Selected Legislative, Administrative and Management Approaches for Protecting the Setting of Heritage Places in the United States', *Proceedings of the ICOMOS 15th General Assembly and Scientific Symposium: Monuments and Sites in their Setting—Conserving Cultural Heritage in Changing Townscapes and Landscapes*, available at < http:// www. international. icomos. org/xian2005/papers. htm > (accessed 29 November 2012).

Reichmann, Jerome H, 'Of Green Tulips and Legal Kudzu: Repackaging Rights in Subpatentable Innovation', *Vand L Rev* 53 (2000), pp. 1743-1798.

Rentel, Alison Dundes and Dundes, Alan (eds), *Folk Law: Essays on the Theory and Practice of Lex Non Scripta* (University of Wisconsin Press, 1995).

Ringelheim, Julie, 'Minority Protection and Constitutional Recognition of Difference: Reflections on the Diversity of European Approaches', in A Verstichel, A Alen B De Witte, and P Lemmens (eds), *The Framework Convention for the Protection of National Minorities: A Useful Pan-European Instrument?* (Intersentia, 2008), pp. 33-50.

Robertson, Margaret Hart, 'The Difficulties of Interpreting Mediterranean Voices: Exhibiting Intangibles Using New Technologies', *Intl J of Intangible Heritage* 1 (2006), pp. 26-34.

Rose, Carol M, 'Romans, Roads, and Romantic Creators: Traditions of Public Property in the Information Age', in James Boyle (ed), *Collected Papers: Duke Conference on the Public Domain* (2003), pp. 89-110.

Rose, Mark, 'Nine-Tenths of the Law: The English Copyright Debates and the Rhetoric of the Public Domain', in James Boyle (ed), *Collected Papers: Duke Conference on the Public Domain* (Center for the Public Domain, 2003), pp. 75-88.

Rumrrill, Róger, 'Cosmovisión amazónica', in *Los Pueblos Indígenas y la Integración Andina—Primer Foro de Intelectuales e Investigadores Indígenas* (2008), pp. 82-84.

Salemink, Oscar, 'Who Decides Who Preserves What? Cultural Preservation and Cultural Representation', in Oscar Salemink (ed), *Viet Nam's Cultural Diversity: Approaches to Preservation* (UNESCO Publishing, 2001), pp. 205-212.

Sambuc, Henri-Philippe, *La Protection Internationale des Savoirs Traditionnels: La Nouvelle Frontière de la Propriété Intellectuelle* (l'Harmattan, 2003).

Sánchez Botero, Esther, 'Los Derechos Indígenas en las Constituciones de Colombia y Ecuador', in Jorge Alberto Gonzáles Galván (ed), *Constitución y Derechos Indígenas* (Universidad Nacional Autónoma de México, 2002), pp. 69-88.

Sax, Joseph L, *Playing Darts with a Rembrandt: Public and Private Interests in Cultural Treasures* (University of Michigan Press, 1999).

Scafidi, Susan, *Who Owns Culture? Appropriation and Authenticity in American Law* (Rutgers University Press, 2005).

Scheinin, Martin, 'The Right to Enjoy a Distinct Culture: Indigenous and Competing Uses of Land', in Theodore S Orlin, Allan Rosas, and Martin Scheinin (eds), *The Jurisprudence of Human Rights Law: A Comparative Interpretive Approach* (Turku Institute for Human Rights, 2000), pp. 159-222.

Secretariat of the Convention on Biological Diversity, *Akwé: Kon Voluntary Guidelines for the Conduct of Cultural, Environmental and Social Impact Assessments Regarding Developments Proposed to Take Place on, or which are Likely to Impact on, Sacred Sites, and on Lands and Waters Traditionally Occupied by Indigenous and Local Communities* (2004).

Secretariat of the Convention on Biological Diversity, *Bonn Guidelines on Access to Genetic Resources and Fair and Equitable Sharing of the Benefits Arising out of their Utilization* (2002).

Seeger, Anthony, 'Lessons Learned from the ICTM (NGO) Evaluation of Nominations for the UNESCO *Masterpieces of the Oral and Intangible Heritage of Humanity*, 2001-5', in Laurajane Smith and Natsuko Akagawa (eds), *Intangible Heritage* (Routledge, 2009), pp. 112-128.

Seitel, Peter (ed), *Safeguarding Traditional Culture: A Global Assessment* (Smithsonian Institution, 2001).

Sherkin, Samantha, 'A Historical Study on the Preparation of the1989 *Recommendation on the Safeguarding of Traditional Culture and Folklore*', in Peter Seitel (ed), *Safeguarding Traditional Culture: A Global Assessment*(Smithsonian Institution, 2001), pp. 42-56.

Silverman, Helaine and Ruggles, D Fairchild (eds), *Cultural Heritage and Human Rights* (Springer, 2007).

Silverman, Helaine and Ruggles, D Fairchild, 'Cultural Heritage and Human Rights', in Helaine Silverman and D Fairchild Ruggles (eds), *Cultural Heritage and Human Rights* (Springer, 2007), pp. 3-22.

Simana, Suksavang and Preisig, Elisabeth, '"Kmhumu" Music and Musical Instruments', in Yves Goudineau (ed), *Laos and Ethnic Minority Cultures: Promoting Heritage* (UNESCO Publishing, 2003), pp. 123-132.

Simon, Bradford S, 'Global Steps to Local Empowerment in the Next Millennium: An Assessment of UNESCO's 1989 *Recommendation on the Safeguarding of Traditional Culture and Folklore*', in Peter Seitel (ed), *Safeguarding Traditional Culture: A Global Assessment* (Smithsonian Institution, 2001), pp. 111-142.

Sinamai, Ashton, 'Cultural Shifting-Sands: Changing Meanings of Zimbabwe Sites in Zimbabwe, South Africa and Botswana', *ICOMOS* 15*th General Assembly and Scientific Symposium* (2005), available at < http://www. international. icomos. org/xian2005/papers. htm > (accessed 29 November 2012).

Siphandone, Kamtay, '5th Party Congress—Directive on Cultural Activities in the New Era: Ninth meeting of the Administrative Commission of the Party Central Committee', in Yves Goudineau (ed), *Laos and Ethnic Minority Cultures: Promoting Heritage* (UNESCO Publishing, 2003), pp. 289-292.

Skounti, Ahmed, 'The Authentic Illusion: Humanity's Intangible Cultural Heritage, the Moroccan Experience', in Laurajane Smith and Natsuko Akagaway (eds), *Intangible Heritage* (Routledge, 2009), pp. 74-92.

Skrydstrup, Martin, 'Symposium Report: Only in America? Athnographic Archives, Communities of Origin and Intangible Cultural Heritage', *Intl J of Intangible Heritage* 2 (2007), pp. 132-136.

Sljivic, Ana, 'Why Do You Think It's Yours? An Exposition of the Jurisprudence Underlying the Debate between Cultural Nationalism and Cultural Internationalism', *GW J Intl L & Econ*31 (1997-1998), pp. 393-438.

Smith, Laurajane, *The Uses of Heritage* (Routledge, 2006).

Souksavat, Bouthèng, 'The Tunglung: An Alak Musical Instrument', in Yves Goudineau (ed), *Laos and Ethnic Minority Cultures: Promoting Heritage* (UNESCO Publishing, 2003), pp. 133-136.

South Centre, *The TRIPs Agreement: A Guide for the South* (South Centre, 1997).

Souza Filho, Carlos Frederico Marés de, *Bens Culturais e sua Proteção Jurídica* (Juruá, 2008).

Staneva, Hristina, 'Heritage Legislation Challenges in the Context of European Integration', *ICOMOS* 13th *General Assembly and International Symposium*, available at < http://www. international. icomos. org/madrid2002/actas/112. pdf > (accessed 29 November 2012).

Stavenhagen, Rodolfo, 'La Diversidad Cultural en el Desarrollo de las Américas: Los pueblos indígenas y los estados nacionales en Hispanoamérica', *OEA*, *Unidad de Desarrollo Social, Educación y Cultural*, *Serie de Estudios Culturales No* 9(2004).

Steiner, Henry J and Alston, Philip, *International Human Rights in Context—Law*, *Politics*, *Morals*(Oxford University Press, 2000).

Strowel, Alain, '*Droit d'auteur et copyright*': *Étude de droit comparé* (LGDJ, 1993).

Suagee, Dean B, 'The Cultural Heritage of American Indian Tribes and the Preservation of Biological Diversity', *Ariz St LJ* 31 (1999), pp. 483-538.

Sudre, Frédéric, 'Les "obligations positives" dans la jurisprudence européenne des droits de l'homme', *Revue Trimestrielle des Droits de l'homme* 23 (1995), pp. 363-384.

Tariffi, Flavio, Christensen, Peter Holm, and Le Guyader, Hervé, *Third Socio-Economic Evaluation of Cultural Heritage Projects under the IST 2001 Work Programme: Report of the Evaluation Panel*(European Communities, 2002).

Thanh, Tô Ngoc, 'Protecting the Intangible Cultural Heritage of Minority Groups in Viet Nam', in Yves Goudineau (ed), *Laos and Ethnic Minority Cultures: Promoting Heritage* (UNESCO Publishing, 2003), pp. 219-222.

Thanh, Tô Ngoc, 'The Intangible Culture of the Vietnamese Minorities: Questions and Answers', in Oscar Salemink (ed), *Viet Nam's Cultural Diversity: Approaches to Preservation* (UNESCO Publishing, 2001), pp. 121-126.

The Press and Communication Department of the European Commission, *Figel' launches landmark process for cultural heritage in the Western Balkans*, available at < http://europa. eu/rapid/pressReleasesAction. do? reference = IP/08/737&format = HTML&aged = 0&language = EN > (accessed 29 November 2012).

Thomas, Preston, 'The 1989 UNESCO Recommendation and Aboriginal and Torres Strait Islander Peoples' Intellectual Property Rights', in Peter Seitel (ed), *Safeguarding Traditional Culture: A Global Assessment*(Smithsonian Institution, 2001), pp. 89-96.

Thornberry, Patrick, *International Law and the Rights of Minorities* (Clarendon Press, 1991).

Tokumaru, Yoshihiko, 'Transmitting Music: Towards a Re-Evaluation of the Human Body', in

Oscar Salemink (ed) , *Viet Nam' s Cultural Diversity*: *Approaches to Preservation* (UNESCO Publishing, 2001) , pp. 233-238.

Tolefo Llancaqueo, Victor, ' El nuevo régimen internacional de derechos de propiedad intelectual y los derechos de los pueblos indígenas' , in Mikel Berraondo (ed) , *Pueblos Indígenas y Derechos Humanos* (Universidad de Deusto, 2006) , pp. 509-536.

Tomaszewski, Andrzej, ' Intellectual Context of Monuments and Sites in their Setting' , *ICOMOS 15th General Assembly and Scientific Symposium* (2005) , available at < http://www. international. icomos. org/xian2005/papers. htm > (accessed 29 November 2012) .

Trabalhos com Engenho: *Escultura de Ídolos Sagrados de Macau* (Museu de Macau, 2008) .

Tritton, Guy, et al, *Intellectual Property in Europe* (Sweet & Maxwell, 2002) .

Tsagourias, Nicholas (ed) , *Transnational Constitutionalism*: *International and European Perspectives* (Cambridge University Press, 2007) .

Tzevelekos, Vassilis P, ' The Use of Article 31 (3) (c) of the VCLT in the Case Law of the ECtHR: An Effective Anti-Fragmentation Tool or a Selective Loophole for the Reinforcement of Human Rights Teleology? Between Evolution and Systemic Integration' , *Mich J of Intl L* 31 (2010) , pp. 621-690.

UNESCO , *Extracts of States Parties comments on possible modalities for the participation of communities or their representatives, practitioners, experts, centers of expertise and research institutes in the implementation of the Convention for the Safeguarding of the Intangible Cultural Heritage, Working document prepared by the Secretariat of the Intergovernmental Committee for the Safeguarding of the Intangible Cultural Heritage* (January 2008) .

UNESCO , *Final Report International Meeting of Experts on Intangible Cultural Heritage*: *Priority Domains for an International Convention* (Rio de Janeiro, Brazil, 2002) .

UNESCO , *International Round Table*: ' *Intangible Cultural Heritage—Working Definitions* ' , meeting held in Turin Piedmont (Italy) on 14-17 March 2001.

UNESCO , *Preparation of a preliminary draft International Convention on the Intangible Cultural Heritage, Meeting of the ' Restricted Drafting Group'* (RDG) *in Paris, 20-22 March 2002— Outline Work Plan.* UNESCO, *Report on the Expert Meeting on Criteria for Inscription on the Lists Established by the 2003 Convention for the Safeguarding of the Intangible Cultural Heritage* (Paris, 5-6 December 2005) .

UNESCO General Conference, *Oral Report of the Chairperson of Commission IV*, doc 31 C/ INF. 24, of 12 November 2001.

United Nations Development Programme (UNDP) , *Human Development Report 2004—Cultural Liberty in Today' s Diverse World.*

Valadés, Diego, ' Los Derechos de los Indígenas y la Renovación Constitucional en México' , in Jorge Alberto Gonzáles Galván (ed) , *Constitución y Derechos Indígenas* (Universidad Nacional Autónoma de México, 2002), pp. 13-20.

Valenta, Lisa, 'Disconnect: The 1988 Brazilian Constitution, Customary International Law, and Indigenous Land Rights in Northern Brazil', *Tex Intl LJ* 38 (2003), pp. 643-662.

Valladolid, Julio, 'Sabiduría en la crianza de la chacra', in*Los Pueblos Indígenas y la Integración Andina—Primer Foro de Intelectuales e Investigadores Indígenas* (2008), pp. 61-65.

Van Alstyne, William W, 'Reconciling what the First Amendment Forbids with what the Copyright Clause Permits: A Summary Explanation and Review', in James Boyle (ed), *Collected Papers: Duke Conference on the Public Domain* (Center for the Public Domain, 2003), pp. 225-238.

Van Cott, Donna Lee, *The Friendly Liquidation of the Past: The Politics of Diversity in Latin America* (University of Pittsburgh Press, 2000).

van de Walle, Dominique and Cratty, Dorothyjean, 'Do Donors Get What They Paid For? Micro Evidence on the Fungibility of Development Project Aid', *World Bank Policy Research Working Paper* 3542(2005).

Van Uytsel, Steven, 'Inventory Making and Fairy Tales: Safeguarding of Intangible Cultural Heritage in Historical Perspective', in Toshiyuki Kono (ed), *Intangible Cultural Heritage and Intellectual Property: Communities, Cultural Diversity and Sustainable Development* (Intersentia, 2009), pp. 113-141.

van Zanten, Wim, 'Prior Informed Consent: Experiences with Ethnomusicology Recordings', in Toshiyuki Kono (ed), *Intangible Cultural Heritage and Intellectual Property: Communities, Cultural Diversity and Sustainable Development* (Intersentia, 2009), pp. 283-308.

Van, Dang Nghiêm, 'Preservation and Development of the Cultural Heritage', in Oscar Salemink (ed), *Viet Nam's Cultural Diversity: Approaches to Preservation* (UNESCO Publishing, 2001), pp. 33-62.

Vargas, Jorge A, 'Mexico's Legal Revolution: An Appraisal of Its Recent Constitutional Changes, 1988-1995', *Ga J Intl & Comp L* 25 (1996), pp. 497-559.

Vargyas, Gábor, 'Intangible Culture of the Bru: Preservation, Promotion and Reassertion of Values', in Oscar Salemink (ed), *Viet Nam's Cultural Diversity: Approaches to Preservation* (UNESCO Publishing, 2001), pp. 199-204.

Vargyas, Gábor, 'The Bru: A Minority Straddling Laos and Viet Nam', in Yves Goudineau (ed), *Laos and Ethnic Minority Cultures: Promoting Heritage* (UNESCO Publishing, 2003), pp. 159-162.

Vila Nova, Júlio, *Panorama de Folião: O Carnaval de Pernambuco na Voz dos Blocos Líricos* (Fundação de Cultura Cidade do Recife, 2007).

Vitrano, Victoria J, 'Protecting Cultural Objects in an Internal Border-Free EC: The EC Directive and Regulation for the Protection and Return of Cultural Objects', *Fordham Intl LJ* 17 (1994), pp. 1164-1201.

Vlachaki, Maria, 'Crossing Cultures through the Intangible Heritage: An Education Programme about Migration in Greece', *Intl J of Intangible Heritage* 2 (2007), pp. 94-102.

Voon, Tania, 'UNESCO and WTO: A Clash of Cultures?', *ICLQ* 55 (2006), pp. 635-651.

Vorakhoun, Bouabane, 'Survey of Preservation and Promotion of Minority Cultures in the Lao PDR', in Yves Goudineau (ed), *Laos and Ethnic Minority Cultures: Promoting Heritage* (UNESCO Publishing, 2003), pp. 247-250.

Vrdoljak, Ana, *International Law, Museums and the Return of Cultural Objects* (Cambridge University Press, 2006).

Wagner, Peter, 'From Monuments to Human Rights: Redefining "Heritage" in the Work of the Council of Europe', in *Forward Planning: The Function of Cultural Heritage in a Changing Europe* (Council of Europe, 2000), pp. 9-28.

Watson, Irene, 'Aboriginal Sovereignties: Past, Present and Future (Im)possibilities', in Suvendrini Perera (ed), *Our Patch: Australian Sovereignties Post-2001* (API Network, 2007), pp. 23-43.

Weisbrod, Carol, *Emblems of Pluralism: Cultural Differences and the State* (Princeton University Press, 2002).

Wendland, Wend B, 'Managing Intellectual Property Options when Documenting, Recording and Digitizing Intangible Cultural Heritage', in Toshiyuki Kono (ed), *Intangible Cultural Heritage and Intellectual Property: Communities, Cultural Diversity and Sustainable Development* (Intersentia, 2009), pp. 77-99.

Westkamp, Guido, 'The Qualification of Traditional Cultural Expressions in Private International Law: A Preliminary Appraisal', in Fiona Macmillan and Kathy Bowrey (eds), *New Directions in Copyright Law*, Vol 3 (Edward Elgar, 2006), pp. 198-228.

Wiessner, Siegfried, 'Rights and Status of Indigenous Peoples: A Global Comparative and International Legal Analysis', *Harv Human Rights J* 12 (1999), pp. 57-128.

WIPO Intergovernmental Committee on Intellectual Property and Genetic Resources, Traditional Knowledge and Folklore, *Comparative Summary of Existing National Sui GenerisMeasures and Laws for the Protection of Traditional Knowledge*, Doc WIPO/GRTKF/IC/5/INF/4, of 20 June 2003.

WIPO Intergovernmental Committee on Intellectual Property and Genetic Resources, Traditional Knowledge and Folklore, *Composite Study on the Protection of Traditional Knowledge*, Doc WIPO/GRTKF/IC/5/8, of 28 April 2003.

WIPO Intergovernmental Committee on Intellectual Property and Genetic Resources, Traditional Culture and Folklore, *Consolidated Analysis of the Legal Protection of Traditional Cultural Ex-*

pressions, Doc WIPO/GRTKF/IC/5/3, of 2 May 2003.

WIPO Intergovernmental Committee on Intellectual Property and Genetic Resources, Traditional Knowledge and Folklore, *Information on National Experiences with the Intellectual Property Protection of Traditional Knowledge*, Doc WIPO/GRTKF/IC/5/INF/2, of 4 April 2003.

WIPO Intergovernmental Committee on Intellectual Property, Genetic Resources, Traditional Knowledge and Folklore, *The Protection of Traditional Cultural Expressions/Expressions of Folklore: Draft Objectives and Principles*, WIPO/GRTKF/IC/10/4, of 2 October 2006.

WIPO, *Comparative Summary of Sui Generis Legislation for the Protection of Traditional Cultural Expressions*, WIPO/GRTKF/IC/5/INF/3, Annex.

WIPO, *Consolidated Legal Analysis of the Legal Protection of Traditional Cultural Expressions* (2003), Doc symbol WIPO/GRTKF/IC/5/3, Annex.

Wisnewski, J Jeremy, *The Politics of Agency: Towards a Pragmatic Approach to Philosophical Anthropology* (Ashgate, 2008).

Witz, Leslie, Rassool, Ciraj, and Minkley, Gary, 'Repackaging the Past for South African Tourism', in Gerard Corsane (ed), *Heritage, Museums and Galleries: An Introductory Reader* (Routledge, 2005), pp. 308-319.

Workshop on Case Studies in the Protection of Cultural Heritage—Central American Region, available at < http://portal. oas. org/Portal/Topic/SEDI/Educaci% C3% B3nyCultura/Cultura/TemasPrioritarios/Preservaci% C3% B3nyProtecci% C3% B3ndelPatrimonioCultural/Activities/ProtegiendoelPatrimonioCultural/tabid/1447/language/en-US/Default. aspx > (accessed 29 November 2012).

Worthen, Kevin J, 'The Grand Experiment: Evaluating Indian Law in the " New World " ', *Tulsa J Comp & Intl L* 5 (1998), pp. 299-334.

Worthen, Kevin J, 'The Role of Indigenous Groups in Constitutional Democracies: A Lesson from Chile and the United States', in Cynthia Price Cohen (ed), *The Human Rights of Indigenous Peoples* (Transnational Publishers, 1998), pp. 235-270.

Wouters, Jan and de Meester, Bart, 'The UNESCO Convention on Cultural Diversity and WTO Law: A Case Study in Fragmentation of International Law', *J of World Trade* 42 (1) (2008), pp. 205-240.

Yamaguti, Osamu, 'Harmony in Cultural Projects: Revitalization of the Music and Dance of the Vietnamese Minorities', in Oscar Salemink (ed), *Viet Nam's Cultural Diversity: Approaches to Preservation* (UNESCO Publishing, 2001), pp. 229-232.

Yanagi, Yoshikuni, 'Research on Textile Traditions', in Yves Goudineau (ed), *Laos and Ethnic Minority Cultures: Promoting Heritage* (UNESCO Publishing, 2003), 261-4.

Yerkovich, Sally, 'Linking the Present with the Past through Intangible Heritage in History Museums', *Intl J of Intangible Heritage* 1 (2006), pp. 44-52.

Yonover, Geri J, 'Artistic Parody: The Precarious Balance: Moral Rights, Parody, and Fair Use', *Cardozo Arts & Ent LJ* 14 (1996), pp. 79-122.

Yourow, Howard Charles, *The Margin of Appreciation Doctrine in the Dynamics of European Human Rights Jurisprudence* (Kluwer Law International, 1996).

Yrigoyen Fajardo, Raquel, 'Hitos del reconocimiento del pluralismo jurídico y el derecho indígena en las políticas indigenistas y el constitucionalismo andino', in Mikel Berraondo (ed), *Pueblos Indígenas y Derechos Humanos* (Universidad de Deusto, 2006), pp. 537-567.

Yu, Peter K, 'International Rights Approaches to Intellectual Property: Reconceptualizing Intellectual Property Interests in a Human Rights Framework', *UC Davis L Rev* 40 (2007), pp. 1039-1049.

Zhan, Guo, 'Setting Factors and Judging Standards of World Cultural Heritage', *ICOMOS 14th General Assembly and Scientific Symposium* (2003), available at < http://www. international. icomos. org/victoriafalls2003/papers. htm > (accessed 29 November 2012).

Ziegler, Katja S, 'Cultural Heritage and Human Rights', *Social Sciences Resource Network*, available at < http://ssrn. com/abstract = 1002620 > (accessed 29 November 2012).

Zografos, Daphne, 'The Appropriation of American Indian Names and Images in Trade Marks —The Washington Redskins Case', in Guido Westkamp (ed), *Emerging Issues in Intellectual Property: Trade Technology and Market Freedom: Essays in Honour of Herchel Smith* (Edward Elgar, 2007), pp. 391-406.